Paroles rebelles

Encore un truc féministe!

Je t'embrasse!

Marguerite

le 15 avril 1992

sous la direction de
MARGUERITE ANDERSEN
ET CHRISTINE KLEIN-LATAUD

Paroles rebelles

les éditions du remue-ménage

Couverture: Ginette Loranger
Photocomposition: Les Ateliers C. M.
Illustration de la couverture: Hubertine Auclert renversant l'urne électorale pour protester contre l'exclusion des femmes (*Le Petit Journal,* 17 mai 1908).

Distribution: Diffusion Dimedia
539, boul. Lebeau
Saint-Laurent (Québec)
H4N 1S2
Tél.: (514) 336-3941

Dépôt légal: deuxième trimestre 1992
Bibliothèque nationale du Québec
Bibliothèque nationale du Canada

Les Éditions du remue-ménage bénéficient de l'aide du Conseil des Arts du Canada et du ministère des Affaires culturelles du Québec.

Les Éditions du remue-ménage
4428, boul. St-Laurent, bureau 202
Montréal (Québec)
H2W 1Z5
Tél.: (514) 982-0730

ISBN 2-89091-112-8

Table des matières

REMERCIEMENTS

Nommer toutes celles qui ont participé à la fabrication de ce livre serait difficile, car elles ont été nombreuses, à commencer par toutes celles qui l'ont inspiré.

Nous aimerions remercier spécialement nos collègues, ces femmes savantes et rebelles, ces bas-bleus à l'humeur rose, qui nous ont confié leurs textes et ont attendu avec patience que ce livre, qui porte notre signature collective, devienne une réalité.

Il n'aurait pu le devenir sans notre assistante torontoise Dominique O'Neill, dont les connaissances en éditique ont été irremplaçables, ni sans les femmes des éditions du Remue-ménage qui ont fait un travail méticuleux et qui, depuis la première lettre que nous leur avons adressée, ont bien voulu croire en notre projet.

Nous tenons à remercier de leur aide financière l'Association des professeurs de français des universités et des collèges canadiens, le Collège universitaire Glendon (Université York), l'Université Concordia, l'Université Mount Saint Vincent et l'Université du Québec à Montréal.

INTRODUCTION

Quoi ! Encore un livre sur les femmes !

À cela, notre réponse sera celle que fit Hubertine Auclert à ceux qui se plaignaient de la prolifération d'écrits sur la « question des femmes » : nous ferons une place à la question des femmes tant qu'il y aura une situation particulière faite aux femmes. C'était il y a plus d'un siècle...

On célébrait en 1989 le bicentenaire de la Révolution française. Lors du centenaire, des militantes avaient organisé à Paris le premier Congrès français et international du Droit des femmes, où elles réclamèrent leur part de cette égalité si abusivement célébrée alors qu'en était exclue la moitié du genre humain. Au banquet de clôture, Louise Koppe porta un toast à ses petites-filles et arrière-petites-filles, celles qui célèbreraient le deuxième centenaire de 1789 :

> Puissent-elles, libres compagnes de l'homme, devenu plus juste, mettre en son cœur l'enthousiasme pour les grandes et belles idées de solidarité et de justice.

> Qu'elles sachent que notre pensée a été vers elles, qu'au milieu de notre présent plein d'orages, nous avons entrevu, à la lueur de l'éclair Justice, leur silhouette se détacher lumineuse dans l'avenir resplendissant de la liberté.
>
> Qu'elles sachent que, réunies à ce congrès du Droit des femmes, répudiant la courtisane et la prostituée[1], nous leur avons légué pour mission de recommencer la femme[2].

Émouvantes paroles, qui nous touchent en dépit du pathos propre à l'époque. Car c'est à nous que s'adressent ces femmes, c'est pour nous qu'elles ont lutté et c'est à nous qu'elles ont confié cette mission de «recommencer la femme». Une femme qui soit non pas l'avenir de l'homme, comme le voulait Aragon, mais l'avenir de la femme...

Ce livre se propose de faire entendre la «parole rebelle» des femmes depuis la Renaissance jusqu'à nos jours, essentiellement en France et au Québec.

Parole qui semble bien timide à la Renaissance et au XVIIe siècle, doutant de sa légitimité, demandant l'indulgence du lecteur car

> [...] c'est d'une femme l'ouvrage
> Qui n'a en soi science ni savoir[3].

Parole parfois intrépide et provocante comme celle d'Olympe de Gouges au XVIIIe siècle proclamant la *Déclaration des Droits de la femme* ou d'Hubertine Auclert au siècle suivant venant haranguer le Congrès socialiste en tant que femme «c'est-à-dire exploitée – esclave déléguée de neuf millions d'esclaves[4]».

Parole parfois mystique et visionnaire comme celle des saint-simoniennes ou rigoureusement rationnelle comme celle de Jenny d'Héricourt.

Parole polyphonique: complainte individuelle, diatribe révolutionnaire, discours officiel, requête, mise en demeure, elle a pris toutes les formes et tous les tons. On ne saurait réduire la parole des femmes à une voix unique. Il y eut les conciliatrices et les intraitables, les charmeuses et les belliqueuses. Affaire de tempérament et de circonstances historiques.

Ce qui frappe dans cette diversité, c'est la récurrence de certains thèmes : dignité des femmes, nécessité de leur donner leur juste place dans l'intérêt même de la société, ce qui implique le droit aux études, une conception égalitaire du couple, la participation à la vie politique. Quant à la question de l'identité féminine, elle ne fait pas l'unanimité : y a-t-il des individus essentiellement identiques dont la différence se réduit à leur sexe biologique ? Y a-t-il des êtres humains égaux mais que leur sexe dote d'une nature différente ? La question, posée clairement au XIXe siècle, est de nouveau débattue par les féministes actuelles après qu'on l'ait crue péremptoirement réglée par Simone de Beauvoir (« On ne naît pas femme, on le devient »).

Les quatre premiers chapitres de ce livre proposent une étude historique des auteures françaises des XVIe, XVIIe, XVIIIe et XIXe siècles. Le cinquième chapitre étudie le lien entre le féminisme et les idées révolutionnaires. Le sixième relate les luttes des premières féministes québécoises, le septième ouvre au sein de l'espace francophone une perspective sur une autre problématique féministe : celle des Algériennes. Le huitième offre un élargissement sémiotique à d'autres modes d'expression en abordant le cinéma au féminin. Le neuvième analyse la subversion de l'écriture par les féministes québécoises contemporaines. Quant au dernier chapitre, il nous amène à la parole des femmes aujourd'hui.

Certains chapitres sont le fruit d'un travail de recherche en bibliothèque qui a permis d'étudier des manuscrits, des journaux et des ouvrages qui n'ont pas été republiés depuis un ou plusieurs siècles. On pourra ainsi redécouvrir des femmes injustement oubliées... et constater que la parole rebelle prend un peu l'allure d'un refrain. Notre siècle a souvent cru inventer alors qu'il reproduisait sans le savoir les arguments et les luttes des siècles précédents. Les militantes contemporaines savent-elles que les féministes du XIXe siècle refusaient la distinction entre madame et mademoiselle et réclamaient déjà la féminisation de la langue ?

Prendre la parole, c'était en soi un acte révolutionnaire autrefois. Le fait même d'écrire, pour une femme, constituait une transgression. Plus tard, ce fut la parole publique qui apparut comme un scandale intolérable: fermeture des clubs révolutionnaires féminins lors de la Révolution de 1789 et de celle de 1848, tollé devant le néologisme «oratrice».

Aujourd'hui, nous ajoutons: prendre la parole, oui, mais quelle parole?

La revendication n'est pas seulement celle de la «voix au chapitre» mais celle de la «parole de femme».

Ce livre veut rendre hommage à toutes celles qui eurent le courage de prendre la parole et à toutes celles qui aujourd'hui luttent pour faire naître une parole vraie. Nous laisserons le dernier mot à une poète, Raphaële George, morte il y a cinq ans:

> Et puis soudain,
> sentir que le monde est peuplé en soi,
> sentir ce souffle d'élévation vous grandir,
> sentir que vos rêves de grandeur ont raison d'être,
> que rien ne peut empêcher la parole; qu'avant elle,
> il n'y avait pas de parole; qu'avec soi ce sera toujours
> la première parole, parce que c'est la nuit, parce qu'on
> est cette petite lueur qui brille, parce qu'on croit, et
> que, sur cette seule foi, tout est sauvé[5].

Christine Klein-Lataud

Notes

1. Allusion à Proudhon (1809-1865), socialiste français très influent qui avait déclaré que la femme ne pouvait être que «courtisane ou ménagère». Voir p. 152.
2. *Congrès français et international du Droit des femmes,* Paris, E. Dentu, 1889, p. 270-271.
3. Voir p. 15.
4. Hubertine Auclert, *Égalité sociale et politique de l'homme et de la femme. Discours prononcé au Congrès ouvrier socialiste de Marseille, 1879,* Marseille, A. Thomas, 1879.
5. Raphaële George, *Psaume de silence*, Paris, Éd. Lettres Vives, coll. Terre de poésie, 1986, p. 28.

Jane Couchman
Collège universitaire Glendon
Université York (Toronto)

«Voyant que c'est d'une femme l'ouvrage...» La parole féminine à la Renaissance en France[1]

La Renaissance ! L'esprit humain se libère enfin des ténèbres du Moyen Âge. Pour Rabelais, c'est une époque si éclairée que même «les femmes et les filles ont aspiré à cette louange et manne céleste de bonne doctrine[2]». On pense aux brillantes sœurs italiennes, Isabella et Béatrice d'Este, aux reines puissantes, à Isabelle de Castille qui appuya le projet fou d'un certain Christophe Colomb, à Élisabeth d'Angleterre, la reine vierge, à Marguerite de Navarre, sœur de François Ier et responsable autant que lui de la renaissance des lettres en France, à la belle Diane de Poitiers, maîtresse d'Henri II et inspiratrice des artistes, à la régente Catherine de Médicis. On se souvient de sainte Thérèse d'Avila, fondatrice de couvents, de Margaret, fille fidèle de Sir Thomas More, des poètes lyonnaises Louise Labé et Pernette du Guillet, et de la fille d'alliance de Montaigne, Marie de Gournay.

Et après ? Quelles artistes mettre à côté de Botticelli, de Michel-Ange, de Raphaël ? Qui connaît les tableaux d'Artemesia Gentileschi, de Lavinia Fontana, de Caterina van Hemessen[3] ? Connaît-on des femmes ayant pu rivaliser avec des compositeurs comme Monteverdi ou Le Jeune ? Une Barbara Strozzi n'apparaîtra qu'au XVIIe siècle, et se fait à peine redécouvrir de nos jours[4]. De fait, y a-t-il eu une Renaissance pour les femmes[5]? Si Simone de Beauvoir peut s'enthousiasmer sur la Renaissance italienne: «une époque d'individualisme qui se montre propice à l'éclosion de toutes les fortes personnalités, sans distinction de sexe», elle doit admettre que «quant aux accomplissements positifs, ils ne sont encore possibles qu'à un très petit nombre[6]».

On se rend de plus en plus compte que la situation économique et sociale de la femme était en fait moins ouverte à la Renaissance qu'elle ne l'avait été au Moyen Âge. Au XVIe siècle, on trouve moins de femmes membres des confréries de travailleurs, moins de femmes qui gèrent leur propre entreprise[7]. Certes, quelques femmes exceptionnelles, par leur naissance ou par le fait d'avoir été éduquées à côté de leurs frères, purent avoir une influence, laisser des traces. Mais l'humanisme, tout en définissant une place théorique à la femme, fut essentiellement masculin. Pendant qu'on admirait en principe les femmes doctes et éloquentes de l'Antiquité, on trouvait naturel de limiter les lectures des femmes qu'on connaissait à celles qui les rendraient vertueuses, bonnes épouses, bonnes mères[8]. Quant à la Réforme, elle insista en général sur l'éducation des femmes et sur la lecture de la Bible par tous les fidèles, les femmes comme les hommes. De nombreuses femmes s'impliquaient dans la Réforme, quittaient leur couvent, mais c'était pour se marier. Quelques-unes prêchaient ou même écrivaient en faveur de la Réforme. Mais Calvin était loin d'être féministe, et l'importance qu'on attachait au mariage et à la famille limitait souvent la femme à son foyer[9].

Le silence est le propre de la femme

C'est à partir de ce contexte ambigu que les textes de quelques Françaises sont parvenus jusqu'à nous, alors que, par définition, dans la tradition chrétienne comme dans la tradition classique, le silence est le propre de la femme. Toute parole publique d'une femme de cette époque est donc rebelle. Les traités sur l'éducation de la femme reprennent la mise en garde de saint Paul et insistent sur son silence, sur le fait qu'elle ne doit communiquer qu'avec et à travers son mari[10]. Les femmes les plus instruites ne reçoivent pas assez de formation pour se sentir à l'aise à l'écrit. De plus, se faire publier, c'est risquer sa réputation et sa place dans la société. Il faut admirer le courage de celles qui le font malgré cette censure à la fois externe et interne.

S'adressant «Au lecteur» au début de son *Miroir de l'âme pécheresse*, Marguerite de Navarre s'excuse d'une façon tout à fait caractéristique:

> Si vous lisez cette œuvre toute entière,
> Arrêtez-vous, sans plus, à la matière:
> En excusant la rime, et le langage,
> Voyant que c'est d'une femme l'ouvrage:
> Qui n'a en soi science ni savoir[11]...

Louise Labé promet de partager avec ceux qui l'ont encouragée à publier «ces jeunesses» la «honte» que provoquera leur publication:

> Quant à moi, tant en écrivant premièrement ces jeunesses, je n'y cherchais autre chose qu'un honnête passe-temps et moyen de fuire l'oisiveté, et n'avais point intention que personne que moi les dut jamais voir. Mais depuis que quelques-uns de mes amis ont trouvé moyen de les lire sans que j'en susses rien, et que (ainsi comme aisément nous croyons ceux qui nous louent) ils m'ont fait croire que je les devais mettre en lumière, je ne les ai osé éconduire les menassant cependant de leur faire boire la moitié de la honte qui en proviendrait[12].

Voici comment Jeanne d'Albret, reine de Navarre et fille de Marguerite de Navarre, clôt les *Mémoires* dans lesquels elle explique sa politique complexe pendant les guerres de Religion:

> Cependant je prieray ceux qui liront cecy excuser le style d'une femme, qui a estimé le subject de son livre si excellent qu'il n'y a eu besoin de belles paroles pour le farder: seulement de la

> vérité, laquelle elle y a si fidèlement observée, qu'au moins, si elle est dicte ignorante et imbécille, elle sera dicte véritable[13].

Les femmes qui écrivent soulignent la distance entre l'activité d'écrire et leur occupation principale, l'économie domestique. Ainsi, Marie de Romieu dans la lettre à son frère qui précède son traité *Que l'excellence de la femme surpasse celle de l'homme:*

> Prenez donc en bonne part, mon Frère, ce mien brief discours que je vous envoye, composé assez à la hâte, n'ayant pas le loisir, à cause de nostre ménage, de vaquer (comme vous, dédié pour servir aux Muses) à chose si belle et divine que les vers[14].

Les Muses auxquelles Nicole Estienne Liébaut demande l'inspiration dans ses *Misères de la femme mariée* ont échappé à cette condition difficile:

> Muses, qui chastement passez votre bel âge,
> Sans vous assujetir aux lois du mariage[15]...

Pour sa part, Catherine Des Roches sent le besoin de manier à la fois la quenouille et la plume:

> Quenoille mon soucy je vous promets et jure
> De vous aimer tousjours et jamais ne changer
> Vostre honneur domestique pour un bien estranger
> Vous ayant au costé je suis beaucoup plus seure
> Que si ancre et papier se venoient aranger
> Tout à l'entour de moy, car pour me revanger
> Vous pouvez bien plustost repousser une injure.
> Mais Quenoille m'amie, il ne faut pas pourtant
> Que pour vous extimer et pour vous aimer tant
> Je delaisse du tout cette honneste coustume
> D'escrire quelque fois en escrivant ainsi
> L'escri de vos valeurs, Quenoille mon soucy,
> Ayant dedans la main le fuseau et la plume[16].

Sa mère Madeleine avait exprimé ce conflit d'une façon encore plus amère:

Si mes escris m'ont gravé sur la fasse
Le sacré nom de l'immortalité,
Je ne l'ay quis non plus que mérité,
Si je ne l'ay de faveur ou de grâce...

Nos parens ont de louables coustumes,
Pour nous tollir l'usage de raison,
De nous tenir closes dans la maison
Et nous donner le fuseau pour la plume[17]...

Dans l'«Epistre aux dames» qui introduit le premier volume des *Œuvres de Mes-Dames Des Roches de Poictiers, mere & fille,* c'est auprès des femmes que Madeleine Des Roches croit devoir défendre sa décision de prendre la plume:

> [...] j'ai pensé que la parolle vraye image de l'ame, & la voix fuyante arrestée par la plume sur le papier, donnoit un certain indice non seullement de la richesse de l'esprit & de ses sens acquis ou naturel, mais de l'integrité naifve de ceux qui parlent ou escrivent [...] Et si m'estant plus charitables, vous m'advisez que le silence ornement de la femme peult couvrir les faults de la langue, et de l'entendement, je respondray qu'il peult bien empescher la honte, mais non accroitre l'honneur[18]...

Louise Labé encourage quand même les femmes à écrire:

> Et si quelqu'une parvient en tel degré, que de pouvoir mettre ses conceptions par écrit, le faire soigneusement, et non dédaigner la gloire, et s'en parer plutôt que de chaines, anneaux, et somptueux habits[19]...

Hélisenne de Crenne semble être, elle, la seule à prendre un vrai plaisir à être lue.

> O que ce m'est une inestimable félicité, quand je pense que mes livres ont leur cours en ceste noble Parisienne cité...

Sentiment qui se modifie vite face à la pensée que son œuvre pourrait être mal interprétée, surtout par les hommes[20].

De même qu'à la Renaissance les femmes honorables ne sortaient jamais seules, il leur arrive de se donner une compagne littéraire. Les dames Des Roches, mère et fille, publient dans des éditions communes:

> A Ma Fille
> Ma mie, je sçay que la reverence, l'amour & l'honnete pudeur, ne vous permettent etre sans moy au papier des Imprimeurs[21]...

Louise Labé choisit une amie poète, Clémence de Bourges, pour l'accompagner:

> Et pource que les femmes ne se montrent volontiers en publicq seules, je vous ay choisi pour me servir de guide[22]...

Mais en général, les femmes ne publient pas. Parmi les œuvres que nous connaissons, plusieurs sont posthumes, ou bien publiées par les soins d'autrui. *L'Héptameron* de Marguerite de Navarre resta en manuscrit jusqu'en 1558 (édition partielle) et 1559 (édition complète), donc jusqu'à dix ans après sa mort. C'est le mari de Pernette du Guillet qui s'occupa de la publication des vers de celle-ci, après sa mort prématurée; le frère de Marie de Romieu publia l'œuvre de sa sœur. Un certain Claude le Villain fit publier *Les Misères de la femme mariée* de Nicole Estienne Liébaut en 1595, probablement après la mort de l'auteure. Les lettres de certaines femmes nobles furent préservées en manuscrit et publiées au XIXe siècle. Combien d'œuvres féminines inconnues, combien de noms de créatrices disparus?

Parmi celles qui publièrent, peu produisirent plus d'un ouvrage; très peu bénéficièrent donc de l'expérience de pouvoir considérer leur œuvre d'un point de vue objectif, d'en voir une critique sérieuse, d'évoluer face à cette expérience. Marguerite de Navarre est une des rares Françaises de cette époque chez laquelle on peut observer pleinement ce processus. À part Marguerite, seules Louise Labé, les dames Des Roches et Hélisenne de Crenne virent paraître plus d'une édition de leurs œuvres, et se prirent au sérieux comme femmes de lettres.

Si les écrivaines eurent de la difficulté à se prononcer et à se faire entendre, elles n'en eurent pas moins à se faire connaître en tant qu'auteures. Jusqu'à tout récemment, on doutait de l'existence même d'Hélisenne de Crenne et de Marie de Romieu. Le cas de Jeanne de Flore se discute toujours. Comme on le faisait jadis pour les *Rymes* de Pernette du Guillet, on trouve plus facile d'attribuer leurs écrits à quelque homme[23].

De plus, il y eut de réels dangers pour la femme auteure de se voir condamner par ses amis et sa famille. Louise Labé se vit traiter de courtisane tant par les hommes que par les femmes, d'où plusieurs tentatives de conciliation, surtout avec ses concitoyennes. Voici le début de sa troisième *Élégie*:

> Quand vous lirez, ô Dames Lionnoises,
> Ces miens escrits pleines d'amoureuses noises,
> Quand mes regrets, ennuis, despits et larmes
> M'orrez chanter en pitoyables carmes,
> Ne veuillez point condamner ma simplesse,
> Et jeune erreur: mais qui dessous les Cieus
> Se peut vanter de n'estre vicieus [24]?

Malgré le fait qu'Hélisenne de Crenne précise qu'elle avait écrit ses *Angoysses douloureuses qui procedent d'amour* pour «éviter occiosité [l'oisiveté]» et pour prier «les Dames toujours le vivre pudique observer», son mari persista à croire que l'œuvre avait été écrite pour «faire perpetuelle commemoration d'une amour impudique», et que «telle lascivité se soit en [sa] personne experimentée[25]». Les études modernes continuent à voir dans *Les Misères de la femme mariée* de Nicole Estienne Liébaut l'expression de son propre malheur, malgré l'absence presque totale de renseignements externes à l'appui, et malgré le fait que ces vers soient typiques d'un genre bien établi[26]. Chez l'homme, on admire l'invention; chez la femme, on suppose qu'elle ne peut parler que d'elle-même.

Écrire et publier son œuvre, ce sont des actes courageux qui, à la Renaissance, vont à l'encontre des idées reçues sur la femme. On peut dire que même les œuvres féminines du XVIe siècle les moins rebelles du point de vue du féminisme moderne le sont par le fait même d'avoir été écrites. Et quand Pernette du Guillet adresse modestement à Maurice Scève un dizain tout conventionnel, on y admire l'ironie délicate de celle qui s'exprime avec finesse sur son incapacité de s'exprimer:

Par ce dizain clerement je m'accuse
De ne sçavoir tes vertus honnorer,
Fors du vouloir, qui est bien maigre excuse:
Mais qui pourroit par escript decorer
Ce qui de soy se peut faire adorer?
Je ne dy pas, si j'avois ton pouvoir,
Qu'à m'acquicter ne feisse mon debvoir,
A tout le moins du bien que tu m'advoues.
Preste moy donc ton eloquent sçavoir
Pour te louer ainsi que tu me loues [27]!

Le premier et le plus grand défi qu'une femme puisse relever à l'époque de la Renaissance, l'acte le plus ouvertement politique, c'est celui de s'exprimer. Et celles qui le font parlent aussi de questions qu'on considère aujourd'hui comme féministes: de «l'excellence» de la femme par rapport à l'homme (il y a toute la tradition d'Aristote et de saint Thomas d'Aquin à remettre en cause); de son éducation; de ses amours; de son mariage, de ses amitiés, de ses croyances. Peu de femmes réclament directement des droits politiques. Celles qui détiennent le pouvoir l'ont de naissance et l'exercent en leur propre nom; d'autres le font au nom de leur frère, mari, amant, enfant. À une époque où religion et vie politique se distinguent à peine, quelques femmes œuvrent et écrivent en faveur de la Réforme, et de la tolérance.

L'excellence de la femme

Les revendications en faveur de la femme, et contre elle, se situent dans cette tradition bizarre mais féconde qu'est «la querelle des femmes[28]». Contre les partisans de l'image misogyne de la femme qu'on retrouve chez Aristote et chez saint Thomas d'Aquin, ceux qui la défendent citent Platon et les femmes célèbres de l'histoire. Cette querelle date du XVe siècle, du débat autour du *Roman de la Rose*. Ce fut Christine de Pisan, auteure de la *Cité des dames*, qui ouvrit le débat, auquel la plupart des contributions viennent pourtant de la plume d'hommes. Parmi les quelques contributions féminines se trouvent les œuvres de Marie de Romieu, de Nicole Estienne Liébaut, et au XVIIe siècle celles de Marie de Gournay. Par son *Heptaméron,* Marguerite de Navarre elle aussi défend et illustre la femme dans toute sa variété. De fait, toute écrivaine de l'époque se trouve marquée du moins indirectement par les termes de la querelle, comme on peut le voir en examinant la façon dont elles traitent la nature de la femme, son éducation et les activités auxquelles elle participe.

Marie de Romieu, surprise d'avoir reçu de son frère « une certaine invective avec quelques Satyres qu'[il avait] faict à l'encontre de nostre sexe foeminin... », lui envoya le seul manifeste féminin de l'époque, *Que l'excellence de la femme surpasse celle de l'homme,* qu'il eut la bonne grâce de publier en 1581. Ce manifeste se place directement dans la filiation de la « querelle des femmes », car Marie semble s'inspirer non seulement du traité de son frère mais aussi d'un *Paradoxe que l'excellence de la femme surpasse celle de l'homme,* de Charles Estienne, publié en 1553, lui-même basé sur un *Paradosso* d'Ortenzio Landini, publié à Lyon en 1543[29]. Marie de Romieu reprend ici plusieurs thèmes de la « querelle ». Elle soutient que la femme est supérieure à l'homme par la création, car l'homme est fait de terre, la femme de la chair de l'homme :

> La matiere de chair est elle pas plus belle
> (Dont ce corps feminin fut basti sans modelle...)
> Que n'est celle qui fut formée de limon ?

Elle va plus loin en trouvant dans une œuvre attribuée à Aristote, l'ennemi juré des femmes, l'argument que les personnes qui sont physiquement les plus belles sont aussi les plus belles d'esprit :

> Doncques, puis qu'ainsi est, qui est celuy qui doubte
> Que le nostre [esprit] ne soit plus excellent sans doute,
> Veu que tout nostre corps est delicat et beau
> Par dessus la beauté de vostre belle peau ?...

À ceux qui accusent les femmes de séduire les hommes («Scavez-vous pas aussi que le mal qui nous presse/Vient de vostre face et vostre blonde tresse?»), elle répond:

> Oncques je n'ay trouvé dans les vrayes histoires
> Ny dans les vieux escris d'antiennes memoires
> Qu'une femme se soit donnée volontiers,
> Sans l'importunité de ses plus familiers,
> A nul homme vivant...

«Importunité» qu'elle se plaît à décrire en détail.

Reprenant l'argument par l'exemple, Marie de Romieu cite maintes histoires de femmes illustres. À l'encontre de certains traités écrits par des hommes, elle s'attarde sur les femmes actives, les savantes, les reines, les guerrières. Si la charitable Thabité y est présentée, ce n'est pas le cas pour la patiente Pénélope. Ses contemporaines y figurent: Hélisenne de Crenne, les dames Des Roches, Marguerite de Navarre, Catherine de Médicis.

Elle conclut son traité en louant la vertu civilisatrice de la femme:

> On voirra la dedans leurs louanges hautaines
> Jusques à inventer les sciences humaines,
> Desquelles maintenant les hommes se font forts,
> Comme d'un bastion contre cent mille morts;
> Qui est pour monstrer que, comme d'elles naissent
> Les hommes, et encor par leur moyen accroissent,
> Les sciences aussi qu'on dit d'humanité
> Sont des inventions de leur divinité.

Marie de Romieu réclame pour les femmes, en tant que mères des hommes, la maternité des sciences humaines et c'est dans leur foyer que reluira leur vertu:

> Où est l'honnesteté et où les chastes propos,
> Où le plaisant mesnage et où le doux repos,
> Si ce n'est à la femme, à qui toute influence
> De biens tombe du ciel en prodigue abondance?

Loin d'être révolutionnaire, ce traité est quand même la première défense de la femme à paraître de la plume d'une femme depuis Christine de Pisan. Marie de Romieu se montre plus audacieuse par le fait même d'écrire et dans son choix de femmes modèles que dans ses conclusions. Comme on l'a déjà remarqué dans sa lettre à son frère, elle ne peut que considérer comme acquise la réalité de sa place de femme d'intérieur, mais ses rêves sont féconds.

L'éducation de la femme

Le seul traité plus ou moins formel qu'une femme ait écrit au sujet de l'éducation des femmes est celui d'Anne de Beaujeu, connue aussi sous le nom d'Anne de France. Fille de Louis XI et régente pendant la minorité de son frère Charles VIII, elle joua un rôle politique très important. Dans *Les Enseignements d'Anne de France [...] à sa fille Suzanne de Bourbon,* pourtant, Anne donne à sa fille surtout des conseils des plus conventionnels: elle doit craindre Dieu, obéir à son mari, être serviable, prendre soin de sa réputation[30]:

> [...] puisque ainsi est, que vous estes féminine et foible créature, devez donc bien mectre peine, quelque heureuse fortune que puissez jamais avoir, à vous conduire gracieusement en parfaicte humilité, par espécial, envers vostre seigneur et mary, auquel, après Dieu, vous devez parfaicte amour et obéissance...

Anne de Beaujeu se limite à donner quelques modestes conseils pratiques à sa fille pour le choix d'une patronne au cas où sa mère mourrait et pour le gouvernement de sa maison et de ses terres si elle devenait veuve:

> [...] dévotion doit estre la principalle occupation des femmes vefves. Et du gouvernement de leurs terres et besognes, ne s'en doivent actendre que à elles, touchant la souveraineté, ne s'en doivent donner puissance à nul qui soit.

Il faut supposer qu'il en fut autrement pour la formation qu'Anne de Beaujeu offrit à plusieurs jeunes femmes nobles qu'elle logeait chez elle, y compris Louise de Savoie, et qu'elle sut transmettre autrement que par l'écrit l'expérience de sa vie mouvementée.

Un deuxième traité partiel sur l'éducation des femmes se trouve dans l'*Épître à AMCDBL* par laquelle Louise Labé présente ses *Sonnets*[31]. Louise Labé s'adresse à travers son amie Clémence de Bourges à toutes les femmes mais surtout aux Lyonnaises. Il s'agit pour elle plutôt d'encourager les études chez les femmes que d'en fournir un guide détaillé.

> Estant le tems venu, Madamoiselle, que les severes loix des hommes n'empeschent plus les femmes de s'appliquer aus sciences et disciplines, il me semble que celles qui ont la commodité doivent employer cette honneste liberté que notre sexe ha autrefois tant desiree, à icelles aprendre et montrer aus hommes le tort qu'ils nous faisoient en nous privant du bien et de l'honneur qui nous en pouvoit venir...

Selon elle, les occupations domestiques empêchent les femmes d'étudier:

> [...] je ne puis faire autre chose que prier les vertueuses Dames d'eslever un peu leurs esprits par-dessus leur quenoilles et fuseaus, et s'employer à faire entendre au monde que si nous ne sommes pas faites pour commander, si ne devons nous estre dédaignees pour compagnes tant es afaires domestiques que publiques, de ceux qui gouvernent et se font obéir. [...] Pource, nous faut il animer l'une l'autre à si louable entreprise.

Bien sûr, les femmes ne sont pas «faites pour commander» mais elles peuvent servir de conseillères même en ce qui concerne les affaires publiques. D'ailleurs par crainte de la femme éduquée, l'homme mettra «plus de peine et d'étude aux sciences vertueuses». Malheureusement, l'appel de Louise Labé à la solidarité féminine ne trouva guère de réponse.

Louise Labé souligne le plaisir que les femmes peuvent prendre à l'étude et aux connaissances que personne ne peut leur voler.

Elle recommande de plus qu'elles écrivent, pour elles-mêmes autant que pour les autres, afin de pouvoir revoir leurs idées, les évaluer à distance.

> Mais quand il avient que mettons par escrit nos concepcions, combien que puis après notre cerveau coure par une infinité d'afaires et incessamment remue, si est ce que long tems après reprenans nos escrits, nous revenons au mesme point, et à la mesme disposicion ou nous estions. Lors nous redouble nostre aise: car nous retrouvons le plaisir passé qu'avons ù ou en la matière dont escrivions, ou en l'intelligence des sciences ou lors estions adonnez. Et outre ce, le jugement que fors nos secondes concepcions des premieres nous rend un singulier contentement...

Pour les humanistes de la Renaissance, l'éducation était liée directement à la vertu. La personne éduquée serait capable de distinguer le bien du mal, et de choisir le bien, donc plus vertueuse que la personne ignorante. À condition d'imposer quelques limites à l'éducation de la femme, les penseurs «modernes» de la Renaissance comme Juan Luis Vives favorisèrent sa formation afin justement d'assurer sa vertu[32]. Mais l'opinion la plus générale associait les connaissances chez une femme avec une liberté de mœurs inacceptable.

C'est pour répondre à ce genre d'argument que Catherine Des Roches composa le *Dialogue de Placide et de Severe*[33]. La fille de Placide, bien éduquée par les soins de son père, passe son temps à lire Plutarque et Sénèque et à faire de la musique. Celle de Sévère, père qui ne croit pas à l'éducation des femmes, sort à tout moment et lui cause toutes sortes d'ennuis. Le dialogue amusant des deux pères constitue un petit traité sur l'éducation de la femme:

> SEVERE: Vous me faites desesperer tenant ces propos: comme si l'imbecillité de ces petites bestioles devoit estre comparée à la grand sufisance qui journellement se connoist en nous. En outre cete preference leur permettant de lire ce qu'il leur plaist, vous donnez licence de faire tout ce qu'elles veulent.

> PLACIDE : Je l'entens ainsi. Mais estant guidées par les bonnes lettres, elles ne voudront rien faire qui ne soit raisonable.

Pour gagner sa partie, Placide ne se limite pas à citer plusieurs exemples de femmes connues pour leur sagesse, il souligne aussi le lien entre l'éducation de la femme et son rôle de mère et d'épouse :

> PLACIDE : [...] elles apprendront la parole Divine, pour ce qu'elle commande aux Femmes d'obéir à leurs maris, ainsi que l'on peut voir dans Genese. Aiant des Enfants, il leur sera plus facile aussi de les maintenir en la crainte de Dieu, de leurs Peres, & d'elles mesmes. Davantage elles se guident heureusement par les preceptes de vertus, qui sont les plus riches benefices que l'on puisse acquerir...
>
> [...] Ainsi, la Femme prudente aiant rendu son Esprit fort par les discours de la philosophie morale, reçoit humblement tel image que luy veut donner son Mary, de qui le bien-aymé pourtrait paroist tousjours en ses pensées, en ses paroles, & en toutes ses actions.

Sévère se laisse à la longue convaincre par les arguments de Placide et décide de changer le régime de sa fille :

> SEVERE : [...] pour-veu que sa Mere ne si oppose, car elle ma dit autres-fois parlant des filles mieux apprises. Que sert-il a une Femme d'entendre les letres & la Musique ? Je nay point sceu tout cela & suis aussi sage qu'une autre. Je ne veus pas que ma Fille en sache plus que moy. Dequoy lui pourroit il profiter ? Seroit elle plustost mariée ?

Comme dans sa tentative de réconcilier la quenouille avec la plume et, malgré sa décision de ne pas se marier elle-même, Catherine Des Roches place ses revendications en faveur de l'éducation de la femme dans le contexte de son rôle d'épouse et de mère. Il s'agit probablement d'une stratégie plutôt que d'une croyance profonde de sa part.

L'amour

La poésie d'amour de Pernette du Guillet, dédiée à un homme qui n'est pas son mari mais publiée par ce dernier, parle d'un amour pur, chaste, spirituel, néoplatonicien. La poète admire en Maurice Scève son savoir, son don poétique:

> Esprit celeste, et des Dieus transformé
> En corps mortel transmis en ce bas Monde,
> A Apollo peulx estre conformé
> Pour la vertu, dont es la source et l'onde.
> Ton eloquence, avecques ta faconde,
> Et hault scavoir, auquel tu es appris
> Demonstre assez le bien en toi compris[34]...

Quel contraste entre cette expression passive, où la femme reste bien à sa place, et l'amour passionné qu'exprime Louise Labé:

> Baise m'encor, rebaise moy et baise:
> Donne m'en un de tes plus savoureux
> Donne m'en un de tes plus amoureus:
> Je t'en rendray quatre plus chaus que braise[35]...

On comprend pourquoi Pernette du Guillet était admirée à l'époque, car elle sort à peine de la définition de la vertu féminine, tandis que la poésie de Louise Labé est une mise en question à la fois du comportement féminin et de la forme du sonnet pétrarquiste, voué à l'admiration de la femme inaccessible.

L'œuvre ambiguë d'Hélisenne de Crenne soulève les mêmes questions. L'héroïne de ses *Angoysses douleureuses qui procedent d'amours...*, qui aime bien le mari qu'on avait choisi pour elle quand elle n'avait que onze ans, est prise de passion à la vue d'un jeune homme dans une fenêtre face à la sienne. Elle décrit la lutte entre la raison et la sensualité qui se soulève en elle:

> Je ne pouvois retirer mes yeulx, et ne desirois aultre plaisir que cestuy là. O mes dames, je vous exore et prie que vueillez considerer la grande puissance d'amours, veu que jamais je n'avois

> veu ce personnage. [...] Las, je m'efforçay de resister, voulant expulser amours de mon cueur. [...] En ces considerations, raison me venoit à corroborer, me conseillant d'estre ferme et ne me laisser vaincre, et me disoit: «Comment, veulx tu prendre le vilain chemin, orde et fetide, et laisser la belle sente remply de fleurs odoriferentes? Tu es lyée de mary; tu peux prendre ton plaisir en mariage, c'est beau chemin, lequel suyvant tu te peux saulver...» Après avoir en mon imagination consideré toutes ces choses, j'estois deliberée de me desister d'amours, quand l'appetit sensuel me vint livrer ung tresdur assault, me voulant persuader de le suyvre [...] Ainsi doncques commençay du tout à chasser raison, parquoy la sensualité demeura superieure[36].

Le mari est entièrement dans son droit quand il essaie de discipliner et de séquestrer la jeune femme, mais ne peut rien contre la force de l'amour fatal. Hélisenne de Crenne présente son roman comme un avertissement aux femmes, ce qu'elle souligne dans ses lettres invectives; mais la peinture de l'amour est tellement séduisante qu'elle représente de toute évidence une mise en question de la chasteté qu'on exigeait des femmes.

L'Heptaméron de Marguerite de Navarre présente l'amour dans toute ses variantes possibles et imaginables, et les «devisants» expriment toute la gamme d'opinions courantes à ce propos, de la misogynie foncière d'Hircan jusqu'à l'humanisme chrétien de Parlamente. Plusieurs contes présentent le dilemme d'une jeune femme ignorante tombée dans le péché par manque d'expérience, ou à cause des pièges que les hommes lui ont tendus – dans plusieurs cas un prêtre ou un moine. Comme dans le cas des *Angoisses douloureuses...* d'Hélisenne de Crenne, les devisants accordent volontiers au mari le droit de corriger sa femme, et le blâment quand il ne le fait pas assez. Geburon parle pour eux quand il commente ainsi la nouvelle qu'il vient de raconter:

> Voylà, mes dames, pourquoy je dis que, si le pauvre mary eust esté bien vigilant après sa femme, il ne l'eust pas ainsy perdue, car la chose bien gardée est difficilement perdue, et l'habandon faict le larron[37].

Marguerite ne s'arrête pas là. Non seulement elle est partisane de l'éducation des femmes (elle fut elle-même éduquée aux côtés de son frère, François Ier), mais elle exprime la notion plus révolutionnaire encore que le mariage devrait être le lieu d'un amour mutuel et libérateur entre époux et épouse. C'est ce que pense Parlemente :

> [...] je ne lairray pas pour cella désirer que chascun se contentast de son mari, comme je fais du mien.
>
> Encores ay-je une opinion, dist Parlamente, que jamais homme m'aymera parfaictement Dieu, qu'il n'ait parfaictement aymé quelque creature en ce monde. [...] J'appele parfaicts amants [...] ceulx qui cerchent, en ce qu'ilz aiment, quelque parfection soit beaulté, bonté, bonne grace ; tousjours tendans à la vertu, et qui ont le cueur si hault et si honneste, qu'ilz ne veullent, pour mourir, mectre leur fin aux choses basses que l'honneur et la conscience repreuvent[38]...

Le mariage

En général, le mariage était une affaire de famille, de propriété, d'État. Si on demanda l'avis des jeunes gens, ce n'était jamais déterminant. Les cas de Marguerite de Navarre (après tout l'une des femmes les plus fortes de l'époque) et de sa fille en sont un bon exemple. Le roi Louis XII maria Marguerite contre son gré et pour des raisons politiques au duc d'Alençon, dont les mœurs étaient tout à fait contraires aux habitudes cultivées de celle-ci. Libérée de ce mariage par la mort de son époux, Marguerite eut apparemment un peu plus de choix quant à son deuxième époux, Henri d'Albret, roi de Navarre. Quant à Jeanne, la fille de Marguerite, François Ier la fiança à l'âge de onze ans au duc de Clèves, que Jeanne détestait tant qu'il fallut la porter de force devant l'autel, et qu'elle protesta plus tard n'y avoir accédé que parce que sa mère l'avait battue.

> [...] mais voyant que le sgr roy sestoit resolu de me bailler a luy sans me vouloir ouyr ny escouter et que, quant jen voulois parler ausd. sgr roy et royne de Navarre, ilz me vouloient encoires moins ouyr, usans envers moy de plus estranges rigueurs du monde pour mon opinion quils voioient contraire à leur volenté, et me sentant abandonné de mon roy et de pere et de mere, je me deliberay prendre mon seul recours à Dieu[39]...

Le mariage, jamais consommé à cause de retards imposés par Marguerite, fut annulé, et Jeanne épousa, en 1548, Antoine de Bourbon.

Il y a des exceptions à la règle. Fidèle compagne de sa mère après la mort de son père, Catherine Des Roches refusa à la fois serviteur (prétendant), compagnon et maître (mari), préférant la liberté dont elle pouvait jouir en dehors du mariage:

> [...] sçachez doncques que je n'aurois pas opinion d'estre assez libre, causant la servitude en un autre [...]. Or ne desirant point de serviteur, je ne demande non plus ny compagnon ny maistre. Il me suffira bien si la vertu daigne me commander, la fortune m'accompagner, & les lettres me servir, pour exprimer ce qui est en mon ame[40]...

Si, pour une fois, nous donnons la parole à un homme, c'est que le père de Louise de Coligny, le chef huguenot Gaspard de Coligny, fit preuve d'une compréhension étonnante à propos du mariage de sa fille:

> Suivant les propos que j'ai tenus à ma fille aînée, je lui conseille, pour les raisons que je lui ai dites à elle-même, d'épouser M. de Téligny, pour les bonnes conditions et autres bonnes parties et rares que j'ai trouvées en lui. Et si elle le fait, je l'estimerai bien heureuse; mais en ce fait, je ne veux user ni d'autorité, ni de commandement de père[41]...

À force de lettres, Jeanne d'Albret arriva à convaincre une mère catholique d'accepter que sa fille protestante se marie avec un coreligionnaire. Jeanne l'en remercie chaleureusement:

> Ma cousine, ayant entendu par M. de Lavardin le consentement que donnez au mariage de luy et de vostre fille, j'en ay esté merveilleusement aise, pour sembler party fort raisonnable, et pour l'amitié que je porte à vostre dite fille, ayant connu sa vertu. Je vous assure qu'elle n'aura jamais heur ni contentement que je ne m'en réjouisse[42]...

Mais en général, surtout parmi la bourgeoisie et les nobles, on ne tenait aucunement compte du «contentement» de la jeune femme.

Un document essentiel est fourni avec *Les Misères de la femme mariée* de Nicole Estienne Liébaut[43]. Ce poème de trente-cinq strophes se situe, comme l'œuvre de Marie de Romieu, dans la filiation de la «querelle des femmes», plus spécifiquement dans la branche de cette querelle qui parle du mariage, et qui inclut *Les Quinze joies du mariage,* ouvrage violemment misogyne, dont une nouvelle édition sortit l'année même où *Les Misères de la femme mariée* furent publiées. Le poème de Nicole Estienne Liébaut semble être une réaction directe aux *Stances du mariage* de Philippe Desportes, œuvre dans laquelle le poète indique qu'il aimerait «mieux épouser un tombeau qu'une femme[44]». Nicole Estienne affirme:

> Voyant que l'homme estoit triste & melancolique,
> De soy mesme ennemy, chagrin & fantastique,
> Afin de corriger ce mauvais naturel
> Tu [Dieu] lui donnas la femme en beautez excellente,
> Pour fidèle compagne et non comme servante,
> En chargeant à tous deux un amour mutuel.

Mais les hommes, trompeurs, séduisent la jeune fille et l'amènent à un mariage tout aussi trompeur par son air de fête, où le bonheur de l'épouse ne jouera aucun rôle:

> Encore maintenant pour faire mariage
> On songe seulement aux biens & au lignage
> Sans cognoistre les mœurs & les complexions:
> Par ainsi ce lien trop rigoureux assemble

Deux contraires humeurs à tout jamais ensemble
Dont viennent puis après mille discensions.

Ensuite, la poète décrit en détail plusieurs de ces couples mal assortis: la jeune femme dont le mari est âgé, la femme douce et intelligente liée à un ignorant, la femme dont l'époux est plus jeune qu'elle, ou trop pauvre, ou trop riche. En parlant de la femme du pauvre, elle souligne l'apport essentiel de la femme à l'économie domestique:

Elle seule entretient la petite famille
Eleve les enfans, les nourrit, les habille,
Contre gardant son bien pour le faire durer.

Et toutes fois encore que l'homme se glorifie
Que c'est par son labeur que sa femme est nourrie
Et qu'il apporte seul le pain à la maison.
C'est beaucoup d'acquerir mais plus encore le prix
Quand l'on sait sagement garder la chose acquise.
L'un despend de fortune et l'autre de raison.

Quel que soit le mari, il faudra que sa femme passe maintes fois par les peines et les dangers de la grossesse.

Je laisse maintenant l'incroyable tristesse
Que cette pauvre femme endure en sa grossesse
Le danger où elle est durant l'enfantement
La charge des enfans si penible et fascheuse...

Et il faut bien sûr s'attendre aux infidélités que tout mari se permet.

Dans *Les Misères de la femme mariée,* Nicole Estienne Liébaut ne propose aucun remède à cette situation presque universelle. La dédicace du volume, adressée à «Madame de Medine, religieuse aux Ammurez de Rouen», encourage les femmes à préférer le célibat au mariage, mais cette dédicace aurait aussi bien pu être écrite par l'éditeur que par l'auteure du poème. Celle-ci exprime une nostalgie semblable à celle de Marguerite de Navarre, quand elle rappelle à ses lecteurs l'«amour mutuel» que le Créateur avait recommandé à Adam et à Ève. Fille et femme de savants morts dans la pauvreté, Nicole Estienne Liébaut a dû connaître certaines des « misères » dont elle parle. On sait qu'elle eut avant son mariage des relations avec le poète Jacques Grévin. Il n'y a pas d'évidence que son mariage avec Jean Liébaut eût été particulièrement malheureux, mais elle parla, la première, au nom de toutes les femmes mariées, contre les hommes qui se plaignaient du sort de l'homme marié.

La vie politique

À une époque où les femmes étaient en principe écartées de la vie publique, certaines exercèrent une influence politique importante, le plus souvent à travers leurs rapports avec un homme, que ce soit en tant que mère (Louise de Savoie, Catherine de Médicis), en tant que sœur (Marguerite de Navarre), en tant que femme (Charlotte de Bourbon), en tant que veuve (Louise de Savoie), ou en tant que maîtresse (Diane de Poitiers). Seule Jeanne d'Albret fut reine en son propre nom. Les lettres et les mémoires de ces femmes font entrevoir la variété de façons qu'elles trouvèrent pour exercer le pouvoir. Ces documents sont le plus souvent pragmatiques ; ils vont directement au but sans donner le contexte ou bien une analyse. La parole n'y est en général « rebelle » que par le fait même qu'elle existe et par les comportements qu'elle implique.

Louise de Savoie était sûre que son fils François serait un jour roi de France. Veuve à l'âge de dix-neuf ans, elle prépara soigneusement la voie à son accession au trône. Pendant la première moitié du règne de François jusqu'à sa propre mort en 1531, elle fut sa conseillère et, pendant les fréquentes absences du roi à la guerre, sa régente officielle. Ce fut en grande partie grâce à l'influence de sa mère et de sa sœur Marguerite de Navarre que François Ier donna son appui aux écrivains et aux artistes et devint « le père des lettres françaises ». Puisque son fils préférait la guerre (ou la chasse), Louise de Savoie se chargeait souvent des questions de politique extérieure ou intérieure. Vers 1522, elle rédigea un *Journal,* mais on y cherche en vain des renseignements précis sur ces activités importantes [45]. On y voit avant tout la mère qui adorait son fils:

> François, par la grâce de Dieu, roi de France, et mon César pacifique, print la première expérience de lumière mondaine à Congnac, environ dix heures après mid 1494, le douzième jour de septembre.

En parlant de la victoire de son fils contre les mercenaires suisses à Marignan, Louise de Savoie ne mentionne ni le fait qu'elle avait amassé l'argent pour soutenir la campagne, ni les négociations qu'elle avait menées avec les ambassadeurs de l'Empereur, d'Henri VIII et du pape Léon, en vue du traité de paix. On remarquera que, comme la plupart des gens de son époque, Louise de Savoie eut recours à la fois aux apparitions surnaturelles et à la protection de Dieu pour guider ses affaires:

> Le 28 d'aoust 1514, je commençay à prédire, par céleste prévision, que mon fils seroit une fois en grand affaire contre les Suisses; car, ainsi que j'étois après souper en mon bois à Romorantin, entre sept et huit heures, une terrible impression céleste, ayante figure de comète, s'apparut en ciel, vers occident; et je feus la première de ma compagnie qui m'en apperceus; mais ce ne fut sans avoir grand peur; car je mescriai si hault que ma voix se pouvoit estendre, et ne disois autre chose sinon; les Suisses! les Suisses! les Suisses!...
>
> Le 13 de septembre, qui fut jeudi 1515, mon fils vaincquit et deffit les Suisses auprès de Milan; [...] et ce jour propre, je partis d'Amboise pour aller à Nostre-Dame de Fontaines, lui recommander ce que j'aime plus que moi-mesme, c'est mon fils, glorieux et triomphant César, subjugateur des Helvétiens...
>
> Le jeudi 13 de décembre 1515, le pape Léon célébra la messe en présence de mon fils; et le vendredi suivant fut tenu consistoire, et l'alliance confirmée, laquelle depuis a esté affermée et florentinée par ledit Léon, gentil leutenant et apostre de Jésus-Christ.
>
> Le 14 de décembre 1515, mon fils fit le serment de paix avec le roi d'Angleterre.

> L'an 1515, 1516, 1517, 1518, 1519, 1520, 1521, 1522, sans y pouvoir donner provision, mon fils et moi feusmes continuellement desrobés par les gens de finances.

Louise de Savoie et Marguerite de Navarre eurent des rôles particulièrement importants à jouer pendant l'emprisonnement du roi par l'empereur Charles V après la bataille de Pavie. Louise prit en main toutes les affaires du pays alors que Marguerite voyagea à Madrid afin de traiter pour la mise en liberté de son frère. Elle révèle ses stratégies dans une lettre au chancelier Jean de Brinon:

> Je vous puis dire que j'ai eu affaire aux plus grans dissimulateurs et gens où il se treuve aussy peu d'honneur qu'il est possible. [...] j'ay mis peyne par tous les moyens qu'il m'a esté possible (comme assez, à mon avis, vous l'entendez) de sercher la paix, amitié et alliance de l'Empereur pour venir à la délivrance du Roy [...]. Nous espérons tous les jours la conclusion qui se debvoit apporter par le mareschal de Montmorency [...]. Le tout est que je laissay le Roy faisant, Dieu mercy, très bonne chère, et commençant bien à se fortifier [46]...

Elle obtint en effet la libération de François, en échange des deux fils de celui-ci, François et le futur Henri II. D'autres négociations menèrent à la célèbre «paix des dames» négociée par Louise de Savoie et Marguerite, avec la puissante Marguerite d'Autriche, tante de Charles V et gouverneur des Flandres.

Les règnes d'Henri II et des derniers Valois, ses fils, sont dominés eux aussi par deux femmes. Diane de Poitiers, maîtresse d'Henri II, exerça son influence pendant toute la vie du roi. La reine Catherine de Médicis ne put bannir sa rivale et prendre le pouvoir qu'après la mort de son mari, au nom de ses fils.

Voici une lettre extraordinaire de la main de Diane et celle d'Henri II, adressée au connétable de Montmorency pour le féliciter et s'assurer de son appui lors des négociations qui menèrent à la paix de Cateau-Cambrésis. Nous soulignons les passages écrits par Diane:

> *Monsr, jé receu les lestres que m'avés escrystes, de quoy je vous mercye byen heumblemant de la penne que an navés prys, que je pance byen que vostre travall* [est] sy grant que n'avés loysyr de m'escryre de vostre mayn, quy me soufyt de vostre souvenanse, & sepandant le secretère quy achève la moytyé de ma lestre & moy nous recommandons à vostre bonne grâse, *& [prions Dieu] vous donner se que nous vous désyrons, set de*
>
> Vos ansyens & mylleurs amys,
> Henry, *Dianne* [47]

Diane de Poitiers est surtout connue pour avoir encouragé artistes, poètes et musiciens à recréer autour d'elle le puissant mythe qui la reliait à la déesse chasseresse. Ses lettres nous font entrevoir une femme qui s'occupa des détails de la vie politique plutôt que des grands desseins, des soins des enfants royaux qu'elle prit en main, des amis pour lesquels il fallut trouver une place ou une récompense, de ses propres filles à marier, de la construction de son château d'Anet, de ses biens et rentes. Ce n'est pas un portrait flatteur, mais c'est le portrait d'une femme qui sut se faire une place importante dans la vie par ses seuls moyens à elle, à la fois par la séduction et par l'intelligence. Cela même la faisait sortir du rôle féminin traditionnel.

L'importance du rôle de Catherine de Médicis fut telle qu'on appelle parfois la période entre la mort d'Henri II (1559) et celle d'Henri III (1589) «l'âge de Catherine de Médicis». Régente *de facto,* sinon toujours *de jure,* pour ses trois fils, François II, Charles IX et Henri III, elle domina la politique pendant les guerres de Religion, dont on lui impute souvent la responsabilité. La vie complexe de la Florentine, devenue reine de France par la mort du premier fils de François Ier, ne se résume pas en quelques lignes. Ses lettres remplissent onze grands volumes[48]. On y trouve des centaines de lettres adressées au gouvernant et à la gouvernante de ses enfants, aux rois de France et d'Espagne (son mari, ses fils, et son beau-fils), aux membres de sa famille italienne, aux membres des grandes familles françaises et étrangères, et aux États, parlements, et gouvernements des villes et des régions du royaume. Il est évident que

Catherine s'y connaissait en politique et qu'elle jouait un rôle important même pendant le règne d'Henri II. Comme Louise de Savoie, elle fut chargée de convaincre le Parlement de Paris de voter l'argent nécessaire à l'appui des campagnes du roi. Elle le remplaçait souvent dans des entretiens diplomatiques, surtout avec les Italiens, et lui en envoyait le compte rendu avec ses propres commentaires comme dans le cas d'une rencontre avec l'ambassadeur de Venise. L'extrait de lettre suivant, déjà raccourci et simplifié, reflète bien sa façon d'agir:

> Monseigneur, le prince de Salerne [...] m'a entretenu sur la seureté que la Seigneurie [Venise] désireroit avoir [...] de vous, venant à se déclarer pour faire ligue et capituler, alléguant la souveance que ladite Seigneurie avoit de ce que le feu Roy monseigner votre père, après une telle ligue, les abandonna pour traiter avec l'Empereur; sur quoy je luy sceus bien respondre que cela ne se devoit point alléguer pour vous, et que l'on n'avoit encore point veu que vous eussiez jamais abandonné vos alliez, et aussi peu vos simples amis, ayant en toutes vos actions fait profession de foy et vérité [...] depuis il venoit tousjours à retomber sur les dites particularitz, m'en parlant encore plus ouvertement qu'auparavant [...] pour sentir de moy lequel des partis qu'il vous proposeroit quant à ladite seureté vous seroit le plus agréable...

La lettre qu'elle écrivit à son beau-fils, Philippe II d'Espagne, quatre jours après le massacre de la Saint-Barthélemy, est un modèle de sa politique. Sous les apparences pieuses, elle justifie le massacre qu'elle avait de toute évidence autorisé elle-même et s'assure de l'appui de ce roi puissant au cas d'une révolte protestante à l'avenir:

> A Monsieur mon Fils le Roy Catholique [...] je ne foys neule doucte que ne ressentiés comme nous mesmes le heur que Dieu nous ha fayst de donner le moyen au Roy monsieur mon fils de set défayre de ses sugès rebelles à Dieu et à lui, et qu'il lui aye pleu luy fayre la grace de le préserver et nous tous de la créaulté de leurs mayns, de quoy nous aseurons que en leourés Dieu avecques nous, tant pour nostre particulier come pour le bien qui en reviendré à toute la crétienté...

Les filles de deux de ces femmes exceptionnelles refusèrent elles aussi les rôles tout faits. Nous avons déjà noté l'opposition de Jeanne d'Albret au mariage avec le duc de Clèves et son appui à une jeune protestante. Reine de Navarre et solidement protestante, Jeanne adopta pleinement l'édit de tolérance qui accompagna la paix de Saint-Germain en 1570, en l'appliquant aussi fermement à ses coreligionnaires qu'aux catholiques. Elle écrivit à son lieutenant, le marquis de Villars:

> [...] vous savez que la principalle occasion de vostre voyage, c'est pour l'entretenement dudit edict, lequel vous prie [...] vouloir à l'endroict desdits de la religion [réformée] fére aussi estroictment observé, qu'envers ceulx de la religion catholicque rommaine, y faisant procéder en toute équité et esgalité et sans aulcune passion ny animosité[49].

Politique sans doute cynique de la part de Catherine de Médicis, la tolérance que Jeanne d'Albret semble avoir pratiquée avec sincérité traça la voie de l'avenir, et surtout celle du règne de son fils, le futur Henri IV.

La parole courageuse de Jeanne d'Albret est évidente aussi dans ses *Mémoires,* dont j'ai cité la conclusion au début de cette étude. Malgré ses hésitations à se prononcer publiquement, Jeanne tint à illustrer en détail les étapes du développement de sa politique, afin de prouver à ceux qui la critiquaient que cette politique était délibérée et non le produit de «l'imbécillité d'une femme» comme le disait un pamphlet catholique auquel elle répondait.

> Je m'amuse trop ici et me semble vous avoir assez faict entendre quels combats j'ay soustenu pour demeurer ferme en ma première entreprinse [...]. Ce que j'ay bien voulu desclarer par le menu pour aller au devant, et fermer la bouche à ceux qui m'accuseroyent de m'estre précipitée en ceste cause à yeux fermez[50]...

C'est en lisant les *Mémoires* de Marguerite de Valois qu'on apprend un peu ce que ce fut que d'être la fille de Catherine de Médicis. Marguerite composa ces *Mémoires* pour répondre au portrait flatteur mais trop peu véritable, selon elle, qu'avait proposé Brantôme, défenseur ambigu des dames galantes[51]. Ce fut un acte d'autodéfense publique dont le seul précédent chez une femme serait les *Mémoires* rédigés par Jeanne d'Albret. Marguerite y décrit comment, toute jeune, elle se maintint ferme dans sa foi catholique contre la tendance au protestantisme au début du règne de Charles IX :

> Et la resistance aussi que je feis pour conserver ma religion du temps du colloque de Poissi, où toute la cour estoit infectée d'hérésie, aux persuasions imperieuses de plusieurs dames et seigneurs de la cour, et mesmes de mon frere d'Anjou, depuis roy de France [...] qui sans cesse me crioit de changer de religion, jettant souvent mes heures dans le feu, et au lieu me donnant des psalmes et prieres huguenotes...

Elle y parle également de ses rapports avec sa mère, des rapports bien complexes. Elle s'allia avec le jeune duc d'Angoulême, celui de ses frères qui ne serait jamais roi, et encouragea une alliance entre lui et son mari. Elle refusa de faire annuler son mariage avec Henri de Navarre malgré l'absence d'enfants et les multiples maîtresses de son mari ; elle l'aida à s'échapper du Louvre où il vivait sous la garde de la Reine mère ; elle insista pour résider avec lui et pour l'appuyer dans sa politique malgré leur différence de religion. L'entrevue qu'elle eut avec sa mère quelques jours après la Saint-Barthélemy peut servir d'exemple. Voulant s'attaquer directement aux deux chefs protestants Condé et Henri de Navarre, les chefs catholiques persuadèrent Catherine de Médicis de « démarier » sa fille.

> [...] elle me prend à serment de luy dire verité et me demanda si le Roy mon mari estoit homme, me disant que si cela n'estoit, elle avoit moyen de me demarier. Je la suppliay de croire que je ne me cognoissois pas en ce qu'elle me demandoit [...] ; mais quoi que ce fust, puis qu'elle m'y avoit mise, j'y voulois demeurer ; me doutant bien que ce qu'on vouloit m'en separer estoit pour luy faire un mauvais tour.

La vie de «la reine Margot» fut une mise en question d'idées reçues, une vie pleine de déceptions, mais en même temps une vie qu'elle tailla en grande partie à sa propre mesure. Ses *Mémoires* en sont le témoignage.

Croyances religieuses

Prendre position pour des croyances religieuses différentes de celles de son milieu peut être une forme de révolte et d'affirmation de soi. Déjà au début du siècle, *Le Miroir de l'âme pécheresse* de Marguerite de Navarre avait été interdit par la Sorbonne (apparemment sans qu'elle connaisse le nom de l'auteure). Il avait fallu du courage à Marguerite de Navarre pour maintenir ses relations avec l'évêque Briçonnet, pour continuer à publier des œuvres religieuses et pour protéger des écrivains comme Clément Marot et François Rabelais.

S'inspirant de Marguerite de Navarre et s'adressant à elle, une autre jeune femme courageuse dont on ne connaît pas les origines, Marie Dentière, quitta vers 1525 son couvent pour se marier avec un homme actif dans la Réforme. Elle composa elle-même deux ouvrages en faveur de la Réforme, en insistant sur le droit et même sur le devoir de la femme de prendre la parole dans cette lutte:

> Tout ainsi, ma très-honnorée Dame, que les vrays amateurs de verité désirent sçavoir et entendre comment ilz doibvent vivre à ce temps si dangereux, aussi nous femmes, debvons sçavoir fuyr et éviter toutes erreurs, hérésies et faulses doctrines [...]. Car ce que Dieu [n]ous à donné, et à nous femmes révélé, non plus que les hommes le debvons cacher et fouyer dedans la terre. Et combien que [ne] nous soit permiz de prescher és assemblées et églises publiques, ce néantmoins n'est pas deffendu d'escrire et admonester l'une l'aultre, en toute charité[52].

D'après Marie Dentière, la Réforme devait amener une amélioration des attitudes courantes en ce qui concerne la femme:

> Non seulement pour vous, ma dame, ay voulu escrire ceste Epistre, mais aussi pour donner courage aux autres femmes détenues en captivité, affin qu'elles ne craingnent point d'estre deschassées de leurs pays, parans et amys, comme moy, pour la parolle de Dieu. Et affin que désormais ne soyent en elles-mesmes ainsi tormentées et affligées, ains plustost resjouyes, consolées et esmeus à suyvre la vérité, qui est l'Evangile de Jésus-Christ. Lequel jusques à présent a esté tant caché qu'on n'osoit dire mot, et sembloit que les femmes ne deussent rien lire n'entendre ès sainctes lettres. Qui est la cause principale, ma Dame, que m'a esmeu à vous escrire, espérant en Dieu que doresnavant les femmes ne seront plus tant méprisées que par le passé.

Protestante elle aussi, Charlotte de Bourbon nous laissa une documentation importante sur sa double révolte : elle quitta le couvent où elle avait vécu depuis l'âge de douze ou treize ans et dont elle avait été nommée abbesse, se réfugia en Suisse et se maria contre le gré de son père avec le prince protestant Guillaume le Taciturne de Hollande. Voici un extrait de son témoignage :

> Qu'elle fust mise en religion, dès le berceau ; que y ayant esté nourrie, toute son enfance, si n'y put-elle jamais avoir aucune volonté ; que ce qu'elle y continua fut, partie par les menaces estranges de madame de Montpensier, sa mère, et partie par la crainte qu'elle avoit d'offenser monseigneur son père, auquel elle eust désiré obéyr[53]...

Les lettres de Charlotte de Bourbon parlent de son activité et de son influence politique dans les Pays-Bas, ainsi que de sa vie mouvementée de mère et d'amie. Mais elle ne fut heureuse qu'après une réconciliation avec son père dix ans après sa fuite. Voici des extraits de deux lettres écrites à son mari, parti en guerre :

> Les communautez des villages de Buys-et-Escher situées sous les pays de Cressieux, m'ont prié de vous représenter leur requeste [...] comme ils s'asseurent de vostre bonne volonté à soulager des affligés...

Les soucis de la famille se mêlent aux questions politiques :

> Monseigneur, j'arrivai 1er [octobre, 1577] en ceste ville [Dordecht] [...] où j'ay trouvé nos petites filles en bonne santé. Les grandes, espérant vostre retour bien de bref, n'ont point voulu loger en vostre quartier [...]. Demain votre sirurgien commencera à pencer M. le comte Maurice [deuxième fils de Guillaume] [...]. Ceulx à qui j'ai parlé de ceste ville m'ont dit que les estats de ce pais vous avoient déjà prié de retourner, et s'y attendent, et leur semble que vous pouvés aussy bien donner conseil d'icy que plus près, et plus seurement, sy la paix est conclue...

Sans céder en rien en ce qui concerne sa foi et la vie qu'elle s'était faite, Charlotte de Bourbon essaya par plusieurs voies de s'expliquer avec son père et de se réconcilier avec lui:

> L'extrême désir que j'en ay [de votre bonne grâce] me faict entreprendre de m'adresser au roy de Navarre, affin que par son moien et faveur je puisse avoir quelque accès vers vos, monseigneur, pour vous rendre tant mieulx exclarcy de beaucoup de choses qui me concernent, que, possible, vous n'avez point entendues; espérant que, lorsque vous en sçaurès la vérité, vous me ferèz la grâce, d'oublier non seulement ce qui s'est passé, mais de n'avoir plus aucun mécontentement de moy, qui ay, ce me semble, monseigneur, par ungne si longue privation de vostre faveur et de tous offices paternels, assés ressenty d'affliction, pour me veoir à présent honorée de vostre amitié et recognue de vous pour très humble fille et servante.

Bien que ce fût du moins en partie pour des raisons politiques, Charlotte de Bourbon se réjouit de cette réconciliation. La voie qu'elle s'était taillée avait été aventureuse, mais la «faveur» et les «offices paternels» avaient gardé leur importance pour elle.

À la mort de Charlotte de Bourbon, Louise de Coligny devint la femme de Guillaume d'Orange. Louise avait déjà vu tuer son père et son jeune mari lors du massacre de la Saint-Barthélemy. Deux ans après leur mariage, le prince d'Orange ayant été assassiné devant sa femme, Louise se trouva mère du fils qu'elle avait eu de Guillaume et des onze autres enfants des trois premiers mariages de celui-ci. Comme dans le cas de Charlotte, nous devons à des historiens protestants la publication des lettres de Louise de Coligny[54]. Dans ses lettres, les questions politiques et religieuses se confondirent souvent avec des questions de famille et comprennent à la fois les Pays-Bas et la France. Louise fut très bien reçue à la cour d'Henri IV où elle joua souvent un rôle de réconciliatrice et où elle semble même avoir assisté aux débats qui menèrent à la promulgation de l'édit de Nantes.

Le récit de ces activités politiques et religieuses constitue-t-il une parole rebelle ? Oui et non. En tout cas, nous y découvrons des femmes dont la vie ne s'accorde pas avec la norme, des femmes intelligentes et courageuses qui ont pris en main des charges souvent lourdes et importantes.

Relations entre femmes

Dans la mesure où les rapports entre une femme et les hommes dans sa vie étaient considérés comme les liens essentiels, les rapports entre femmes sont moins fréquemment documentés. Ces rapports ne représentent pas nécessairement une révolte. Il n'y a guère d'exemples de lesbianisme, notamment. Mais l'assurance d'une femme, sa capacité de parler et d'agir pour elle-même, semblent souvent dériver d'un rapport solide avec une autre femme.

Nous avons déjà constaté la filiation qui lia quatre générations de femmes influentes : Anne de France, Louise de Savoie, Marguerite de Navarre et Jeanne d'Albret. D'autres femmes profitèrent des enseignements d'Anne de France, y compris Marguerite d'Autriche et Diane de Poitiers. Et cette filiation continua dans la société créée à La Rochelle par l'exil de plusieurs familles protestantes, dont les filles se connurent et s'entraidèrent : Jeanne d'Albret, Charlotte de Bourbon, Louise de Coligny, Éléonore de Roye. Les lettres de Louise de Coligny à sa belle-fille Charlotte-Brabantine, fille de Charlotte de Bourbon, révèlent à la fois une remarquable amitié féminine et la force de ce genre d'amitié dans les affaires politiques. On se souvient aussi, dans le domaine littéraire, de Madeleine et Catherine Des Roches, de Louise Labé et Clémence de Bourges. Ces relations féminines aidèrent certaines femmes à dépasser les rôles conventionnels, à s'affirmer d'une façon exceptionnelle et à élargir la place qu'on réservait aux femmes.

Peut-on parler de «féminisme» à la Renaissance? Maïté Albistur et Daniel Armogathe n'hésitent pas à le faire, et incluent dans leur étude des écrits masculins et féminins montrant l'amélioration de la condition féminine[55]. Certains thèmes sont, bien sûr, très semblables à ceux qui nous préoccupent. Il faut aussi à notre avis reconnaître la parole rebelle dans le seul fait de s'exprimer, même si certains aspects de cette expression ne semblent pas tellement «libérés» de notre point de vue: la quête de l'amour dans le mariage, une spiritualité individuelle (catholique ou protestante), un impact indirect sur les affaires de l'État, l'amitié entre femmes. L'étude des témoignages précieux que ces femmes de la Renaissance nous ont laissés nous permet d'admirer ce qu'elles ont pu accomplir dans la situation où elles se sont trouvées.

Notes

1. La citation est de Marguerite de Navarre, *Le Miroir de l'âme pécheresse,* éd. crit. par Renja Salminen, Helsinki, Academiae Scientarum, 1979, p. 166. En préparant cette étude et une autre plus complète sur les écrits de la femme à la Renaissance, je me suis fait un devoir et un plaisir de faire entendre autant que possible les voix mêmes de ces femmes auxquelles on a jusqu'ici accordé si peu d'attention, d'où les citations étendues qu'on trouvera ici. L'orthographe est celle de l'édition citée et respecte souvent celle de l'original.

2. François Rabelais, *Œuvres complètes,* Paris, Bibliothèque de la Pléiade, 1955, p. 205. Il est vrai que Rabelais associe dans son enthousiasme « les brigans, les bourreaulz, les avanturiers, les palefreniers » aux femmes.

3. Germaine Greer, *The Obstacle Race. The Fortunes of Women Painters and Their Work,* New York, Farrar Straus Giroux, 1979.

4. Barbara Strozzi, musicienne et compositrice, née à Venise en 1619, morte après 1663.

5. Joan Kelly-Gadol, « Did Women Have a Renaissance? » dans *Becoming Visible. Women in European History,* Renate Bridenthal et Claudia Koonz (dir.), Boston, Houghton Mifflin, 1977, p. 137-164.

6. Simone de Beauvoir, *Le Deuxième Sexe*, Paris, Gallimard, 1949, t. I, p. 172-173.

7. Edmonde Charles-Roux, *Les Femmes et le Travail du Moyen Âge à nos jours,* Paris, Éd. de la Courtille, 1975 et Barbara A. Hannawald, *Women and Work in Pre-industrial Europe,* Bloomington, Indiana University Press, 1986, p. xv, 66, 178-179, 183, 188, 200, 215-216.

8. Juan Luis Vives, *Vives and the Renaissance Education of Women,* éd. crit. par Foster Watson, New York, Longmans Green, 1912, p. 48-55.

9. Natalie Zemon Davis, *Society and Culture in Early Modern France,* Stanford (Californie), Stanford University Press, 1975, ch. III. Dans son introduction, Davis constate que la Réforme « mène à une simplification des critères utilisés pour établir un rapport entre l'homme et la femme et accentue la délimitation entre le sexe supérieur et le sexe inférieur » (*leads to a simplification of the criteria used to relate male and female, while sharpening the boundary between the superior and the inferior sex*), p. xviii, trad. Marguerite Andersen.

10. Paul Rousselot, *Histoire de l'éducation des femmes en France,* New York, Burt Franklin, 1971, réimp. de l'éd. de 1883, ch. III, section III; Ruth Kelso, *Doctrine for the Lady of the Renaissance,* Urbana, University of Illinois Press, 1956, p. 77 et *passim;* Ian Maclean, *The Renaissance Notion of Woman,* Londres, Cambridge University Press, 1980, p. 55-57, 64-65 et *passim.*

11. Marguerite de Navarre, *Le Miroir de l'âme pécheresse,* « Au Lecteur », *op. cit.*, p. 166. Il est vrai que la modestie s'impose à cette époque dans la plupart des préfaces; ce qui différencie celles des écrivaines, c'est qu'elles s'excusent du fait même d'écrire.

12. Louise Labé, «Épître à AMCDBL» dans *Euvres de Louize Labé Lionnoize,* Lyon, Jan de Tournes, 1555. Publié par Gérard Guillot dans *Louise Labé et son œuvre,* Paris, Seghers, 1962, p. 154.

13. Jeanne d'Albret, *Mémoires et Poésies,* Paris, Alphonse de Ruble, 1893; réimp. Genève, Slatkine, 1970, p. 120-121. Ces *Mémoires* répondent en effet à un pamphlet catholique qui la traitait de femme ignorante et imbécile.

14. Marie de Romieu, «Epistre à mon frère» dans *Les Premières Œuvres poétiques,* éd. crit. par André Winandy, Genève, Droz, 1972, p. 4.

15. Nicole Estienne Liébaut, *Les Misères de la femme mariée où se peuvent veoir les tourmens qu'elle reçoit durant sa vie, mis en stances par Madame Liébaut,* Paris, Claude Le Villain, 1595, publié dans L[aurence] H[oudoir], *Le Miroir des femmes,* Lille, Presses universitaires, 1971, t. 2, p. 237-246.

16. Catherine Des Roches dans *Les Œuvres de Mes-Dames Des Roches de Poictiers, mere & fille,* Paris, Able L'Angelier, 1578, p. 121, réimp. dans L[aurence] H[oudoir], *op. cit.,* p. 216.

17. Madeleine Des Roches, «Ode I», *ibid.*, f. A, et p. 212-213.

18. *Ibid.,* f. I recto et verso.

19. Louise Labé, «Épître à AMCDBL» dans *Euvres..., op. cit.*, p. 152.

20. Hélisenne de Crenne, «La IIII. Epistre invective» dans *Angoisses douloureuses qui procedent d'amours / Les épistres familieres et invectives...,* Paris, Estienne Grouleau, 1560.

21. Madeleine Des Roches dans *Les Secondes Œuvres de Mesdames Des Roches de Poictiers, mere & fille,* Poitiers, Nicolas Courtoys, 1582, p. 2 recto.

22. Louise Labé, «Épître à AMCDBL» dans *Euvres..., op. cit.*, p. 152.

23. Pour Hélisenne de Crenne, voir *Les Angoysses douloureuses qui procedent d'amour,* éd. crit. par Paule Desmats, Paris, Éd. Les Belles Lettres, 1968, p. v-ix et éd. crit. par Jérôme Vercruysse, Paris, Minard, 1968, p. 7-11. Pour Marie de Romieu, *op. cit.,* «Introduction», p. xiii-xix. Pour Jeanne de Flore, voir Evelyne Wilwerth, *Visages de la littérature féminine,* Bruxelles, Pierre Mardaga, 1987, p. 46-53.

24. Louise Labé, «Élégie III» dans *Euvres..., op. cit.*, p. 148.

25. Hélisenne de Crenne, «I. Epistre invective» dans *Les Angoysses..., op. cit.*

26. Voir Paul Rousselot, *op. cit.,* p. 188; Ilana Singuer, *Misères et Grandeur de la femme au XVI*[e] *siècle,* Genève, Slatkine, 1982, p. 27-29.

27. Pernette du Guillet, «ÉpigrammeVI» dans *Rymes,* éd. crit. par Victor Graham, Genève, Droz, 1968, p. 13.

28. Émile Telle, *L'Œuvre de Marguerite d'Angoulême, reine de Navarre, et la querelle des femmes,* Genève, Slatkine, 1969, réimp. de l'éd. de 1937; Joan Kelly-Gadol, «Early Feminist Theory and the Querelle des femmes» dans *Women, History and Theory,* Chicago, University of Chicago Press, 1984, p. 65-109; Maïté Albistur et Daniel Armogathe, *Histoire du féminisme français,* Paris, Éd. des femmes, 1977, t. I, p. 72-84, 112 et suiv., 174 et suiv.

29. Marie de Romieu, *op. cit.,* p. 13, 17, 18-19, 22.

30. Anne de France, *Les Enseignements d'Anne de France [...] à sa fille Suzanne de Bourbon,* publ. d'après le manuscrit unique de Saint-Pétersbourg par A.-M. Chazaud, Château de Moulins, Desrosiers, 1878, p. 47-48 et 116.

31. Louise Labé, «Épître à AMCDBL» dans *Euvres..., op. cit.*, p. 152-154.

32. Juan Luis Vives, *op. cit.*

33. Catherine Des Roches dans *Les Secondes Œuvres de Mesdames Des Roches de Poictiers, mere & fille, op. cit.*, p. 35.

34. Pernette du Guillet, *op. cit.,* épigramme IV, p. 11.

35. Louise Labé, «Sonnet XVIII» dans *Euvres..., op. cit.*, p. 135.

36. Hélisenne de Crenne, *Les Angoysses ..., op. cit.*, ch. II, p. 5-6.

37. Marguerite de Navarre, *L'Heptaméron,* Paris, Garnier, 1967, p. 368, la discussion qui suit la soixantième nouvelle.

38. *Ibid.,* p. 261, la discussion qui suit la trente-cinquième nouvelle et p. 151, la discussion qui suit la dix-neuvième nouvelle.

39. Lettre à Drambon, ambassadeur du duc de Clèves, après le 10 octobre 1543, dans Alphonse de Ruble, *Le Mariage de Jeanne d'Albret,* Paris, Adolphe Labitte, 1877, p. 311.

40. Catherine Des Roches dans *Les Missives de Mesdames Des Roches...,* Paris, Abel l'Angelier, 1584, p. 32 verso.

41. Testament de Gaspard de Coligny dans *Lettres de Louise de Coligny, Princesse d'Orange, à sa belle-fille Charlotte-Brabantine de Nassau, duchesse de la Tremoille,* éd. crit. par Paul Marcheguay, Les Roches-Baritaud (Vendée) [Paris, Sandoz et Fischbacher], 1872, p. iv.

42. *Lettres d'Antoine de Bourbon et de Jehanne d'Albret,* publiées par le marquis de Rochambeau, Paris, Renouard, 1877, p. 278-279. Lettre à Mme de Langey, été 1564.

43. Nicole Estienne Liébaut, *op. cit.*

44. Maïté Albistur et Daniel Armogathe, *op. cit.*, t. I, p. 162. Voir aussi Bernard Magné, «Une réponse aux stances du mariage de Desportes» dans *Annales de la faculté des lettres et sciences humaines de Toulouse,* 1963.

45. Louise de Savoie, *Journal de Louise de Savoye, duchesse d'Angoulesme, d'Anjou et de Valois, mère du grand roi François premier* dans Michaud et Poujoulat, *Nouvelle collection des Mémoires pour servir à l'histoire de France...*, Lyon et Paris, Guyot Frères, 1851, p. 87-93.

46. Marguerite de Navarre, *Lettres inédites de la Reine de Navarre,* éd. crit. par F. Genin, Paris, Jules Renouard, 1841, p. 207. Lettre du 14 janvier 1526.

47. Lettre de Villers-Cotterêts, mars 1559, dans *Lettres inédites de Diane de Poitiers,* éd. crit. par Georges Guiffrey, Paris, Renouard, 1866, n° XCII, p. 161-162.

48. Catherine de Médicis, *Lettres,* publiées par Hector de la Ferrière, *Collection de Documents inédits sur l'histoire de France,* t. I-XI, Paris, Imprimerie nationale, 1880-1909 et 1963, t. I, p. 59-60, t. IV, p. 113.

49. *Lettres d'Antoine de Bourbon et de Jehanne d'Albret, op. cit.*, p. 312. Lettre du 26 janvier 1571.

50. Jeanne d'Albret, *Mémoires, op. cit.*, p. 91.

51. Marguerite de Valois, *Mémoires et autres écrits de Marguerite de Valois, la reine Margot,* éd. prés. et annot. par Yves Casaux, Paris, Mercure de France, 1971, p. 38 et 59.

52. Marie Dentière, *Epistre très utile faicte & composée par une femme Chréstienne de Tournay...*, Anvers, 1538 dans Aimé-Louis Hermimjard, *La Correspondance des réformateurs dans les pays de langue française,* Genève, vol. V, 1878, p. 295-298.

53. Jules Delaborde, *Charlotte de Bourbon, Princesse d'Orange,* Paris, Fischbacher, 1888, p. 8, 143, 145, 187.

54. Louise de Coligny, *Correspondance de Louise de Coligny, princesse d'Orange (1555-1629),* recueillie par Paul Marchegay, publ. avec introd. par Léon Marlet, Genève, Slatkine, 1970, réimp. de l'éd. de Paris, 1887.

55. Maïté Albistur et Daniel Armogathe, *op. cit.*, p. 94-173.

Bibliographie

Écrits du XVIe siècle

ALBRET, Jeanne D'. *Mémoires et Poésies,* Paris, Alphonse de Ruble, 1893; réimp. Genève, Slatkine, 1970.

——— et Antoine DE BOURBON. *Lettres d'Antoine de Bourbon et de Jehanne d'Albret,* publ. par le marquis de ROCHAMBEAU, Paris, Renouard, 1877.

COLIGNY, Louise DE. *Lettres de Louise de Coligny, Princesse d'Orange, à sa belle-fille Charlotte-Brabantine de Nassau, duchesse de la Tremoille,* recueillies par Paul MARCHEGAY, Les Roches-Baritaud, (Vendée) [Paris, Sandoz et Fischbacher], 1872.

———. *Correspondance de Louise de Coligny, princesse d'Orange (1555-1629),* recueillie par Paul MARCHEGAY, publ. avec introd. par Léon Marlet, Genève, Slatkine, 1970, réimp. de l'éd. de Paris, 1887.

CRENNE, Hélisenne DE. *Angoisses douloureuses qui procedent d'amours / Les épistres familieres et invectives...,* Paris, Estienne Grouleau, 1560.

———. *Les Angoysses douloureuses qui procedent d'amour,* éd. crit. par Paule DESMATS, Paris, Éd. Les Belles Lettres, 1968; éd. crit. par Jérôme VERCRUYSSE, Paris, Minard, 1968.

DENTIÈRE, Marie. *Epistre très utile faicte & composée par une femme Chréstienne de Tournay...,* Anvers, 1538 dans Aimé-Louis HERMIMJARD, *La Correspondance des réformateurs dans les pays de langue française,* Genève, 1866-97, vol.V, p. 295-298.

DES ROCHES, Catherine et Madeleine DES ROCHES. *Les Œuvres de Mes-Dames Des Roches de Poictiers, mere & fille,* Paris, Able L'Angelier, 1578; réimp. dans L[aurence] H[oudoir], *Le Miroir des femmes,* Lille, Presses universitaires, 1971, t. II.

———. *Les Secondes Œuvres de Mesdames Des Roches de Poictiers, mere & fille,* Poitiers, Nicolas Courtoys, 1582.

———. *Les Missives de Mesdames Des Roches...,* Paris, Abel l'Angelier, 1584.

FRANCE, Anne DE. *Les Enseignements d'Anne de France [...] à sa fille Suzanne de Bourbon,* publ. d'après le manuscrit unique de Saint-Pétersbourg par A.-M. CHAZAUD, Château de Moulins, Desrosiers, 1878.

GUILLET, Pernette DU. *Rymes,* éd. crit. par Victor GRAHAM, Genève, Droz, 1968.

LABÉ, Louise. *Euvres de Louize Labé Lionnoize,* Lyon, Jan de Tournes, 1555.

———. *Louise Labé et son œuvre,* éd. Gérard GUILLOT, Paris, Seghers, 1962.

LIÉBAUT, Nicole Estienne. *Les Misères de la femme mariée où se peuvent veoir les tourmens qu'elle reçoit durant sa vie, mis en stances par Madame Liébaut,* Paris, Claude Le Villain, 1595, repris dans L[aurence] H[oudoir], *Le Miroir des femmes,* Lille, Presses universitaires, 1971, t. II.

———. *Les Misères de la femme mariée, où se peuvent voir les peines et tourments qu'elle reçoit durant sa vie,* Paris, Pierre Menier, 1597. (Paraît en 1619 sans nom d'auteur avec le titre *Discours pitoyable des lamentations de la femme mariée. Ensemble des misères et tourmens qu'elle endure sous un mauvais Mary,* Lyon, Thomas Arnaud d'Armosin.)

MÉDICIS, Catherine DE. *Lettres,* publ. par Hector de la FERRIÈRE, *Collection de Documents inédits sur l'histoire de France,* t. I-XI, Paris, Imprimerie nationale, 1880-1909 et 1963, t. I et t. IV.

NAVARRE, Marguerite DE. *Lettres inédites de la Reine de Navarre,* éd. crit. par F. GENIN, Paris, Jules Renouard, 1841.

———. *L'Heptaméron,* Paris, Garnier, 1967.

———. *Le Miroir de l'âme pécheresse,* éd. crit. par Renja SALMINEN, Helsinki, Academiae Scientarum, 1979.

POITIERS, Diane DE. *Lettres inédites de Diane de Poitiers,* éd. crit. par Georges GUIFFREY, Paris, Renouard, 1866.

RABELAIS, François. *Œuvres complètes,* texte établi par Jacques BOULENGER, rev. et comp. par Lucien SCHELER, Paris, Gallimard, coll. Bibliothèque de La Pléiade n° 15, 1955.

ROMIEU, Marie DE. *Les Premières Œuvres poétiques,* éd. crit. par André WINANDY, Genève, Droz, coll. Textes littéraires français n° 186, [1581] 1972.

SAVOIE, Louise DE. *Journal de Louise de Savoye, duchesse d'Angoulesme, d'Anjou et de Valois, mère du grand roi François premier* dans *Nouvelle collection des Mémoires pour servir à l'histoire de France...* dans MICHAUD et POUJOULAT, *Nouvelle collection des Mémoires pour servir à l'histoire de France...,* Lyon et Paris, Guyot, 1851, p. 87-93.

VALOIS, Marguerite DE. *Mémoires et autres écrits de Marguerite de Valois, la reine Margot,* éd. prés. et annot. par Yves CASAUX, Paris, Mercure de France, 1971.

VIVES, Juan Luis. *Vives and the Renaissance Education of Women,* éd. crit. par Foster WATSON, New York, Longmans Green, 1912.

Ouvrages de référence

ALBISTUR, Maïté et Daniel ARMOGATHE. *Histoire du féminisme français du Moyen Âge à nos jours,* Paris, Éd. des femmes, 1977, t. I.

BEAUVOIR, Simone DE. *Le Deuxième Sexe,* Paris, Gallimard, 1949, t. I.

CHARLES-ROUX, Edmonde. *Les Femmes et le Travail du Moyen Âge à nos jours,* Paris, Éd. de la Courtille, 1975.

DAVIS, Natalie ZEMON. *Society and Culture in Early Modern France,* Stanford (Californie), Stanford University Press, 1975.

DELABORDE, Jules. *Charlotte de Bourbon, Princesse d'Orange,* Paris, Fischbacher, 1888.

GREER, Germaine. *The Obstacle Race. The Fortunes of Women Painters and Their Work,* New York, Farrar Straus Giroux, 1979.

H[oudoir], L[aurence]. *Le Miroir des femmes,* Lille, Presses universitaires, 1971, t. II.

HANNAWALD, Barbara A. *Women and Work in Pre-industrial Europe,* Bloomington (Indiana), Indiana University Press, 1986.

KELLY-GADOL, Joan. «Did Women Have a Renaissance?» dans *Becoming Visible. Women in European History,* Renate BRIDENTHAL et Claudia KOONZ (dir.), Boston, Houghton Mifflin, 1977, p. 137-164.

———. «Early Feminist Theory and the Querelle des femmes» dans *Women, History and Theory: The Essays of Joan Kelly,* Chicago, University of Chicago Press, 1984, p. 65-109.

KELSO, Ruth. *Doctrine for the Lady of the Renaissance,* Urbana (Illinois), University of Illinois Press, 1956.

MACLEAN, Ian. *The Renaissance Notion of Woman: A Study of the Fortunes of Scolasticism and Medical Science in European Intellectual Life,* Cambridge, Cambridge University Press, 1980.

MAGNÉ, Bernard. «Une réponse aux stances du mariage de Desportes» dans *Annales de la Faculté des lettres et sciences humaines de Toulouse,* 1963.

ROUSSELOT, Paul. *Histoire de l'éducation des femmes en France,* New York, Burt Franklin, 1971, réimp. de l'éd. de 1883.

RUBLE, Alphonse DE. *Le Mariage de Jeanne d'Albret,* Paris, Adolphe Labitte, 1877.

SINGUER, Ilana. *Misères et Grandeur de la femme au XVIe siècle,* Genève, Slatkine, 1982.

TELLE, Émile. *L'Œuvre de Marguerite d'Angoulême, reine de Navarre, et la Querelle des femmes,* Genève, Slatkine, 1969, réimp. de l'éd. de 1937.

WILWERTH, Evelyne. *Visages de la littérature féminine,* Bruxelles, Pierre Mardaga, 1987.

NICOLE MALLET
Université de l'Alberta

GUERRE DU SEXE, GLOIRE DU TEXTE : LES VOIX ET LES VOIES DE LA CONTESTATION FÉMININE AU XVIIe SIÈCLE

Un certain nombre de facteurs d'ordre historique, idéologique et littéraire entrent en ligne de compte lorsqu'on se propose de déceler les voix discordantes qui cherchent leur harmonie au sein du grand concert féministe de l'époque classique. Il est bon de les évoquer brièvement au seuil de ce chapitre.

Rappelons d'abord que pour l'historien / l'historienne des mentalités et des lettres, il est convenu que le XVIIe siècle commence en 1598 avec la promulgation de l'édit de Nantes mettant fin à la terrible période des guerres de Religion et se termine avec la mort de Louis XIV (1715). Il couvre donc trois règnes (ceux d'Henri IV, de Louis XIII et de Louis XIV) avec l'intercalation de la régence de deux femmes (celle de Marie de Médicis de 1610 à 1630 et celle d'Anne d'Autriche de 1643 à 1661). Siècle riche en contrastes, en paradoxes, siècle où se joue la crise de la conscience européenne, siècle où le féminisme est à l'ordre du jour et qui pourtant s'achève sur une note sombre d'absolutisme monarchique, de traditionalisme aristocratique, de conformisme bourgeois qui enclôt les conquêtes de plusieurs décennies en les immobilisant dans une politique de « grand renfermement » patriarcal[1] et repousse dans un avenir lointain et chimérique une réelle émancipation ; siècle qui prolonge et développe l'acquis de la Renaissance et déborde sur le

XVIIIe, donc empiète sur l'esprit du siècle des Lumières. Par conséquent, en déchiffrant, en décodant les textes, il ne faut jamais perdre de vue la perspective diachronique, dans ce cas le flux et le reflux des idées.

Deuxième remarque importante: nous semblons partir en pays conquis. En effet, l'essor des études féministes des vingt dernières années a magistralement mis en lumière l'importance et la diversification du discours de / sur la femme au XVIIe siècle en France. Travaux érudits, colloques et numéros spéciaux de périodiques se sont multipliés, explorant différents aspects de la condition et de l'écriture féminines au XVIIe siècle, cernant chaque fois les problèmes de façon plus précise et mieux documentée (voir la bibliographie annexée à notre chapitre). Parmi les ouvrages qui font toujours autorité, rappelons deux études érudites parues à un an d'intervalle: *Le Paradis des femmes: Women and Social Stratification in Seventeenth Century France* de Carolyn C. Lougee et *Woman Triumphant: Feminism in French Literature (1610-1652),* de Ian Maclean. Des écrivaines totalement inconnues, ignorées, sont venues prendre place à côté de celles (les Sévigné, les La Fayette, etc.) que le temps et la tradition avaient canonisées; celles qui s'étaient cachées derrière un pseudonyme ou abritées derrière le nom d'un ami (Segrais) ou d'un frère (Scudéry) pour éviter l'opprobre social ont regagné leur place au panthéon. L'exemple le plus spectaculaire de cette sorte de réhabilitation est celui de Marie-Catherine Desjardins, dite Mme de Villedieu, à qui Micheline Cuénin a consacré d'abord sa thèse puis plusieurs études remarquables, révélant la richesse et l'ampleur de l'œuvre de cette femme qui fut la première à l'époque à vivre de sa plume. Ce grand foisonnement d'ouvrages, d'entreprises, de recherches en cours n'a pas pour autant fini de démuseler une parole contestataire ni ne doit non plus masquer l'existence de nombreux textes écrits par des femmes et qui dorment encore au fond des bibliothèques, souvent difficiles d'accès et dont les auteures sont malaisées à identifier. Si l'on veut se mettre à l'écoute d'une parole rebelle, il importe donc d'explorer aussi ce corpus touffu et inégal, d'opérer un tri selon des critères qui tiendront compte du contexte historicosocial et idéologique dans lequel ces écrits ont vu le jour, sans se laisser obnubiler par des impératifs littéraires qualitatifs par trop traditionnels, voire caducs, et qui, pour être partiels, devront veiller à n'être point partiaux.

Enfin, les données de l'histoire des mentalités et de celle de la rhétorique sont difficilement dissociables dans l'analyse du discours de l'époque. En abordant la question qui nous préoccupe, il est bon de se souvenir de la hiérarchie des genres à l'âge classique, certains jugés nobles, d'autres, tels le roman ou le genre épistolaire, considérés comme mineurs et souvent réservés aux femmes. Il est évident qu'il y a bien des manières de communiquer son mécontentement, ses revendications, sa colère ou son désespoir, bref de crier son droit à la liberté et au respect, soit directement, en utilisant ceux des genres littéraires propres à la polémique, ce qui à l'époque est en soi déjà une audace, soit en les abritant subtilement dans et entre les lignes de genres apparemment anodins. De toutes façons, presque quatre siècles plus tard, la seule parole que nous ayons à notre disposition est bien entendu la parole écrite, ce qui stipule qu'elle est l'apanage d'une petite portion de la population féminine, celle qui eut la chance d'avoir appris à lire et à écrire; étant donné les cloisonnements sociaux et l'analphabétisme des classes défavorisées, c'est avec une extrême prudence qu'il faut considérer ces écrits en se gardant bien de généraliser inconsidérément.

Avec à l'esprit ces observations liminaires fondamentales, voici comment j'envisage de vous faire entendre les textes qui m'ont paru les plus significatifs et les plus pertinents dans le cadre de cette recherche. J'ordonnerai mon enquête autour de deux grands axes chronologiques et idéologiques: la survivance et les prolongements de la Renaissance, d'une part; le mouvement précieux, son apport et ses effets dans leurs multiples ramifications, d'autre part. Dans une première partie, je sonderai ceux des textes qui se situent dans le droit fil du débat de «la querelle des femmes» qui a connu son apogée au XVIe mais n'a rien perdu de sa vigueur, voire de son agressivité, au XVIIe. Je serai amenée à accorder une place de choix à sa porte-parole éloquente, Marie de Gournay. Dans une deuxième partie, en rappelant assez brièvement, car on l'a mise en valeur à maintes reprises au cours de la dernière décennie, en rappelant donc l'importance du rôle émancipateur joué par certaines grandes précieuses, parmi lesquelles Madeleine de Scudéry, je m'attacherai surtout à écouter des voix marginalisées, soit parce qu'elles appartiennent à des femmes affranchies, telle Ninon de Lenclos, soit parce qu'elles sont indirectes, travesties dans une fiction qui permet à leur auteure de dire son insatisfaction. On a déjà à maintes reprises mis en lumière toute la rébellion contenue qui se cache dans le dénouement de *La Princesse de Clèves* (1678), le chef-d'œuvre de Mme de La Fayette, dans cette décision lourde d'équivoque que prend l'héroïne de se retirer du monde pour satisfaire aux exigences de son «devoir» et de son «repos»; je choisirai donc de parler d'une autre grande écrivaine louis-quatorzienne, redécouverte après un long purgatoire immérité, Mme de Villedieu. Pour obtenir un ensemble cohérent et faciliter la lecture des citations, donc leur accessibilité, j'ai utilisé les éditions modernisées les plus récentes lorsqu'elles existent; sinon, j'ai modernisé moi-même la graphie, rectifié la grammaire, standardisé la ponctuation selon les normes généralement admises et pratiquées par les exégètes de la littérature du XVIIe siècle.

Échos proches et lointains de la Renaissance

Le fameux débat connu sous le nom de «la querelle des femmes» se poursuit et tourne à une querelle des sexes. Il s'agit moins de prouver que la femme est un être humain à part entière – encore que la persistance de certains arguments misogynes fasse frémir – que de se déclarer pour l'égalité des sexes ou pour la supériorité de l'un sur l'autre. Au fur et à mesure que le siècle avance, cette véhémente polémique ontologique se mue en une querelle de la femme savante car elle véhicule toute une thématique morale posant avec acuité les problèmes relatifs à l'éducation, en particulier à l'accès à la «science», dans le sens du savoir en général, mais aussi dans son acception moderne qui est loin d'être anachronique dans ce siècle encadré par deux inventions révolutionnaires, celle du télescope et celle du microscope, sans oublier la fondation de l'Académie des sciences en 1666; à cette question se rattachent aussi les problèmes touchant au droit des femmes à la parole et partant à l'écriture autant qu'à une participation pleine et entière à la vie politique. Beaucoup d'hommes se sont lancés dans cette lutte et ont copieusement alimenté la controverse, les détracteurs n'étant pas plus acharnés que les panégyristes – les «Champions des femmes» comme l'on disait, expression de l'époque que Marc Angenot a gardée dans l'intitulé de son ouvrage, jalon important qu'il est utile de rappeler. On a tendance à placer le point culminant de cette trajectoire en 1673 avec le texte de Poullain de La Barre sur *L'Égalité des deux sexes.* C'est passer bien vite sur celle dont l'intelligence et les idées modernes annoncent et préparent le succès de cet essai, c'est-à-dire Marie de Gournay. C'est aussi escamoter un peu lestement toute une série de femmes, d'extraction sociale et d'appartenance idéologique diverses, qui, tout au long du siècle, très exactement de 1602 à 1700, pour me limiter aux textes que j'ai dépouillés, ont apporté leur contribution à cette discussion passionnée, contribution qui, eu égard au carcan imposé par les normes de la rhétorique, doit souvent se lire comme une ébauche balbutiante et émouvante des revendications des femmes de 1789[2].

Avant de laisser parler pour vous ces femmes pour la plupart inconnues, mal connues, méconnues, j'ai nommé – quand cela est possible car il y a des anonymes – Jacqueline de Miremont, Charlotte de Brachart, Élisabeth-Marie (?) Clément, Suzanne de Nervèze, Jacquette Guillaume, Marguerite Buffet, Geneviève Suchon[3], je ferai une entorse à la chronologie pour réserver à Marie de Gournay l'espace et la priorité qui lui sont dus. Marie Le Jars de Gournay (1565-1645) connue généralement sous le nom de Marie de Gournay, du nom du bourg de Picardie où elle passa une partie de son adolescence, est une femme qui, par sa naissance, son éducation, certains de ses attachements littéraires et même quelques aspects de son style, appartient autant au monde de la Renaissance qu'à la première moitié du XVIIe siècle, encore que, comme le fait observer sa plus récente biographe, «le libertinage érudit que pratique Marie de Gournay dans ses textes philologiques la place [...] non point en retard mais en avance sur son époque[4] ». Née à Paris le 6 octobre 1565, dans une famille de bonne noblesse – son père était alors secrétaire ordinaire de la Chambre du roi – c'est à Paris, où l'avait envoyée sa mère qui cherchait à la marier, qu'elle fit la connaissance de Montaigne en 1588, rencontre qui devait décider du cours de sa vie. Ce fut un véritable coup de foudre littéraire, une «sympathie fatale» qui allait être à l'origine d'une «généreuse et honnête amitié», selon ses propres paroles. La jeune femme entretint avec celui qu'elle appelait «son père d'alliance» des relations épistolaires suivies; ils se revirent plusieurs fois; Montaigne alla même lui rendre visite à Gournay; Marie se rendit en Guyenne; elle lui servit de secrétaire et de collaboratrice pour la cinquième édition des *Essais* et fut une sorte d'exécutrice testamentaire intellectuelle de l'écrivain, chargée par sa veuve de la publication des *Essais.* C'est d'abord pour ce travail auquel elle consacra son temps et ses efforts de 1602 à 1608 que Marie fut connue, et immédiatement critiquée du reste. En fait, elle a laissé une œuvre personnelle variée et abondante – près de mille pages – dans divers domaines, littéraire, moral, pédagogique, linguistique, polémique et c'est à juste titre, comme nous allons le voir, qu'on a pu dire d'elle qu'elle est la «mère du féminisme moderne[5]». De son vivant, elle jouit d'une solide renommée de femme cultivée (essentiellement autodidacte); elle correspondit avec d'éminents érudits, l'humaniste Juste Lipse par exemple qui l'admirait beaucoup; elle avait circulé dans l'entourage de Marguerite de Valois, tenait salon dans son modeste appartement de la rue de l'Arbre Sec, fréquenta l'hôtel de Rambouillet, le premier des salons précieux, ainsi que d'autres cercles littéraires et mondains, tel celui de Mme Des Loges; malgré de petites pensions royales, quelques dons en espèces obtenus de protectrices qu'elle avait honorées de son talent poétique, elle avait bien du mal à joindre les deux bouts, mais elle réussit à être une écrivaine professionnelle, ce qui représente un exploit pour son temps. Elle fut en butte à la critique acerbe de ceux des intellectuels avec qui elle se permettait de n'être pas d'accord, crime impardonnable à une femme de l'époque; on essaya même de la faire passer pour une sorcière. C'est avec la réputation d'une vieille fille grincheuse, tatillonne et excentrique créée par ces quelques esprits revanchards et entretenue par de rares biographes mal intentionnés que sa mémoire a traversé les siècles. Il est difficile d'admettre qu'au début du XXe siècle on pouvait encore camper d'elle ce portrait scandaleux: «Bas-bleu, féministe, éprise de ses chats, polémiste imprudente, amie des missionnaires, Marie n'avait même pas pour se défendre la beauté qui fait que les hommes pardonnent aux femmes d'aimer ce qu'ils n'aiment pas [6].» Elle ne fut jamais dupe des préjugés dont elle souffrit et les imputait au sexisme de ses contemporains:

> De moi, veux-je mettre mes gens à cet examen, où il y a des cordes que les doigts féminins ne doivent, dit-on, toucher: ou bien eussé-je les arguments de Carnéade, il n'y a si chétif qui me r'embarre avec solemne approbation de la compagnie assistante, par un sourire, un hochet, ou quelque plaisanterie, quand il aura dit: c'est une femme qui parle[7]...

... écrivait-elle lucidement en 1595 dans sa préface aux *Essais* de Montaigne. Voilà qui explique comment et pourquoi l'impact de son œuvre s'est trouvé occulté jusqu'au XXe siècle.

Il n'est rien d'étonnant à ce que Marie ait été réhabilitée par les femmes. En 1925, Thérèse Casevitz publiait une brève étude sur «Mademoiselle de Gournay et le féminisme» dans laquelle elle affirme à propos de l'essai sur *L'Égalité des hommes et des femmes* (1622) que «cette dissertation contient en germe tout ce que réclameront bien des années plus tard, les adeptes du féminisme[8] ». Il ne lui semble pas «qu'aucun déboire personnel ait été à la base de son féminisme[9]» et elle conclut sans ambiguïté:

> En résumé, Marie de Gournay mérite d'être reconnue par les féministes modernes comme l'une de leurs lointaines devancières. Pour défendre ses idées, elle brava le ridicule et combattit sans crainte d'une opinion publique peu favorable. Ceux qui la connaissaient bien lui accordaient de sérieuses qualités: un esprit ferme et généreux, de la bonté, du courage et une grande indépendance de jugement. Son action féministe prouve qu'ils ne se trompaient pas[10].

Il faudra attendre plus de trente-cinq ans pour que soient suivies les traces de cette discrète et modeste pionnière. En 1962, Anne Uildricks faisait enfin connaître une partie de sa production littéraire, dans une réédition, d'après l'édition de 1641, de ses traités philologiques et de sa préface des *Essais* de Montaigne, intelligemment et savamment commentée sous le titre: *Les Idées littéraires de Mlle de Gournay*[11] tout en rétablissant certains aspects de sa biographie; cette étude fut suivie de près (1963) par celle de Marjorie Ilsley: *A Daughter of the Renaissance: Marie Le Jars de Gournay*[12]. Récemment, très exactement en 1988, Élyane Dezon-Jones a mis à notre disposition de larges extraits de ses textes féministes et autobiographiques sous le titre *Fragments d'un discours féminin,* cent pages de textes d'une lecture facile et passionnante, précédées d'une «vie» détaillée (cent pages également) qui réhabilite à tout jamais la «vieille pucelle» pédante et folle dont Mario Schiff, dans un élan de sexisme étriqué et mensonger, nous avait brossé le portrait au début de ce siècle. Réhabilitation non seulement de l'image sociale de Marie par un retour aux sources autobiographiques mais de sa personnalité intellectuelle, de la nouveauté et de la hardiesse de sa démarche et de ses affirmations. Si l'influence de Montaigne est sensible dans nombre de ses réflexions, c'est indéniablement dans ses écrits féministes et dans trois fragments autobiographiques qu'elle publie également que, comme le fait remarquer Dezon-Jones, «la voix de Marie de Gournay se fait entendre», une voix assurée, persuasive, une parole audacieuse et novatrice, le message d'une femme qui n'a jamais craint de s'attirer le discrédit de quiconque puisqu'elle était convaincue de parler au nom de la liberté d'expression. Nos citations seront tirées de l'édition commentée d'Élyane Dezon-Jones qui, pour la réaliser, a établi le texte à partir de l'édition originale de 1641 des *Advis et Présents de la Demoiselle de Gournay,* sorte d'édition définitive de ses œuvres.

L'Égalité des hommes et des femmes (1622) est un texte assez court (28 pages); son titre-thème, d'une brièveté péremptoire, est propre à mettre le lecteur en éveil. Il se situe dans le droit fil de la «querelle des femmes» qui fit rage à la Renaissance et se propagea tout au long du siècle comme nous allons en apporter plus bas les témoignages. La grande originalité de Marie de Gournay est de reprendre les arguments antiféministes qui s'appuyaient sur les philosophes de l'Antiquité et sur les Écritures pour prouver l'infériorité de la femme, de les retourner pour se les approprier et démontrer la complémentarité des deux sexes égaux par nature. D'entrée de jeu, elle annonce son propos avec une éloquence teintée d'une ironie qui ne craint pas d'être cinglante:

> La plupart de ceux qui prennent la cause des femmes, contre cette orgueilleuse préférence que les hommes s'attribuent, leur rendent le change entier: car ils renvoient la préférence vers elles. Quant à moi qui fuis toute extrémité, je me contente de les égaler aux hommes: la Nature s'opposant aussi pour ce regard, autant à la supériorité qu'à l'infériorité. Que dis-je? Il ne suffit pas à quelques gens de leur préférer le sexe masculin, s'ils ne les confinaient encore d'un arrêt irréfragable et nécessaire à la quenouille, oui même à la quenouille seule.[...] Parmi les roulades de ces hauts devis, oyez tels cerveaux, comparer ces deux sexes: la suprême excellence à leur avis, où les femmes puissent arriver, c'est de ressembler le commun des hommes: autant éloignés d'imaginer, qu'une grande femme se peut dire grand homme, le sexe simplement changé, que de consentir qu'un homme se peut élever à l'étage d'un Dieu. [...] Et le bon ton est, qu'ils peuvent être quittes de leur effronterie pareille à vilipender le sexe féminin, usant d'une effronterie pareille à se louer ou plutôt à se dorer eux-mêmes: je dis parfois en particulier comme en général, et encore à quelque tort et fausse mesure que ce soit: comme si la vérité de leur vanterie recevait poids et qualité de son impudence[13].

Elle procédera donc en prenant pour preuve «l'autorité de Dieu même, des pères arcs-boutants de son Église, et de ces grands Philosophes qui ont servi de Lumière à l'Univers[14]». L'habileté de son discours tient, pour citer Élyane Dezon-Jones, à ce qu'il «détourne le cours des divers hypotextes masculins dont elle se sert comme référence mais non comme modèle pour construire le texte de *L'Égalité des hommes et des femmes*[15]». Écoutons une fois encore la langue pleine de verdeur qu'elle met en œuvre pour manipuler l'argumentation philosophique:

> Au surplus, l'Animal humain n'est homme ni femme, à le bien prendre: les sexes étant faits non simplement, ni pour constituer une différence d'espèces mais pour la seule propagation. L'unique forme et différence de cet Animal ne consiste qu'en l'âme raisonnable: et s'il est permis de rire en passant chemin, le quolibet ne sera pas hors de saison, lequel nous apprend qu'il n'est rien plus semblable au chat sur une fenêtre, que la chatte[16].

Gournay reprend l'argument du mystère de l'Incarnation, argument que l'on retrouvera souvent chez celles qui s'appuieront sur l'Écriture sainte pour justifier la dignité de leur personne:

> [...] l'avantage qu'ont les hommes par son incarnation en leur sexe, s'ils en peuvent tirer un avantage, vu cette nécessité remarquée, est compensée par sa Conception très précieuse au corps d'une femme, par l'entière perfection de cette femme[17]...

Si le verbe s'est fait chair, la parole, pourrait-on dire, avec Marie de Gournay s'est faite femme!

Puisque «L'homme fut créé mâle et femelle, ce dit l'Écriture[18]», Gournay revendique une égalité intégrale, sexuelle, morale, intellectuelle, politique qui doit se concrétiser dans la possibilité de choisir son style de vie, ses engagements, sa participation à la vie de la cité en toute liberté. C'est pour cette raison qu'elle s'insurge contre «la loi Salique, qui prive les femmes de la Couronne [et qui] n'a lieu qu'en France[19]», législation qui était l'un des contreforts les plus solides de la bâtisse patriarcale. Le premier devoir de toute société équitable, c'est d'abord de respecter la femme, car «si l'Écriture a déclaré le mari chef de la femme, la plus grande sottise que l'homme peut faire, c'est de prendre cela pour un passe-droit de dignité[20]» et d'offrir la possibilité d'une éducation égale pour les deux sexes, car dit-elle, «Si donc les Dames arrivent moins souvent que les hommes aux degrés d'excellence; c'est merveille que ce défaut de bonne éducation [...] ne fasse pis[21].» *L'Égalité...* n'est donc pas un simple cri du cœur, une dénonciation de l'injustice et de l'ignorance sexiste colportée depuis le Moyen Âge par nombre d'écrits misogynes; c'est l'œuvre d'une théoricienne qui contient le principe d'un plan d'action défini, son «écriture [...] est [...] un projet pédagogique[22]». «L'originalité de *L'Égalité...*, écrit encore Dezon-Jones, réside à la fois dans son contenu, qui est une synthèse et un détournement des arguments avancés au cours des siècles sur les rapports de force entre les deux sexes, et dans sa forme: une plaquette séparée et non plus une digression à l'intérieur d'un roman, un monologue dans une pièce, ou un discours dans un poème[23].»

Le deuxième texte féministe, *Le Grief des dames,* parut pour la première fois en 1626 dans *L'Ombre de la demoiselle de Gournay.* Il est bref et, comme le laisse à penser son titre, plus chargé de doléances, plus virulent dans le ton. Il complète le précédent puisque Gournay y prend nettement la défense des femmes de lettres. L'égalité des sexes, c'est l'égalité de parole. Le début est la reprise d'un passage de sa préface de 1595 des *Essais:*

> Bienheureux es-tu, Lecteur, si tu n'es point de ce sexe, qu'on interdit de tous les biens, le privant de la liberté: ouy-même, qu'on interdit encore à peu près, de toutes les vertus, lui soustrayant les Charges, les Offices et fonctions publiques: en un mot lui retranchant le pouvoir, en la modération duquel la plupart des vertus se forment; afin de lui continuer pour seule félicité, pour vertus souveraines et seules, l'ignorance, la servitude et la faculté de faire le sot si ce jeu lui plaît[24].

Elle dénonce la mauvaise foi de certain des détracteurs des écrits féminins, de ces «docteurs en moustaches» qui rejettent les «[œ]uvres des femmes sans se daigner amuser à les lire, pour savoir de quelle étoffe elles sont», ce qui lui «fait soupçonner, qu'en lisant les Écrits des hommes mêmes, ils voient plus clair en l'anatomie de leur barbe, qu'en celles de leurs raisons[25]» et termine sur une note vraiment vindicative: «je désirerais aussi qu'aucun de cette volée de savants ou Ecrivains, mépriseurs de ce pauvre sexe malmené cessassent d'employer les Imprimeurs[26]». Marie de Gournay, qui prolonge l'œuvre de Christine de Pisan et poursuit l'héritage de la Renaissance, était consciente de l'ampleur déterminante de son témoignage. Dans sa préface à ses *Advis et Présents...* qu'elle dédie «A Sophrosine», la déesse de la tempérance, elle prophétise:

> Il sera bon de voir après, quel labeur de femme vainqueur de la malice des temps et des hommes, sera capable d'effacer le mien [...] car quels ravages n'ont-ils point fait de cette part sur les Corinnes, les Saphos, les Hypathies, les Arêtes et autres[27] ?

Retournons un peu en arrière maintenant pour reprendre dans l'ordre chronologique de leur parution les textes qui gravitent de près ou de loin autour des séquelles de la «querelle des femmes».

1602: *Apologie pour les Dames où est montré la précellence de la femme en toutes actions vertueuses.* Dédié à Madame la Comtesse de Montgomery par Damoiselle Jacqueline de Miremont, le texte est agrémenté à la fin d'un sonnet de Jean de Laurens «Sur l'Apologie des Dames» et d'un sixain en hommage «A Madamoiselle Jacqueline de Miremont» par le même. Cet ouvrage, par son style, sa facture et son contenu, s'apparente très fortement aux productions littéraires de la Renaissance. C'est un écrit en vers d'un lyrisme véhément et combatif – «Sortez saintes femmes, sortez mes justes plaintes» – dans lequel après une quinzaine de pages pour rappeler les conditions de la création, l'auteur s'adresse à sa muse:

> Quoi ! Veux-tu approuver de notre Eve le fait,
> Colorer son péché, ou moindrir son forfait.
> Loin loin de toi mon cœur un penser si étrange,
> Il suffit de montrer qu'Eve plus tard se range
> Que ne fait pas Adam, et que c'est donc à tort
> Qu'ayant moins résisté il se nomme plus fort.
> (Fo.10, verso)

Le corps du texte se compose d'une longue compilation de femmes célèbres et exemplaires, écrite en alexandrins sur 46 folios recto / verso, à raison de 25 ou 26 vers par page, ce qui ne fait pas moins de 3300 vers. C'est là une forme littéraire héritée des siècles précédents dont le prototype est le traité de Cornélius Agrippa qui connut une grande vogue dans toute l'Europe et fut traduit en français en 1537: *De la Noblesse et Précellence du sexe féminin;* le genre se perpétuera tout au long du XVIIe; nous retrouverons maintes fois pour véhiculer les idées des apologistes cette technique de la compilation exemplaire. L'auteure évoque successivement toute une série de femmes remarquables: Déborah, Holda, Élisabeth, la Vierge Marie pour ce qui est de la Bible; elle puise ensuite dans la mythologie gréco-latine et dans l'histoire pour chanter les louanges de la «docte Demo», d'Aretha, de la fille de Pythagore, de Sapho, Cornifice, Nicostrate, les neuf muses, Zénobie, Sémiramis, les Amazones, Jeanne d'Arc. Le morceau le plus significatif à mon sens est l'épître «Aux Dames» (Fo. 3 verso, Fo. 4 recto / verso) qui suit les trois pages de dédicace et se présente comme un véritable manifeste. En voici quelques extraits:

> Je l'avoue, Mesdames, mes épaules sont trop faibles pour le fardeau de vos mérites, vos louanges ne sont pas en leur lustre en mes paroles, et c'est un oser trop élevé pour les ailes de mon pouvoir, si devez vous accorder à mon zèle qu'il doit ce qu'il peut pour l'étoffement de vos trophées, et s'émouvoir avec raison, lorsqu'il ouït les chantres du sexe contraire entreprendre la publication de ce que vous valez pour avec une artificieuse malice taire les plus dignes de vos qualités et déguiser celles que la force de la vérité leur fera confesser. Récusez ces faux-amis, Mesdames. et n'attendez pas que ceux qui n'apprennent à vos jeunes ans que l'ignorance qui énerve les belles facultés de vos âmes, [...] qui ne vous veulent capables que du tournement d'un fuseau, nées que pour leur servir de marottes [28], destinées qu'à l'exercice de leur tyrannie, vous puissent exalter; que ces nains, dis-je, qui pour s'élever vous abaissent [...]. Non Mesdames leur encre charbonne votre nom. Mais voici votre propre apologie; elle sort de vous et se fortifie par vous [...]. A vous donc la défense de votre défense et à moi le bonheur que le sort m'ait éveillée des premières pour crier après l'ennemi du capitole.

1604: *Harangue faite par Damoiselle Charlotte de Brachart surnommée Aréthuze qui s'adresse aux hommes qui veulent défendre la science aux femmes. Avec quelques poésies faites par la dite damoiselle, sur la blessure, mort et tombeau du Baron de Chantal, ensemble une élégie sur la mort de mademoiselle de Montaignerat.* Il s'agit d'une petite plaquette de 7 pages, publiée en province, dans laquelle la polémiste s'insurge contre l'état de sujétion intellectuelle dans lequel les hommes avec mauvaise foi maintiennent les femmes sous prétexte qu'elles leur sont inférieures. On a tendance à attribuer à Marie de Gournay avec son *Égalité* la primeur d'un texte autonome en prose. Cette minidissertation de Damoiselle Charlotte de Brachart force à retoucher le palmarès. De surcroît, bien qu'elle se situe dans la lignée de la querelle des femmes, en démontrant le droit des femmes à la science, elle préfigure certaines des théoriciennes de l'éducation. L'auteure manie l'argumentation avec intelligence, subtilité et esprit, décidée à combattre ses ennemis sur leur propre terrain:

> Si la science n'a de soi rien de défectueux, comme on me le doit avouer, les effets n'en peuvent être que bons, rencontrant une âme heureusement née; que si au contraire elle tombe en un esprit de mauvaise inclination, il est plus ordinaire qu'elle change cette vicieuse habitude, que d'en augmenter la malignité [...]. C'est une erreur envieillie en l'opinion du vulgaire de penser que la connaissance des lettres amène aux esprits humains des desseins pernicieux ni en rendent l'exécution plus facile [...] ils veulent dire que la science est propre et particulière aux hommes et non pas à ce sexe qu'ils appellent fragile et qui doit retenir son ancienne simplicité. Je leur réponds en celà qu'il faut que la simplicité soit au cœur de la conscience et non en l'esprit car c'est celle que Dieu demande de nous et eux aussi. Mais je vois bien ce qui les offense et qui leur cause cette envie contre celles qui ont les yeux un peu clairs aux affaires du monde, c'est que pour peu de soin qu'elles y apportent, elles se rendent plus capables de raison, plus prudentes en toutes choses, mieux tempérées en leurs affections et qui conduiraient avec un jugement plus solide ce dont elles entreprendraient la charge, que si une misérable suggestion, à laquelle ils nous ont tyranniquement soumises ne nous ôtait tous moyens de pratiquer les sciences [...] et s'ils m'allèguent des femmes savantes qui aient fait une mauvaise fin, je leur en puis bien amener d'autres de qui la vertu est assez célèbre et claire pour confondre la difformité de ces forli-

> gnates[29] de la vraie règle ; [...] mais quoi ! Se peut-il pas trouver en tous sexes des naturels étrangement rebours et qui convertissent les choses bonnes d'elles mêmes en contraires effets, tout de même qu'un vaisseau infect corrompt toutes sortes de liqueurs [...]. Enfin ils n'ont contentement plus doux qu'en la recherche de sujets propres à vomir le venin contre nous de la médisance [...]. Voilà sur quoi j'ai conçu mon discours en ferme créance que ces messieurs nous voudraient voir de pauvres imbéciles afin de servir comme d'une ombre pour donner toujours davantage de lustre à leurs beaux esprits[30].

1618 : *L'Excellence des femmes, avec leur réponse à l'auteur de l'Alphabet. Accompagnée d'un docte et subtil discours de la feu Reine Marguerite*[31], *envoyé sur le même sujet à l'auteur des Secrets Moraux.*

Quelques mots d'abord sur cet *Alphabet*[32]. Parmi tous les pamphlets misogynes concoctés au début du siècle dans la foulée de la Renaissance, celui-ci est sans doute l'un des plus virulents. L'édition originale date de 1617, ce qui explique la date de la présente réponse. Il sera réimprimé plusieurs fois : on en compte sept éditions entre 1630 et 1683. Selon les exégètes de la période, cette première édition était vraisemblablement anonyme. Toinet dit en avoir trouvé deux éditions dont le titre est ainsi complété : *L'Alphabet de l'imperfection et malice des femmes...* par Jacq. Olivier, licencié aux lois et droit canon, dédié à la plus mauvaise du monde. Pour citer Toinet :

> Ce livre, très vivement écrit, fit impression et dura ; il marque une étape importante de cet interminable débat [...]. L'auteur fut aussi combattu avec une animosité qui s'en prit à sa personne tout autant qu'à sa thèse. Sans doute Olivier avait paru viser au travers de son argumentation, avait peut-être expressément visé une dame de haut renom récemment disparue[33].

Peut-être, mais il n'empêche que les écrits, indépendamment des conditions de leur production, demeurent. Le coup avait porté puisque plusieurs hommes prirent ouvertement le contrepied de ce calomniateur. La même année (1617), *La Défense contre l'Alpha-*

bet de leur prétendue malice et imperfection par le sieur Vigoureux, capitaine du château de Brie-Comte-Robert, à laquelle Olivier riposte par sa *Réponse aux impertinences de l'aposté capitaine Vigoureux sur la défense des femmes,* par J. Olivier, auteur de *L'Alphabet de la malice des mauvaises femmes.* L'année suivante *Le Champion des femmes qui soutient qu'elles sont plus nobles, plus parfaites en tout et plus vertueuses que les hommes contre un certain misogyne anonyme, auteur de l'imperfection et malice des femmes,* par le chevalier de l'Escale (Paris, 1618). C'est dans ce climat de polémique intense que se situe notre texte. Pour l'anecdote, je dois avouer que ce bref morceau (15 pages dont 5 réservées au discours de Marguerite de Valois) n'a pas été été facile à dénicher. Il fait partie des collections de la Bibliothèque nationale (Paris), relié, de façon plutôt insolite, avec tout un salmigondis d'écrits religieux ou moralisateurs ainsi que de dissertations de physique du XVIIIe et du XIXe, d'élucubrations assez ésotériques, toutes d'une tonalité ultraconservatrice, placé là pernicieusement, dirait-on, comme pour l'occulter de façon réprobatrice ou l'exorciser par la grâce de ce voisinage. On attribue parfois *La Réponse...* à Marguerite de Valois, à tort à mon sens puisque la reine Margot mourut en 1615. D'après la formulation du titre, seul le discours est d'elle; compte tenu des pratiques rhétoriques de déguisements littéraires, on peut admettre que ces pages sont l'œuvre d'un collectif féminin qui garde l'anonymat. Le «nous» qui ouvre le discours n'est sans doute pas un «nous» de majesté; il est l'indice d'une voix plurielle qui donne force à l'invective:

> Nous eussions plus tôt donné réponse à ce mercenaire écrit fait contre le respect dû à notre sexe, n'eût été que nous l'en jugions indigne pour des inepties tellement barbares et ridicules, qu'il y a si petit enfant sortant du berceau, qui ne puisse reconnaître ses impertinentes raisons, bâties seulement au désir de ceux qui ne cherchent qu'à rire aux dépens d'autrui. [...] nous avons voulu mettre au jour ce petit discours, tant pour lui faire voir son ignorance, qu'aussi pour faire connaître à chacun l'honneur et l'obligation qu'on a à notre sexe. Comme aussi de peur que nous taisant, il ne semble que nous y apportassions du consentement. Il n'y a celui qui n'ait dû s'étonner de voir blâmer ce qui doit être

> chéri et honoré et dont le mérite est si grand, que tous les historiens n'ont en leurs écrits que le récit des merveilles de ce sexe [...]. Si nous voulions poursuivre à réciter le nombre des beaux et doctes esprits féminins qui ont embelli leurs siècles, il nous faudrait faire état de leur donner un volume tout entier [34].

Selon une démarche didactique déjà observée et qui vise à donner par le biais de l'exemplarité la caution sécurisante de l'Histoire, suit toute une énumération, quelque peu hétéroclite pour nous, de femmes hors pair et de leurs remarquables accomplissements: Zénobie, reine de Palmyre, Ursula, anglaise et fille du Prince de Cornouaille, Véronique Gambara et Victoria Columna, etc., pour arriver aux Marguerite de France et de Navarre, «vraies marguerites des grands et savants esprits entre les excellents de leur sexe[35]».

Nous sommes, certes, encore au tout début de ce siècle riche en rebondissements et en mises au point. Nous retrouverons une forme identique de «défense» prenant l'offensive près de quatre-vingts ans plus tard. Venant après l'apport du mouvement précieux, l'impact en sera d'autant plus grand que la revanche prendra les accents d'une éloquence satirique (voir plus bas à la date de 1698 le pamphlet de Mlle L*A*D*B* sur *L'Imperfection des hommes...*). Poursuivons pour l'instant notre parcours chronologique. Les décennies suivantes jusqu'à la Fronde constituent une période de bouillonnement culturel intense. Elles fourmillent d'ouvrages en tous genres, signés en grande partie par des hommes défenseurs de la femme, des ecclésiastiques, tels le père Jacques Du Boscq, ou le père Le Moyne qui se situent dans le contexte du culte marial légué par le concile de Trente et, inspirés par une exaltation baroque de la «femme forte» ou «héroïque», propagent en fait une conception bien-pensante de l'«honnête femme», vertueuse, magnanime, généreuse et cultivée. Des femmes prennent aussi la parole et continuent sur la lancée de Charlotte de Brachart en justifiant au nom de la raison le droit des femmes à l'instruction au même titre que les hommes.

1638-1646: Anne-Marie von Schurman, *Question célèbre s'il est nécessaire ou non que les filles soient savantes agitée de part et d'autre par Mad. Anne-Marie de Schurman [...] et le Sieur Rivet [...] le tout mis en français par le Sr. Colletet.* Cette dissertation écrite en latin par la remarquable érudite polyglotte hollandaise fut traduite en français par Guillaume Colletet en 1646 qui annonce dans son «Avis au lecteur» (les «avis aux lectrices» sont symptomatiquement inexistants dans les pratiques d'édition de la première moitié du siècle): «Vous y verrez une agréable matière traitée avec autant de doctrine que de délicatesse, une ancienne contestation soutenue de part et d'autre avec de nouvelles raisons.» Anne-Marie von Schurman (1607-1678) professait une admiration sans borne pour Marie de Gournay avec qui elle entretint une correspondance suivie, perdue pour la plupart malheureusement et l'on sent l'influence de son égérie française dans la véhémence de ses propos et la démarche de l'argumentation. La démonstration est en deux temps: 40 pages (datées par elle du 6 mars 1638) où elle prône les bienfaits de la philosophie, de la théologie, de l'histoire et surtout des langues, «que l'on appelle les sciences instrumentales, d'autant qu'elles nous servent d'instrument pour parvenir à la connaissance de la vraie science et qu'elles sont les premières et les plus honorables suivantes de cette grand reine[36]» puis sa réplique de 10 pages (datée du 14 mars 1640) au sieur Rivet qui alléguait que tout ceci ne sied guère à la modestie des dames:

> Je sais bien que pour ne nous pas laisser inutiles, on nous donne en partage l'aiguille et le fuseau, et que l'on nous dit que cet emploi doit être celui de notre sexe [...]. Nous devons écouter la voix de la raison et non pas celle d'une mauvaise coutume [...]. Certainement si nous avons recours au véritable témoignage de l'antiquité, les exemples de tous les siècles passés, et l'autorité des plus grands personnages nous persuaderons toujours le contraire [...] ce qui a été déjà prouvé avec autant de grâce que de suffisance par ce noble ornement de sa famille, Mademoiselle de Gournay dans le petit discours qu'elle a fait de l'égalité des hommes et des femmes[37].

1642-1647: Madeleine de Scudéry, qui réside alors à Marseille avec son frère à qui elle sert de secrétaire, participe à la rédaction de divers textes qui paraissent sous le nom de Georges Scudéry. C'est ainsi que, parmi les deux volumes d'un ouvrage qui se situe dans le courant de la «défense des dames», les *Femmes illustres, ou les Harangues héroïques* (publiés, l'un en 1642 et l'autre en 1644), «il est permis de supposer», comme le propose Nicole Aronson, que certains discours qui seront repris et exploités dans ses œuvres romanesques une décennie plus tard «appartiennent en propre» à Madeleine. Le discours de «Sapho à Erinne» en particulier «puisque Sapho était son surnom dans les milieux mondains, et qu'il exprime des idées féministes sur lesquelles elle n'a jamais varié[38]». L'illustre poétesse grecque, comme le dit «l'argument», «exhorte son amie à faire des vers comme elle, afin de faire voir que les dames en sont capables[39]» et ne sont pas nées seulement pour être belles et se taire et elle s'exclame avec ardeur:

> Nous aurons l'imagination belle, l'esprit clairvoyant, la mémoire heureuse, le jugement solide, et nous n'emploierons toutes ces choses qu'à friser nos cheveux et qu'à chercher les ornements qui peuvent ajouter quelque chose à notre beauté[40]?

Sensiblement à la même époque, Madeleine qui, du fond de son exil marseillais, a lu dans sa version française l'échange polémique entre Anne-Marie von Schurman et le pasteur Rivet prend fait et cause pour l'érudite hollandaise contre le rigorisme obstiné de son adversaire qui avait émis des doutes sur la chasteté de Jeanne d'Arc. Elle écrit à Valentin Conrart, le 1er décembre 1646, une longue lettre en forme de dissertation de 28 pages à la défense de la «pucelle d'Orléans» dans laquelle elle ne cache pas son admiration pour Schurman avec qui elle se sent des affinités; Conrart la fait parvenir à Marie du Moulin, la nièce de Rivet, qui entre en lice à son tour. Ceci nous vaut un curieux dossier épistolaire retrouvé au XIXe siècle et publié sous le titre narquoisement condescendant de: *Un tournoi de trois pucelles*; il marque une des premières tentatives passionnées d'engagement idéologique de Madeleine de Scudéry qui se dit d'entrée de jeu «d'humeur à [s']intéresser pour l'innocence opprimée[41]».

1642: *Apologie en faveur des femmes,* par Suzanne de Nervèze. Cette femme, sans doute la fille ou la sœur du sieur de Nervèze qui était secrétaire de la Chambre du roi en 1610, reprend à son tour le vieil argument théologique de la création. D'éducation protestante, elle veille, semble-t-il, à éviter la terminologie usitée par les apologistes catholiques; l'un des thèmes majeurs de Marie de Gournay (dont l'œuvre entier est paru en 1641), à savoir la nécessité de l'éducation comme moyen de libération, est perceptible dans sa discussion, mais Suzanne de Nervèze la place dans une perspective sociologique qui préfigure de façon saisissante certaines des conclusions de Simone de Beauvoir; le fameux adage du *Deuxième Sexe*: «On ne naît pas femme, on le devient» se lit en filigrane dans ce qu'elle écrit:

> L'esprit de l'homme a tant de différents mouvements qu'il semble qu'il veuille tirer de la gloire de la honte de ses contradictions; et c'est injustement qu'il s'attribue les avantages d'une forte raison, puisqu'il n'agit jamais qu'il n'en témoigne la faiblesse: ce beau sexe que la nature a doué de toutes les grâces, que quelque ignorant veut faire passer pour un défaut de son pouvoir ou de sa matière, relèverait son éclat avec les avantages que son auteur lui a communiqués, si la seule modestie n'en arrêtait le premier instant [...]. La boue et le crachat sont la composition de l'homme que le souffle de la Divinité a libéralement animé, mais dans la très haute bonté de ses idées, il prend comme la crème, le meilleur de cet homme pour en créer la femme [...] la femme a en soi la disposition et le caractère de toutes les œuvres plus héroïques, et si l'ambition des hommes ne les avait privées des charges politiques, les etats en seraient plus florissants et le vice moins en usage: c'est le dévôt sexe chéri de Dieu et idolâtré même de ses adversaires [...] et quelque délicatesse qu'on attribue à leur corps, elle est plus à la mollesse de leur éducation qu'à l'imperfection de leur nature[42].

Ce sont les hommes, affirme Nervèze, qui sont responsables de l'état de faiblesse subalterne dans lequel les femmes sont tenues.

Cependant, elle se refuse à tenir compte de ces «ravalées», comme elle les nomme[43] et ne veut se tourner que vers ces «grandes et fortes créatures[44]» dont l'histoire nous a légué l'exemple: Judith, sainte Catherine, Sémiramis et maintes autres dont elle vante les mérites admirables. Et de conclure:

> Où trouverons-nous un exemple de cette nature parmi les hommes ? Ils en doivent sans doute céder l'avantage avec tous les autres et se contenter de l'honneur d'être fils de femme et avouer après cela qu'il n'y a point de créature plus noble, de charmes plus doux que ceux qui se rencontrent dans l'aimable conversation de ces parfaites dames de qui on n'aurait jamais parlé si la beauté de leur présence n'était plus éloquente que tout ce qui peut se dire en faveur d'une vérité si sensible, si peu avouée et si agréable[45].

On ne sait guère grand-chose de cette demoiselle de Nervèze. On la sent à la fois ferme et douce dans sa combativité, sans doute plus poète que militante. Elle est aussi l'auteure d'un autre texte de 48 pages: *Les Généreux Mouvements d'une âme héroïque et pieuse,* sorte de journal ou de carnet de notes où voisinent résolutions, prières, méditations sous forme discursive ou métaphorique, dédié à «La reine régente» dont elle livre le nom en anagramme, de façon fort symbolique à la fin: Anne Marie Maurice D'Autriche (Diane Armée Mars chérit ta vertu).

Voici qui clôt une décennie de militantisme vibrant qui s'achèvera par la double guerre civile de la Fronde, guerre en dentelles selon certains, lieu d'exercice d'une certaine faculté d'affranchissement, selon d'autres[46]. Nous passons maintenant à la première génération de l'époque louis-quatorzienne avec trois femmes qui se sont fait un nom dans le discours féministe de l'époque et qui ont eu recours à trois avatars du genre discursif.

1664: *Dialogue de la Princesse savante et de la Dame de famille contenant l'art d'élever les jeunes dames dans une belle et noble éducation,* par Mlle Clément[47], dédié à Mme la duchesse de Saint Aignan. Le titre semble annoncer un thème assez convenu, une dramatisation de l'antithèse femme savante / femme au foyer.

En fait, sous des dehors badins et même ludiques, nous avons bel et bien affaire à un plaidoyer vigoureux et intelligent, sous forme d'une dialectique, en faveur du droit de la femme à être savante, car elle ne peut que bonifier sa nature au contact de la science et de la philosophie. Après un préambule un peu romanesque, on se trouve entraîné dans un tournoi qui se déploiera sur plus de 250 pages, au cours duquel «la savante Pauline» et «Pénélope ou la princesse de famille», face à un juge arbitre de leur joute oratoire, se renvoient la balle à grand renfort d'arguments afin de savoir quelle est la plus louable, de la femme forte ou de la femme savante. Si Pénélope sait défendre sa cause, Pauline ne manque ni de verve ni de ressources pour faire l'éloge des savantes:

> Il faut demeurer d'accord, Madame, dit-elle à son adversaire, qu'elles sont assurément plus raisonnables que toutes les femmes qui n'ont pas ce grand savoir, et qu'ils ne modèrent pas tant leurs passions que les savantes qui imitant ces grands philosophes de l'antiquité apprennent à leurs exemples à les régler, et il me semble, Madame, qu'elles n'ont pas tant de défauts que les autres femmes, qui sont ordinairement de trois sortes d'humeur: les premières, prudes, les secondes, coquettes, et les dernières économes[48].

Son franc-parler n'a d'égal que son enthousiasme crâneur:

> Oui sage arbitre, vous voulez que je fasse une belle figure d'une personne d'esprit, et puis quand quelque savant viendra à m'entreprendre, il me trouvera embarrassée, interdite, mon jugement suspendu, ne sachant que répondre sur quelque chose de solide dont il me voudra bien raisonner, et voyant bien que je ne lui peux répondre, il dira tout aussi tôt ce n'est que de la crème fouettée: voilà de quelle manière il me traitera[49].

Le juge sera finalement conquis par la finesse et la persuasion des arguments de Pauline dont il fera le portrait en guise de triomphe, cependant que la lauréate chantera les mérites et les gloires de toutes les grandes savantes de l'histoire jusqu'à celles de ses plus proches contemporaines. Ce qui est intéressant dans cette tentative, c'est que la femme n'est plus présentée en opposition à l'homme;

ce sont cette fois deux options de vie, l'une préconisée par les femmes, l'autre héritée du féminisme paternaliste des hommes des années 30 du siècle, qui sont offertes par le biais de cette compétition oratoire volubile et nuancée dont l'issue met nettement l'une au-dessus de l'autre.

1665 : Jacquette Guillaume[50], *Les Dames illustres ou par bonnes et fortes raisons, il se prouve que le sexe féminin surpasse en toutes forces de genres le sexe masculin,* dédié à son altesse royale Mlle d'Alençon. Jacquette Guillaume est l'une des plus prolixes parmi les « supérioristes ». Son ouvrage est volumineux, pensé et organisé comme un livre : près de 500 pages réparties en deux parties, elles-mêmes divisées en chapitres et sous-chapitres dont les titres à eux seuls renseignent sur la thématique et la visée d'ensemble :

Première partie

Ch. 1. Que les dames illustres surpassent les hommes en tout ce qui est louable ; et même que de tout ce qui est créé, les féminins sont les plus nobles et les plus utiles.

Ch. 2. Que les hommes surpassent les femmes en toutes sortes de malice comme aussi en toutes sottises et en toutes impertinences.

Ch. 3. Que les femmes sont plus fidèles que les hommes.

Ch. 4. Que les femmes sont plus fidèles à leurs maris que les maris ne le sont à leurs femmes.

Ch. 5. Que les hommes sont extrêmement défiants et incrédules.

Ch. 6. Que les hommes sont, sans comparaison, plus cruels que les femmes.

Ch. 7. Des vices qui accompagnent la cruauté.
Section I : De la cruauté des jaloux.
Section II : De la cruauté des princes envers leurs sujets et leurs ennemis.
Section III : De la cruauté des traîtres contre les rois et alliés.

Section IV : De la cruauté des pères envers leurs enfants, des enfants contre leurs pères et mères et des frères contre leurs frères et sœurs.

Ch. 8. De l'humanité et douceur des femmes opposées à la cruauté des hommes.

Ch. 9. De la générosité des dames illustres.
Section I: Judith, le modèle des reines et des généreuses.
Section II: Marie reine des Sarasins, princesse très généreuse.
Section III: Mathilde duchesse de Mantoue et de Ferrare.
Section IV: Jeanne d'Arc.

Seconde partie

Ch. 1. Des ennemis de la science.

Ch. 2. Que ceux qui se sont efforcés de rabaisser le mérite des dames savantes n'y ont gagné que le titre de médisants et d'envieux.

Ch. 3. Des dames renommées par leur science dans le paganisme.
Section I: Des dames renommées pour leur éloquence.
Section II: De la sagesse, prudence et bonne conduite des dames illustres.

Ch. 4. Des dames chrétiennes recommandables pour leurs vertus et pour leurs sciences.
Conférences de la reine de Suède [la célèbre Christine] avec les ministres de la religion prétendue réformée.
Section: Des dames françaises recommandables pour leur éminent savoir.

Ch. 5. Des dames infortunées.

La présentation diffère légèrement de celle des autres ouvrages du même format, d'abord par ses proportions un tantinet indigestes, il faut le reconnaître, ensuite par une technique d'intercalations, au sein des exemples bibliques ou historiques, de vers de circonstance, de cantiques (tels que «À la louange du Saint amour de

Madeleine[51] ») et autres formes poétiques qui ponctuent la démonstration de façon assez insolite et confèrent à l'ensemble une esthétique de collage baroque assez originale. C'est ainsi que la deuxième partie commence par une épigramme «pour mademoiselle de Schurman» dont voici la deuxième strophe:

> Illustres filles de Parnasse,
> Il faut que vous cédiez la place
> A ce nouvel astre d'Utrecht:
> Vous n'avez parlé qu'un langage,
> Mais Anne très docte et très sage
> Parle hébreu et latin et grec.

J'extrais de tout ce florilège un passage du chapitre 9, section I, qui me paraît singulièrement pertinent; relatant le meurtre d'Holopherne par Judith et son retour triomphal en Béthulie, Jacquette Guillaume commente:

> Il y a des critiques qui disent que selon le droit, il fallait renvoyer Judith à sa quenouille, que c'est trop entreprendre à une femme, de reprendre les prêtres et les magistrats. Et moi je dis qu'il faudrait envoyer ces critiques aux Petites Maisons[52]. Quoi! N'est-ce pas être extravagant de vouloir qu'une quenouille serve à une femme qui sait avec l'épée détruire une armée de cent mille hommes, pour la conservation de sa patrie que ces prêtres et magistrats voulaient réduire à l'esclavage? Ces censeurs ont très assurément plus de déplaisir de voir une femme triompher d'Holopherne, qu'ils n'en auraient de voir Holopherne triompher du peuple de Dieu [...]. L'on peut aussi affirmer que si les femmes avaient fait les lois et les histoires, l'on verrait bien plus de vertus exercées par elles que par les hommes[53].

Notons à quel point ce motif récurrent de la quenouille devient une sorte d'emblème lancinant du lot de la femme assujettie, une image métonymique de la cause et de la condition féminines.

1668: *Nouvelles observations sur la langue française où il est traité des termes anciens et inusités et du bel usage des mots nouveaux, avec les Éloges des illustres Savantes, tant anciennes que modernes par Damoiselle Marguerite Buffet, faisant profession d'enseigner aux dames l'art de bien parler et de bien écrire sur tous sujets avec l'orthographe française par règles.*

Une grammairienne cette fois à qui nous devons cet exposé de 200 pages, très savamment documenté, qui est un véritable ouvrage de linguistique grossi d'un «traité sur les éloges des illustres savantes, anciennes et modernes» de 143 pages reposant sur un principe philosophique très clairement défini: «Les âmes n'ayant point de sexe, il s'ensuit par conséquent que la beauté de l'esprit ne connaît point cette différence d'homme et de femme, et qu'elle est sans difficulté l'apanage de l'un et l'autre sexe[54]». L'argumentation philosophique de Marguerite Buffet offre beaucoup de ressemblances avec celle de Marie de Gournay face à Platon, Plutarque, Origène. La structure générale du traité ne diffère guère de l'édification des nombreuses galeries de femmes célèbres que nous avons précédemment visitées. Elle pose d'emblée l'axiome fondamental, qui, notons-le bien, ne remet jamais en cause la foi religieuse:

> La perfection des créatures consiste dans les rapports et convenances qu'elles ont avec Dieu qui est la source et le principe de toutes les excellences et de toutes les beautés[55].

Elle reprend à son compte, en termes moins réalistes que d'autres avant elle, le sujet de la création de la femme qui avait fourni à certaines une figure de mépris: «le corps de l'homme a été formé du limon de la terre [...]; tout ce qu'il y a de plus fort dans l'homme a été employé pour former celui de la femme [...] qui a été le dernier de ses ouvrages, comme étant le couronnement[56].» Observation de principe qui la conduit à affirmer l'égalité dans la différence, qui, nous le verrons, ne sera pas dénuée d'un penchant vers la supériorité:

> Mais parce que les adversaires établissent tout leur fondement et tuent leurs plus forts raisonnements des différences qui sont ou qu'ils disent être aux formes des organes et des instruments et tous les mouvements différents qui se rencontrent ou qui sont entre les deux sexes, je leur réponds, comme c'est une nécessité qu'il y ait quelque dissemblance à cause qu'ils sont destinés par la nature à différents effets pour l'entretien et la conservation des

> espèces, que cela ne fait rien pour les actions qui dépendent de la volonté[57].

Puis vient une comparaison en règle de tous les éléments, physiques et moraux, constitutifs des représentants des deux sexes qui lui offre la possibilité de dénigrer un peu l'éternel adversaire, le sarcasme ou toute autre forme d'esprit étant toujours une arme efficace d'opposition :

> Que les hommes se vantent donc tant qu'ils voudront et qu'ils fassent gloire de la grandeur de leur corps et de la grosseur de leur tête, cela leur est commun avec de très stupides animaux et de très grosses et lourdes bêtes ; il est donc certain, généralement parlant, que les femmes ont plus de vivacité et d'esprit que les hommes, ce qui se manifeste dans toutes les rencontres où elles sont employées[58].

La liste qu'elle dresse de toutes les savantes dont fait état l'histoire ancienne garantit le bien-fondé de cette affirmation. La grande nouveauté de Marguerite Buffet tient à ce qu'elle inclut dans son éloge une bonne vingtaine de ses contemporaines, parmi lesquelles Mlle de Schurman, «l'honneur de son siècle et de son pays[59]», Mlle de Scudéry, «la Sapho de nos jours» chez qui nous trouvons «plus de science, de doctrine et d'esprit que dans la Sapho des Grecs tant vantée dans l'antiquité[60]», Mlle Desjardins (Mme de Villedieu[61]), Mlle Guillaume[62], Mlle de Gournay enfin, «dont la réputation a brillé par toute l'Europe[63]». Non seulement ces femmes hors du commun ont gagné leurs lettres de noblesse mais elles sont intégrées à l'Histoire, elles sont l'Histoire.

1693 : *Traité de la morale et de la politique divisé en quatre parties, savoir, la liberté, la science et l'autorité, où l'on voit que les personnes du sexe, pour en être privées, ne laissent pas d'avoir une capacité naturelle qui les en peut rendre participantes ; avec un petit traité de la faiblesse, de la légèreté et de l'inconstance qu'on leur attribue mal à propos* par G. S. Aristophile.

Sous ce docte pseudonyme se cache une religieuse de Semur que nous retrouverons plus loin, Geneviève Suchon. Disons que l'intitulé du titre de ce traité de 757 pages qui fut «imprimé aux dépens de l'auteur» renseigne assez sur les prises de position avant-gardistes de l'écrivaine. Presque un quart de siècle après Clément, Guillaume, Buffet, alors que sévit la doctrine d'enseignement paternaliste de la fondatrice des demoiselles de Saint-Cyr, Mme de Maintenon, son témoignage est notable.

1698: *L'Imperfection des hommes ou le triomphe du beau sexe, dédié aux hommes* par Mademoiselle L*A*D*B*.

Je suis tombée presque par hasard sur ce texte de 42 pages que je n'avais vu nulle part répertorié. Ayant en main la compilation bibliographique de Toinet *(op. cit.)*, je fus intriguée par la rubrique 252 bis, p. 401, qui faisait état de trois textes:

1. *Imperfection (sur l') des femmes tirée de l'Écriture sainte et de plusieurs auteurs, dédié à la bonne femme,* 42 pages [en fait 72 après consultation], s. d.

2. *Réfutation du livre intitulé: Imperfection des femmes-interjetée contre l'auteur de leurs calomnies, composée par Tircis, intendant de la province des dames,* 22 pages, 1699.

3. *Le caractère des dames: optima foemina,* 12 pages, s. d.

Trois textes à propos desquels Toinet disait en note: «Chacun de ces trois opuscules, qui se répondent, est muni de noms de lieux imaginaires et de libraires fictifs: je les néglige comme inutiles et déplaisants: le temps en a effacé, je ne dis pas l'esprit, mais l'à-propos s'il y en eut jamais.» Un tel commentaire ne manqua pas de m'alerter. J'eus du mal à retrouver la trace de ces pièces dans les arcanes de la réserve de la Bibliothèque nationale dont certaines collections, parfois certaines portions de collections, ont été mises sur microfilm. Quand je pus enfin crier victoire, j'examinai l'ensemble. Le texte 3 se révéla être le même que le texte 1 et, à la place du texte 2, je découvris, non pas une «réfutation» de «l'imperfection des femmes» mais cet essai de 42 pages sur «l'imperfection des hommes» qui offre à la remarque de Toinet un démenti cinglant en même temps que laisse perplexe la résurgence d'une hargne misogyne qu'on aurait pu penser abolie par un demi-siècle de militantisme féministe. Le discours est composé selon les règles du genre démonstratif, écrit d'une plume alerte, dans une langue déliée, vigoureuse et imagée qui mériterait à cette mystérieuse essayiste de figurer en bonne et due place au panthéon de l'éloquence satirique du siècle. D'abord une exposition lyrique du sujet qui en annonce l'esprit et le développement sans omettre de rappeler qu'il s'agit d'une riposte à une accusation:

> Homme si tu connaissais les avantages du beau sexe au-dessus du tien; si ton aveuglement pouvait te permettre d'en découvrir les beautés et les perfections, de quelle douleur ne serais-tu pas touché de voir avec quelle négligence la Nature t'a bâti et quels soins délicieux elle a pris à former la Femme dont elle a fait le chef-d'œuvre le plus accompli qui soit sur la terre, le portrait le plus sensible de la Divinité et la créature la plus parfaite; souffre, si tu le peux, sans mourir de confusion, que je t'approche d'elle, non pas pour t'y comparer, mais pour relever l'éclat de ses perfections par tes défauts: commençons par l'origine. Tu es pétri d'une vile poignée de poussière, c'est pourquoi ton tempérament est grossier, matériel, rustique, brutal et sauvage, qui te rend participant de la force des plus cruels et des plus indomptables animaux. La Femme au contraire est faite du corps humain, d'un os solide et incorruptible; Dieu purifie la terre et prépare une matière propre à la formation de la demeure d'une âme raisonnable; son corps, s'il a quelque rapport avec les animaux, c'est avec les plus parfaits, avec la douce et délicate faiblesse des agneaux, des colombes et des innocentes biches; tu es fait dans un lieu champêtre de même que tous les animaux de la terre. La femme est formée dans un lieu délicieux, dans un paradis, parce que c'était un ouvrage tout céleste: tu es formé après les animaux comme étant plus noble qu'eux. Dieu créa les moindres choses les premières et la femme toute la dernière comme la souveraine de l'homme et le chef-d'œuvre de la création.[...] regarde homme de terre qu'Eve est la vie et toi de la boue [...]. La femme ressemble à ces beaux corps de statues que les plus excellés ouvriers travaillent avec tant d'art; tu as la peau sale, grossière, terrestre, matérielle, comme une bête velue, comme un ours, le corps nerveux comme les chevaux, sillonné de grosses veines

> comme les bœufs, le visage barbu comme les boucs, les traits grossiers, la mine rude, brutale et sauvage, ce qui te donne un plein droit d'entrer en société avec tous les animaux et qui te met hors d'état d'entrer en comparaison avec la femme, et c'est ce qui te met au désespoir, et qui t'oblige, te voyant ainsi disgrâcié par la nature d'avoir recours à l'artifice et d'employer toute ton industrie à décrasser et adoucir ton visage, en faisant tous les jours raser le vilain poil de ta barbe, tâchant de l'adoucir par le moyen des savonnettes; jaloux que tu es de voir briller tant de beauté sur celui de la femme; mais tu auras beau faire tu n'en approcheras jamais. La femme a la peau douce et unie comme un satin, polie comme l'ivoire, sans tous tes nerfs, tes durillons, tes grosses vilaines veines [...] tes mains n'ont été faites que pour travailler la terre; elles sont si grossières, si nerveuses, la peau si dure qu'elles ressemblent presque aux pieds des animaux; celles de la femme semblent avoir été faites au tour et formées seulement pour distribuer les grâces tant elles ont de délicatesse[64].

L'auteure, de sa verve facétieuse et emportée, passe en revue la voix puis la démarche, les manières, l'humeur de cette «bête féroce», de ce «forçat des galères» qui ne peut «se polir que par l'exemple et la conversation du beau sexe» pour conclure: «Enfin pour dire tout en un mot, tu es un ouvrage bien imparfait et bien peu nécessaire au monde, au lieu que la femme est un chef-d'œuvre de perfection, la cause de toute génération[65]». Elle renforce ensuite l'argument ontologique par les affirmations de la médecine:

> [...] les plus anciens auteurs Galien et Avicenne, ces deux fameux disciples d'Esculape [...] assurent [...] fortement que la femme a tellement droit de s'attribuer toute la gloire de la génération qu'elle est seule la matière et l'aliment du fœtus [...] et que l'homme n'entre dans la génération que comme un accident arrive à une substance [...] l'homme ne contribue pas plus à la formation d'un enfant que la blancheur contribue à la formation d'une muraille [...]. Ainsi pauvre Hommelet, tu es bien peu de choses au monde [...] regarde encore pour t'achever de confondre, celle [la différence] qui se trouve entre son âme et la tienne, entre son esprit, son cœur, ses passions et les tiennes[66].

L'exorde se termine par cet avertissement explicite où perce une juste indignation :

> [...] il ne fallait pas t'attaquer à ta partie la plus noble, te révolter contre ta souveraine, lui disputer non seulement son droit, mais en venir jusqu'à cette insolence de l'abaisser et de l'humilier comme la dernière des esclaves : tu t'amuses à publier contre elle les dernières horreurs, à faire courir contre sa gloire les libelles les plus diffamatoires, à faire imprimer des livres qui osent porter à leur front le titre *L'Imperfection des femmes,* qu'on peut appeler le cloaque des immondices, la turpitude de ton esprit, la brutalité de ton cœur et le poison de ta langue de serpent. Non, je te déclare que je ne te veux accorder aucune grâce et que tant que tu auras l'insolence de parler contre mon sexe, j'aurai la hardiesse de le défendre et de le venger ; soutiens donc comme tu pourras le reste de ce que j'ai à dire[67].

Dont acte !

Les trente pages suivantes développent le thème en ayant recours aux mêmes procédés rhétoriques utilisés par d'autres apologistes avant et après elle, celui du cautionnement historique et, à l'instar de Marie de Gournay, la reconsidération des arguments philosophiques, ceux de Platon et d'Aristote en particulier :

> Les philosophes avancent et soutiennent tous que l'accident est le signe de la substance, que le dehors est la figure du dedans et que la beauté est le signe évident de la bonté. Cela posé, il est hors de doute que l'âme de la femme l'emporte autant au-dessus de celle de l'homme que son corps l'emporte sur le sien. Quoiqu'à proprement parler l'âme de l'homme et celle de la femme soient égales dans les choses les plus essentielles, comme l'entendement, la mémoire et la volonté [...] à en juger par les effets extérieurs [...] l'âme de la femme est beaucoup plus parfaite que celle de l'homme[...] ; du moins ce que l'on peut dire, c'est que l'âme découvre plus ou moins ses beautés selon qu'elle est plus ou moins enveloppée d'une matière plus claire ou plus épaisse, ainsi qu'une pierre précieuse dans un cristal brille bien d'une autre manière qu'à travers un morceau de boue où elle perd tout son éclat et tout son lustre. [...] l'âme de l'homme, étant enfer-

> mée dans un vase grossier et matériel formé de poussière, de terre et de fange, ne peut pénéter l'obscurité de la triste et malheureuse prison, et c'est d'où provient cet air sombre, rustique, pesant[68].

L'argument qui fonde ainsi les mérites de l'appellation du «beau» sexe est repris, développé sur plusieurs pages, contrasté à l'envi avec la laideur hideuse et difforme, physique et morale, des hommes qui se font «une gloire du vice et une infamie de la vertu» tandis que les femmes reçoivent à juste titre de l'Église «le glorieux nom de sexe dévôt[69]». La pamphlétaire va ensuite successivement répondre à deux chefs d'accusation: d'abord celui qui se fonde sur les Anciens et sur l'Écriture sainte pour blâmer les femmes et leur imputer une nature imparfaite. Allusion directe au libelle antiféministe qui prétendait ainsi prouver l'imperfection des femmes et qui est à l'origine de la présente riposte. Elle propose une interprétation de la Genèse autre que celle traditionnellement admise. Après la Chute, Dieu a dit à la femme d'être soumise à son mari «par compassion, mais pas par punition d'avoir porté l'homme à manger du fruit défendu»:

> [...] quand cela serait, il serait aisé d'en tirer une conséquence avantageuse pour la femme, car si elle eût été naturellement soumise à l'homme, en vain Dieu aurait-il prononcé cet arrêt contre elle, qui ne la condamnait à rien de nouveau [...] par exemple ce ne serait point punir un soldat coupable si le roi lui disait: «mon ami en punition de ton crime, je te commande d'obéir à ton capitaine»; mais ce serait une punition pour le capitaine, si on lui ordonnait d'obéir à son soldat; il faut donc conclure qu'avant que cet arrêt fût prononcé, la femme avait autorité sur l'homme[70].

Elle se référera à saint Jérôme, à l'Histoire sainte, en particulier au rôle joué par les femmes dans la vie de Jésus et citera certains passages appropriés de l'Ecclésiaste, en faisant remarquer qu'il y a «une infinité de passages dans l'Écriture en faveur des femmes» mais «comme cet abrégé ne [lui permet pas de] [s']étendre, [elle] n'en rapportera[it] que quelques-uns[71]»:

> Remarquez là deux belles choses, Messieurs, et apprenez à respecter les femmes. En premier lieu, Dieu demande le consentement de la femme pour sauver les hommes et non pas celui de l'homme, à qui il cacha même ce grand mystère. En second lieu, il ne veut point que l'homme coopère en rien à sa sacrée humanité, après ce qu'il ne pouvait communiquer qu'une matière grossière et impure[72].

Quant à «la seconde objection qui demande pourquoi la femme étant parfaite, on l'éloigne du gouvernement ecclésiatique et politique et pourquoi on lui interdit les sciences[71]», elle l'impute à l'orgueil de l'Homme et à la bonté et à l'humilité de la femme, argument qu'elle renforce par l'exemple fourni par l'histoire: elle énumère donc toutes les femmes célèbres par leur grandeur, leur audace, leur courage, saintes tirées des martyrologes, héroïnes qui hantent les galeries de femmes fortes ou héroïques depuis la troisième décennie du siècle: sainte Hélène, sainte Clotilde de France, Césarée en Perse, Théodelinde en Espagne, Marguerite en Angleterre, Gisèle en Hongrie, Ambruca en Pologne, Olga en Russie, Ethelaerge en Allemagne, et «l'incomparable Judith», «la charmante Esther», «Debora générale», «la pucelle d'Orléans», sans compter «un million d'amazones», les neuf muses, pour ne citer que quelques noms de ce long palmarès, toutes ces femmes vaillantes anonymes dont parlent les chroniques, «ces illustres filles qui se sont éternisées par des lumières et des connaissances où les plus beaux esprits des hommes n'ont jamais pu atteindre», les sibylles, sainte Catherine, Marcelle, les Porcie, Damo, Sapho, Zénobie et autres[74]:

> [...] je suis persuadée, dit-elle, que si les femmes prêchaient en public, les hommes n'auraient plus d'auditeurs [...]. Oui, j'ose avancer au sujet des sciences, qu'elles y feraient plus de progrès dans un jour que les hommes dans un an; parce que l'âme pénètre plus facilement la matière délicate de leurs corps que non pas celui de l'homme qui est trop matériel[75].

Le même procédé didactique lui permet de battre en brèche les reproches moraux généralement faits aux femmes:

> Il n'y a qu'à lire les histoires de l'ancien et du nouveau testament, celles des différents royaumes, les Vies des saints, pour voir des foules prodigieuses de femmes illustres par leur courage, leur fidélité, leur esprit, leur constance et leur vertu[76].

L'auteure ne relâchera pas une fois la fougue de son réquisitoire qu'elle achève avec un triomphalisme empreint d'une narquoise coquetterie:

> Et bien, après tout ce que j'ai dit, hommes superbes et injustes, oserez-vous à l'avenir lever les yeux pour regarder votre souveraine que vous avez si lâchement outragée ? Pourrez-vous soutenir l'éclat de ces beaux yeux que vous avez si cruellement offensés ? Entendre cette charmante bouche que vous avez tant de fois traitée d'indiscrète et d'ignorante ? Voir ces aimables manières qui seraient capables d'adoucir les lions ? [...] Certes s'il vous restait encore quelque chose d'humain, tout ce que j'ai dit serait capable de vous faire mourir de confusion et de regret [...]. Tenez-vous aussi bas devant le beau sexe que vous avez prétendu vous élever au-dessus de lui. Purifiez par le feu votre bouche insolente. Brûlez ces infâmes écrits, ces exécrables libelles, et publiez partout avec moi le Triomphe du Beau Sexe, qui vous pourra faire grâce après une sincère pénitence et vous élever enfin de l'état de pénitents à celui de domestiques et de fidèles serviteurs[77].

Sur les accents militants de ce morceau de bravoure, arrêtons-nous pour faire le point: le fait que vers la fin du siècle, on puisse encore trouver quelque mauvais coucheur pour tenter de démontrer que la femme n'est pas un être humain à part entière en dit long sur l'emprise coriace de certains préjugés. C'est pourquoi il ne faut pas craindre de passer outre les répétitions, les échos, les formes littéraires statiques et parfois compassées qui peuvent lasser et semblent ralentir le progrès des idées. Il me paraît juste toutefois, avec le recul que nous donne l'histoire, de dire qu'au cœur du règne de Louis XIV le vieux problème de l'imperfection de la femme paraît avoir été neutralisé au profit d'un débat plus sensé qui tourne autour de l'égalité des sexes et se cristallise surtout sur le droit pour la femme à une éducation égale à celle de l'homme, donc à l'accès à la science, non pas pour «avoir des clartés de tout» comme le conçoit doctoralement le Clitandre des *Femmes savantes* (1672) mais pour y travailler à part entière, y investir son intelligence et sa créativité. L'on sait qu'il faudra attendre encore de nombreuses générations avant que le prix Nobel soit décerné à une physicienne ou qu'une femme siège à l'Académie sans faire pousser les hauts cris à ses contemporains. Je trouve bon signe qu'une Mme de Pringy, par exemple, sentencieuse émule de La Rochefoucauld, consacre à «La science» l'un des douze chapitres de ses *Différents Caractères des femmes du siècle avec la description de l'amour-propre* (1694) dans lequel elle prône l'égalité de la femme et de l'homme devant l'érudition[78]; c'est donc pour elle un fait acquis dont elle ne met plus en doute le bien-fondé et qui tranche curieusement sur le reste de sa prose qui fait preuve d'un providentialisme raide et morne, exposé avec une solennité pleine de componction. Il y aura encore bien des atermoiements, certes et, fait regrettable mais incontestable, ils seront en partie imputables à des femmes, telles Mme de Maintenon ou Mme de Liancourt, qui ont fait, en toute bonne foi, autant de mal que de bien à la cause de l'éducation, tant il est vrai qu'en matière de politique et de morale le conservatisme n'a pas de sexe.

En marge du pays de Tendre: aimer et écrire selon son bon plaisir

Du simple fait de civilisation qu'elle fut à ses débuts, une réaction de la part d'une petite coterie d'aristocrates raffinées contre la grossièreté des mœurs à la cour d'Henri IV, la préciosité s'amplifia pour devenir un véritable mouvement intellectuel et littéraire qui connut son apogée vers le milieu du siècle, donc dans l'entre-deux-règnes, avant de tomber dans certains excès ridicules, et non sans laisser de durables effets. Ses singularités vestimentaires et langagières ont été suffisamment recensées pour que nous n'y revenions plus. Ce qui importe, c'est d'insister sur le rôle déterminant dans l'évolution du féminisme joué par les occupations et les préoccupations des salons précieux, de ces «paradis des femmes» qui, depuis la chambre bleue de la belle Arthénice (Catherine, marquise de Rambouillet) jusqu'aux «Samedis de Sapho» ont donné le ton à maintes entreprises littéraires et ont indéniablement promu la cause des femmes surtout dans le domaine sentimental et artistique. Le salon devint une institution sociale. Sous le règne de Louis XIV, l'habitude s'en perpétua mais, signe des temps, alors que progressait l'idée de la femme savante, les cercles précieux devinrent des cercles intellectuels, à tendance philosophique ou scientifique.

Nous avons déjà rencontré Madeleine de Scudéry (1607-1701) s'essayant au genre sérieux. Lorsqu'elle se fut installée à Paris, qu'elle y tint salon rue de Beauce, Sapho – pour l'appeler du nom qu'elle se donne en faisant son portrait au tome X du *Grand Cyrus* –, Sapho accomplit une œuvre de romancière considérable. Dans ses deux énormes romans-fleuves *Artamène ou le Grand Cyrus* (8 volumes entre 1649 et 1653) et *Clélie, Histoire romaine* (10 volumes entre 1654 et 1660), elle donne dans le goût du temps pour la fiction héroïque mais, par delà la néo-idéalisation courtoise qui informe les aventures interminables de ses personnages exotiques, s'articule une morale sentimentale précise et libertaire qui prône le droit d'aimer selon ses vœux, partant remet en question le mariage comme seul établissement possible, avec le couvent, pour la femme et donc valorise avec hardiesse le célibat, l'affranchissement de la brutalité imposée par l'homme, qu'il soit père ou mari. Par le truchement de certaines de ses héroïnes, Madeleine y fait figure de théoricienne de l'émancipation féminine. C'est ainsi qu'on peut lire dans le *Le Grand Cyrus,* tome X:

> – Il faut donc, sans doute, répliqua Tisandre, que vous ne regardiez pas le mariage comme un bien.
>
> – Il est vrai, répliqua Sapho, que je le regarde comme un long esclavage. – Vous regardez donc tous les hommes comme des tyrans ? reprit Tisandre. – Je les regarde du moins comme le pouvant devenir, répliqua-t-elle, dès que je les regarde comme pouvant être maris.

Ou bien: «Pour s'aimer toujours, avec une égale ardeur, il fallait ne s'épouser jamais» ou encore: «L'amour peut aller au-delà du tombeau mais il ne va guère au-delà du mariage.» En somme, c'est par le respect dû à la personne, son droit à l'autonomie intimement fondus avec un scepticisme à l'endroit de la constance des promesses humaines que Madeleine opte pour l'amour platonique; pour elle, la chasteté ou du moins le célibat est un choix personnel comme doit l'être toute forme de sexualité. Il faut reconnaître que le mariage, qui signifiait pour la plupart des femmes l'autorité d'un vieux mari et des grossesses répétées, n'était pas pour inspirer grand attrait! La douce Mme de Motteville fera avec réalisme le constat du fiasco du mariage lorsqu'il n'est pas librement consenti:

> Ce qui a donné la supériorité aux hommes, écrit-elle dans ses *Mémoires*, a été le mariage; et ce qui nous fait nommer le sexe fragile a été cette dépendance où le sexe nous a assujetties, souvent contre notre volonté, et par des raisons de famille dont nous avons été les victimes. Tirons-nous de l'esclavage: qu'il y ait un coin du monde où l'on puisse dire que les femmes sont maîtresses d'elles-mêmes, et qu'elles n'ont pas tous les défauts qu'on leur attribue[79].

D'autres précieuses iront encore plus loin ou dans une autre direction lorsqu'elles envisageront le mariage comme un «bail réductible tous les ans», parleront de régler les maternités ou même avanceront l'idée de «l'union libre[80]». Bien des revendications des féministes modernes sont en germe dans certains projets échafaudés par les précieuses.

Parlant de célibat, ouvrons une parenthèse pour citer le cas, intéressant et original, de Geneviève Suchon. Cette femme qui a donné sa contribution à la querelle des femmes savantes, comme nous l'avons observé plus haut, est aussi l'auteure d'un traité en trois volumes *Du célibat volontaire* qu'elle fait précéder d'un «Avertissement» (non paginé) audacieusement insolite dans son idéologie et sciemment militant. Le mérite du célibat volontaire, nous dit cette religieuse, est d'être un genre de tiers-ordre laïque, en quelque sorte: «la profession d'une vie indifférente qui ne veut point d'autre engagement que celle de n'en point avoir, paraît opposée à la coutume universelle de s'établir dans le cloître ou dans un ménage sous la conduite d'un mari». Non qu'elle renie les mérites de la vie monastique, mais, dit-elle, pour celles qui veulent être dans le siècle sans être «sujettes à leurs maris» ni «attachées à leurs enfants, inquiétées par leurs domestiques [...] je fais connaître le bonheur des personnes libres qui sont exemptes de tant de chagrins». Elle dira aussi:

> Le lecteur curieux sera bien aise de savoir le motif qui m'a fait entreprendre ce travail [...]. Je dirai que trois pertinentes raisons m'ont servi de motif [...]. La première, c'est pour faire une distinction particulière des personnes qui passent leur vie dans le célibat [...]. La seconde raison, c'est afin d'aider une infinité de personnes du sexe, lesquelles n'étant pas assez fortes pour embrasser la vie monastique, ni pour s'engager dans la vie séculière, y trouveront un asile [...]. Et enfin le troisième motif [...] c'est pour affermir les esprits qui prennent aisément les impressions qu'on leur donne et sitôt qu'ils ont une prévention désavantageuse, ils les condamnent facilement sans réfléchir sur leur mérite et sur leur dignité [...]. Les traités de théologie sont recherchés des gens d'église; ceux du droit sont en usage aux personnes de justice [...]; il est aussi très juste que ce traité du célibat volontaire appartienne singulièrement aux Neutralistes.

Toutes les précieuses ou leurs émules n'ont pas nécessairement partagé l'idéologie amoureuse ni le style de vie de Madeleine de Scudéry. Il y en eut de prudes et il y en eut de galantes; mais le coup d'envoi avait été donné pour dire sa féminité par le biais de la fiction et avoir sa place dans la république des lettres. Le siècle de Louis XIV abonde en auteures de romans, de contes, de nouvelles historiques, de mémoires, authentiques ou faux, tels ceux de la comtesse de Murat, écrits «pour la défense des dames» et «dans lesquels on verra que très souvent il y a beaucoup plus de malheur que de dérèglement dans la conduite des femmes» (1697). De la même façon, il y eut des salons brillants qui se réclamaient quelque peu de l'esthétique précieuse sans en épouser l'idéologie néo-platonicienne, comme celui de Ninon de Lenclos pour qui les adeptes de la pensée de Madeleine de Scudéry étaient «des jansénistes de l'amour», Ninon de Lenclos qui réussit à attirer dans sa ruelle – et pas seulement dans son lit – une bonne partie de l'intelligentsia de son époque.

«Tout le monde la connaît, mais comment éviter de parler d'elle? C'est un monument incontournable que Ninon de Lenclos, et sans elle le siècle ne serait pas tout à fait ce qu'il fut[81].» Dans *Clélie* qui est un roman à clés, Madeleine de Scudéry fait le portrait de nombre de ses contemporaines; sous les traits de «Clarice» se cache Ninon de Lenclos dont c'est le «premier portrait systématique[82]»; les détails, certes, en sont idéalisés, selon les règles du genre romanesque héroïque, mais ils s'ordonnent autour d'une impression d'ensemble corroborée par tous ceux qui ont connu et loué «une des personnes du monde la plus charmante, et de qui l'esprit et l'humeur ont un caractère le plus particulier[83]». Vanter les mérites de Ninon en 1658, alors qu'elle venait de passer un an aux Madelonnettes, la prison pour «femmes de mauvaise vie», représente une certaine audace de la part de Madeleine de Scudéry. Anne, dite Ninon de Lenclos, pose, par sa vie même, un geste de révolte permanent; sa vie est un acte de parole, un discours en paradoxes. Une vie fort longue puisqu'elle naquit à Paris en 1623 et y mourut en 1704. Son père était un de ces «esprits forts[84]» du Marais, une sorte d'aventurier bretteur et débauché, qui maniait le luth et lutinait les filles, et qui essaya de contrebalancer l'éducation rigoriste que sa femme s'efforçait de donner à leur fille; il dut y réussir puisque, comme le rapportent ses premiers biographes, Ninon cachait des ouvrages licencieux entre les pages de son missel, s'obstinait à se «dépoitrailler», à 18 ans se donna au premier des muguets empressés qui lui faisaient la cour puis, après la mort de sa mère et une liaison malheureuse, décida de ne plus mélanger sentiments et sexualité, renonça au mariage et se fit ouvertement courtisane. Une vie qui se déroule comme un roman picaresque, ce qui explique les nombreuses légendes qui s'attachent à son souvenir, visant à embellir cette existence étonnante ou à la rendre plus croustillante. C'est sous cette étiquette de femme galante que son renom est parvenu jusqu'à nous; courtisane hors du commun puisque, de son vivant même, elle fut saluée avec admiration et respect comme une femme indépendante, spirituelle et cultivée, libre sans doute et surtout qui «a aidé à libérer les autres[85]», de surcroît excellente femme d'affaires. À partir de 1658, elle reçut dans son salon de la rue des Tournelles les gens les plus en vue de la société de son temps; si l'on en croit Tallemant des Réaux, c'est elle qui aurait fourni à Molière les grandes lignes du portrait de son Tartuffe; elle élabora un art d'aimer bien à elle; elle réussit ce tour de force de garder l'amitié et l'estime de son amie de jeunesse, Françoise d'Aubigné, devenue sur le tard une autocrate collet monté: Mme de Maintenon, et entretint une longue relation amicale et intellectuelle avec Saint-Évremond qui ne passe pas pour un féministe éclairé.

Après la déception de sa liaison avec Coligny-Châtillon, comme l'écrit Émile Magne en 1948 dans son *Ninon de Lenclos:*

> [...] elle considère l'infériorité sociale de son sexe et en mesure l'injustice. Elle se demande pour quel motif tel acte que l'on réprouve chez la femme honore l'homme ou, tout au moins, lui vaut l'admiration, la sympathie, l'envie. Particulièrement le geste d'amour lui démontre la fragilité du jugement humain. Que, pour cette fonction naturelle, le mâle s'arroge une indépendance qu'il refuse à sa compagne, cela la révolte. Le temps paraît venu de secouer cette servitude. Elle se rend compte que jamais ses pareilles écrasées par des siècles de soumission, n'oseront la suivre dans sa rébellion. N'importe! Elle sent elle le courage d'être seule de son opinion. Elle ne lance point de manifeste. Pour susciter des disciples, elle attend tout de la contagion de l'exemple.

«Les hommes jouissent de mille libertés que les femmes ne goûtent pas, déclare-t-elle. Je me fais donc homme[86].» Voltaire dit même qu'elle faisait cette prière qui en dit long: «Mon Dieu, faites de moi un honnête homme et n'en faites jamais une honnête femme[87].»

Ninon pose à ses biographes un problème de sources car elle a laissé très peu d'écrits: aucuns mémoires personnels, une correspondance dont la majeure partie est apocryphe (seules ses lettres à Saint-Évremond entre 1687 et 1699 sont reconnues comme authentiques; celles adressées au marquis de Sévigné ou à Villarceaux, le seul homme pour qui elle ait éprouvé de la passion et dont elle a eu un et peut-être deux fils, sont de purs exercices de style fabriqués au XVIIIe siècle); en 1751, Antoine Bret avait fait paraître ses *Mémoires sur la vie de Mademoiselle de Lenclos,* un opuscule à forte tendance hagiographique de 18 pages, à la gloire de «cette femme philosophe» où il reproduit un certain nombre de ces réflexions de Ninon; dans son épître dédicatoire, il dit: «Je donne enfin au public ce que mes recherches ont pu m'apprendre de la célèbre Mademoiselle de Lenclos. Ce n'était pas simplement une femme galante que j'avais à peindre, comme peuvent s'imaginer quelques gens, à qui le siècle dernier est absolument inconnu; j'avais à faire le portrait d'une femme inimitable en tout, qui voulut être homme aussitôt qu'elle sut penser.»

On lui attribue un texte satirique d'une dizaine de pages, *La Coquette vengée* (1659), conte malicieux et badin destiné à ridiculiser du tac au tac un pédant provincial, Félix de Juvenel, qui était venu se fourvoyer dans son salon dont il s'était enfui en vociférant: «Coquettes, coquettes, je saurai bien me venger!»; rentré dans son Languedoc natal, il s'était permis de faire un *Portrait de la coquette,* sorte de mise en garde pompeuse, moralisatrice, très pharisienne en fait, d'un oncle à son neveu auquel Ninon riposte par la parodie; elle y met en scène une tante qui lui ressemble fort; celle-ci avertit sa nièce contre le danger de ces faux philosophes coureurs de jupons:

> Ma nièce, disait Éléonore à Philomène, quand vous serez à Paris, ne faites point amitié ni conversation avec toute sorte d'hommes: il y a bien du choix à faire parmi eux; mais surtout évitez les philosophes [...]. Quand je dis donc que vous devez éviter les philosophes, je n'entends point parler ni d'un docteur, ni d'un solitaire, ni d'un libertin [libre penseur] dont la profession est ouverte et déclarée. J'entends certains pédants déguisés, pédants de robe courte, des philosophes de chambre qui ont le teint un peu plus frais que les autres, parce qu'ils se nourrissent

> à l'ombre, et qu'ils ne s'exposent jamais à la poussière et au soleil; des philosophes de ruelles qui dogmatisent dans des fauteuils; des philosophes galants qui raisonnent sans cesse sur l'amour, et qui n'ont rien de raisonnable pour se faire aimer. Vous ne sauriez croire combien ces gens-là sont incommodes[88].

La tante s'y gausse encore d'écrivains de même acabit; il s'en suit une discussion enflammée qui se termine par une bagarre où l'un de ces pédants fâcheux se fait rosser de la belle manière, et s'en va en criant de toutes ses forces: «Coquettes, coquettes, etc.»

Outre les témoignages de ses contemporains, la plupart des bons mots, des réparties à valeur de maximes qu'on lui attribue sont de deuxième main et ses biographes sont réduits à utiliser le style indirect ou à romancer ses paroles. C'est sans doute ainsi qu'est née la dernière phrase percutante de l'éloge de Magne que j'ai cité plus haut. Voltaire en a rapporté un certain nombre, le plus frappant étant sans nul doute cette phrase que Ninon vieillissante et malade aurait prononcée: «Je ne laisse au monde que des mourants.» Son souvenir est uni à celui du philosophe sur plus d'un point. Le père de Voltaire était son notaire; Ninon fut frappée de l'intelligence hors du commun du jeune François Arouet et lui laissa en héritage une somme d'argent pour acheter des livres! Au XIXe siècle, préfaçant *La Cour de Ninon* d'É. Colombey (1867), Arsène Houssaye n'hésite pas à écrire: «Plus j'étudie Voltaire et plus j'y découvre l'esprit de Ninon: – une âme formée de la volupté d'Épicure et de la vertu de Caton – le même Dieu les conduit»; il insiste sur la pensée novatrice de Ninon qui «continua Montaigne et prépara Voltaire: son esprit fut comme un trait d'union entre ces deux hommes». Que Ninon ait été une «prêtresse de Vénus», une femme entretenue qui vécut de ses charmes avant de se ranger et d'avoir pignon sur rue, qu'elle ait été une femme libérée, dotée d'un tempérament voluptueux, sorte de femme à hommes – comme on parle d'hommes à femmes –, qu'elle ait fait figure de «nouvelle Léontium[89]», ce qui frappe, c'est qu'elle ait eu la témérité de vivre selon sa propre morale, une morale du plaisir; pour citer son plus récent biographe: «Le caractère exceptionnel de son destin vient moins de la vie qu'elle a menée que de son refus d'y mettre fin grâce à une union honorable [...]. Elle deviendra une femme respectable et respectée sans avoir besoin de la garantie d'un mari[90].» Duchêne ira même plus loin dans sa conclusion en exprimant une opinion que je partage sans réserve: «Loin de se réduire à une suite insipide de galanteries répétées, la vie de Ninon est l'histoire d'une ascension sociale, menée dans des conditions difficiles, avec une alternance de succès et d'échecs, sans rien qui garantisse avant la cinquantaine le triomphe final[91].»

La jeunesse de Ninon s'était déroulée sous la «Bonne Régence», comme disait Saint-Évremond. Marie-Catherine Desjardins (1640?-1683), elle, est une contemporaine de Louis XIV. Les renseignements biographiques relatifs à sa prime jeunesse sont flous et lacunaires; on sait qu'elle était issue du côté paternel de la petite noblesse terrienne; sa mère, Catherine Ferrand, était première femme de chambre de la duchesse de Montbazon. Elle est sans doute née à Paris mais, comme les fonctions de son père l'appelaient à séjourner en Normandie, Marie vécut surtout entre Alençon et Mamers jusqu'en 1656, date de son arrivée et de son installation à Paris, date à partir de laquelle on peut la suivre de façon plus assurée. Son éducation paraît avoir été assez fantasque; elle fut la protégée de Mme de Chevreuse et de Mlle de Montbazon et eut ses entrées dans un petit groupe mondain et cultivé parmi lesquels on peut compter d'Aubignac, Furetière, Boileau, au contact desquels elle acquit sa culture. D'une intelligence pétillante, spirituelle et anticonformiste, elle se distingua tout de suite au cœur du petit cénacle qu'elle fréquentait. C'est surtout à travers son écriture, y compris les portraits qu'elle a faits d'elle-même et sa correspondance, qu'on peut se faire une idée de sa personnalité. Marie-Catherine était une extravertie, indépendante, enjouée, pleine de vie, se livrant facilement et abondamment:

> Je tiens pour maxime, fait-elle dire à l'un de ses personnages dans *Alcidamie* (1661), que si les choses qu'on fait sont d'une espèce à devoir être cachées, on ne doit jamais les faire, et que, si elles sont licites, elles se peuvent toujours dire[92].

Elle était dotée d'une nature primesautière, saine, railleuse, lucide vis-à-vis d'elle-même, «une nature vibrante, d'où l'on sait que toute flatterie est exclue[93]»; elle possédait un tempérament passionné et une sensibilité à fleur de peau qui la prédisposaient à souffrir. Elle tomba follement amoureuse d'Antoine de Boësset, sieur de Villedieu, fils et frère de musiciens célèbres, aventurier sans parole, qui promit solennellement de l'épouser puis se sauva pour se marier avec une autre. Villedieu fut tué au siège de Lille en 1668 et Marie-Catherine Desjardins décida de prendre son nom; plus tard, en 1677, elle se mariera avec Claude-Nicolas de Chaste dont elle aura un fils en 1678. Mais c'est sous ce patronyme acquis de façon romanesque qu'elle revendiqua le statut d'écrivaine et l'afficha avec aplomb: «en acceptant de figurer sur la page de titre, Mme de Villedieu fait passer sa qualité de femme de lettres avant les préjugés de son temps et donne ainsi la preuve d'une belle indépendance», note Maurice Lever dans son histoire du *Roman au XVIIe siècle*[94]. Consciente de sa valeur littéraire, elle entendait bien vivre de sa plume et y parvint; ce fut une des seules femmes, avec Anne Dacier, à recevoir une pension royale. Elle jouit d'une grande popularité, de son vivant et au siècle suivant; elle fut immédiatement traduite en anglais. Micheline Cuénin réfute vigoureusement la réputation de femme galante légère et d'écrivain médiocre que les censeurs du XIXe lui ont faite. Elle écrit en conclusion de sa thèse:

> [...] la galanterie répandait, du moins avant sa décadence, le respect de la femme et de l'amour. Nourris par son expérience personnelle et par celle d'une grande princesse à l'esprit ouvert [Mme de Nemours, sa protectrice], les écrits de Madame de Villedieu abordent avec franchise tous les problèmes qui se posent dans le monde aristocratique à la femme de son temps: princesses devant la raison d'État, femmes vulnérables et abusées, mariages ruineux, et surtout inconséquence d'une société qui pardonne tout à l'homme en se montrant implacable aux vœux innocents d'un cœur féminin[95].

Mme de Villedieu fit école du reste, et après elle, on vit apparaître «une cohorte d'émules[96]» qui entendirent elles aussi vivre de leur plume: Catherine Bernard, Mlle de la Force, par exemple.

Audacieuse dans son comportement, Mme de Villedieu le fut aussi dans les genres littéraires qu'elle aborda: sous ce règne voué au spectacle et qui compte très peu de femmes dramaturges, elle osa s'attaquer à la forme la plus «noble» du théâtre, la tragédie. Sa tragi-comédie *Le Favory* (1664), pleine d'échos de l'affaire Foucquet, fut représentée par la troupe de Molière en 1665. «Choisir le théâtre, c'était d'une certaine manière prétendre à entrer dans l'histoire[97].» Elle s'était même essayée au genre licencieux en composant, sur le thème de «la jouissance» qu'on lui avait proposé, un sonnet sur l'extase amoureuse. Enfin elle est considérée, avec Mme de La Fayette, comme une des initiatrices de la réforme du roman, et même comme la créatrice d'un nouveau genre, la nouvelle historique, dans lequel elle excelle et qui bannit le genre romanesque long. Sa dernière création, *Les Désordres de l'amour,* date de 1674; elle précède donc de quatre ans *La Princesse de Clèves* de Mme de La Fayette qui semble y avoir puisé l'inspiration de la fameuse scène si controversée de l'aveu au mari. Cette œuvre est reconnue comme très novatrice dans sa forme: elle constitue un système romanesque composé de quatre nouvelles historiques réunies par une thématique commune, à savoir que l'histoire est tributaire des histoires de cœur des grands, que son cours est souvent changé par la vie sentimentale de ceux qui la font. Son roman intitulé *Mémoires de la vie de Henriette-Sylvie de Molière,* publié entre 1671 et 1674, consacrait un genre nouveau, celui des faux mémoires, genre marginal propre à servir de médium à une catégorie marginalisée, comme le fait remarquer Debora Schwartz dans son intéressante étude. L'héroïne est placée dans une série de situations qui la montrent victime de l'instinct de domination des hommes, objet de désir et marchandise d'échange. De plus, si la mémorialiste est souvent engagée, consciemment ou non, dans une entreprise de déculpabilisation de soi, l'héroïne de faux mémoires en présente un avatar encore plus subtil. Henriette-Sylvie est une sorte de «picara» dont les tribulations et la personnalité ont des résonances autobiographiques flagrantes et font du livre un des prototypes du roman à la première personne. Marianne, Manon, Justine, Corinne, Lélia et même l'ingénue libertine procèdent d'Henriette, comme le signale à juste titre Micheline Cuénin[98].

Finalement, la palette des femmes qui se sont prononcées ouvertement ou sous couvert de la fiction sur l'autonomie sexuelle est des plus bigarrées: paradoxalement, le mariage demeure la pierre d'angle par rapport à laquelle toute conduite et toute option féminine s'élaborent; soit qu'on le refuse comme Madeleine de Scudéry par idéalisme sentimental, ou qu'on le fuie comme la princesse de Clèves / Mme de La Fayette par peur de l'aliénation de la passion, forme subtile et déchirante de résistance passive, soit qu'on choisisse de s'en affranchir ou de l'envisager comme une vocation séparée de la procréation, soit enfin, comme Marie-Catherine Desjardins, qu'on le prenne comme statut garant d'indépendance, voire de respectabilité pour avoir sa place comme écrivaine professionnelle.

Conclusion

Il s'avère que, pour avoir été bâillonnée, la voix des femmes au XVIIe siècle a trouvé diverses façons de faire entendre ses accents revendicatifs. Il reste encore beaucoup à inventorier. Pour composer ce chapitre dans des limites raisonnables, il a bien fallu que je fasse une sélection. C'est sciemment que j'ai passé la tribune à certaines écrivaines inconnues ou mal connues et que je me suis cantonnée dans certains genres. Il conviendrait par exemple d'explorer le sous-texte de certains mémoires tels ceux de Mme Motteville, de Mme de la Guette, de Mme Dunoyer et d'autres encore qui ont eu à situer les exigences de leur moi le plus intime par rapport à l'histoire et souvent à l'un de ses phénomènes les plus haïssables, la guerre. Que dire aussi des rapports des femmes et de la spiritualité, des femmes en religion, des dévotes qui n'ont pas toujours choisi sans de grands déchirements intérieurs, de ces mystiques ou illuminées qu'on a taxées de folie ou d'hystérie, les Antoinette Bourignon, les Jeanne Guyon? Tant de femmes qui n'ont jamais opté pour Dieu, misé sur lui sans lutte ni tourment, qui n'étaient peut-être que «des femmes d'action avortées», selon le mot de Virginia Woolf à propos des sorcières! Il faudrait relire d'un œil neuf leurs écrits, leur correspondance. On s'intéresse de plus en plus à elles à l'heure actuelle; il y aurait là matière à un autre chapitre; je ne peux que renvoyer à certains travaux partiels récents sur la question. La parole rebelle au XVIIe siècle compose une longue rhapsodie aux mille accents divers qui se répercutent jusqu'à nous, revalorisés par les luttes des siècles qui les ont suivis et dont beaucoup demandent encore à être captés.

Notes

1. Maïté Albistur et Daniel Armogathe, *Histoire du féminisme français,* Paris, Éd. des femmes, 1977, p. 136.

2. Voir *Les Tracts féministes au XVIIIe siècle,* avec une introd. de Colette Michael, Genève, Slatkine, 1986.

3. Il est très difficile, parfois impossible, de trouver des renseignements sur ces femmes. Même les dictionnaires spécialisés et relativement récents, le *Dictionnaire des lettres françaises du XVIIe siècle* de Grente, par exemple, se contentent d'une brève notice laconique, souvent condescendante, comme c'est le cas pour Guillaume, Nervèze ou Buffet, sans la moindre précision de dates. Certaines, comme Clément ou Brachart ne sont même pas mentionnées. Le dictionnaire de Mme Fortunée Briquet, élaboré au début du XIXe siècle a au moins le mérite de faire état d'un certain nombre de femmes qui ne figurent nulle part ailleurs.

4. Élyane Dezon-Jones, *Fragments d'un discours féminin: Marie de Gournay,* textes établis par, Paris, José Corti, 1988, p. 54.

5. Théodore Joran, *La Trouée féministe*, Paris, A. Savaète, 1909, p. 63.

6. Mario Schiff, *La Fille d'alliance de Montaigne,* Paris, H. Champion, 1910, p. 37.

7. Cité par Élyane Dezon-Jones, *op. cit.,* p. 14 – texte que reprendra l'auteure dans le préambule de son *Grief des dames* en 1626.

8. Thérèse Casevitz, «Mademoiselle de Gournay et le féminisme», *Revue politique et littéraire,* 5 déc. 1925, p. 768.

9. *Ibid.,* p. 769.

10. *Ibid.,* p. 771.

11. Anne Uildricks, *Les Idées littéraires de Mlle de Gournay,* s. é., Groningen, 1962.

12. Marjorie Ilsley, *A Daughter of the Renaissance: Marie Le Jars de Gournay,* La Haye, Mouton, 1963.

13. Marie de Gournay, *L'Égalité des hommes et des femmes* dans *Fragments d'un discours féminin: Marie de Gournay,* textes établis par Élyane Dezon-Jones, *op. cit.,* p. 113-114.

14. *Ibid.,* p. 114.

15. Élyane Dezon-Jones, *ibid.,* p. 67.

16. Marie de Gournay, *ibid.,* p. 121.

17. *Ibid.,* p. 126.

18. *Ibid.,* p. 127.

19. *Ibid.,* p. 119-120.

20. *Ibid.,* p. 126.

21. *Ibid.,* p. 117.

22. Élyane Dezon-Jones, *ibid.,* p. 58.

23. *Ibid.,* p. 65.

24. Marie de Gournay, *Le Grief des dames, ibid.,* p. 129.

25. *Ibid.,* p. 131.

26. *Ibid.,* p. 132.

27. *Ibid.,* p. 101.

28. Marotte: diminutif de Marie; avait originellement le sens de «poupée» (marionnette); désignait en particulier le sceptre garni de grelots du fou du roi.

29. Forlignates : du verbe « forligner », familier et vieux : mal se conduire en parlant d'une femme.

30. Charlotte de Brachart, *Harangue faite par Damoiselle Charlotte de Brachart surnommée Aréthuze qui s'adresse aux hommes qui veulent défendre la science aux femmes,* Châlon-sur-Saône, 1604, p. 2-8.

31. Il s'agit de Marguerite de Valois, la première femme d'Henri IV.

32. Pour plus de détails sur cette tradition de « misogynie viscérale », se reporter à Pierre Darmon, *Mythologie de la femme dans l'ancienne France,* Paris, Seuil, 1983, p. 7-11.

33. Voir Raymond Toinet, « Les écrivains moralistes au XVIIe siècle », *Revue d'histoire littéraire de la France,* 1926, p. 396.

34. *L'Excellence des femmes...,* 1618, p. 3.

35. *Ibid.,* p. 8.

36. Anne-Marie von Schurman, *Question célèbre s'il est nécessaire ou non que les filles soient savantes agitée de part et d'autre par Mad. Anne-Marie de Schurman [...] et le Sieur Rivet [...] le tout mis en français par le Sr. Colletet,* Paris, 1646, p. 34.

37. *Ibid.,* p. 14-15.

38. Nicole Aronson, *Mademoiselle de Scudéry ou le voyage au pays de Tendre,* Paris, Fayard, 1986, p. 127.

39. Madeleine de Scudéry, *Femmes illustres, ou les Harangues héroïques, avec les véritables portraits de ces héroïnes, tirés des médailles antiques,* Paris, 1642, p. 422-423.

40. *Ibid.,* p. 430-431.

41. Madeleine de Scudéry, *Un tournoi de trois pucelles en l'honneur de Jeanne d'Arc. Lettres inédites de Conrart, de Mlle de Scudéry et de Mlle du Moulin,* Paris, 1878, p. 20.

42. Suzanne de Nervèze, *Apologie en faveur des femmes* dans *Œuvres spirituelles et morales,* Paris, 1642, p. 83-86.

43. *Ibid.,* p. 88.

44. *Ibid.,* p. 89.

45. *Ibid.,* p. 91-92.

46. Rita Helder, *A Phase of French Feminism: La Fronde,* cité par Carolyn C. Lougee dans *Le Paradis des femmes: Women and Social Stratification in Seventeenth Century France,* Princeton University Press, 1976.

47. Je n'ai pu trouver aucune référence biographique sur elle ; elle-même fournit ce renseignement précieux dans son panégyrique des dames de son temps : « Vous savez que Mademoiselle Desjardins est notre intime amie », p. 258.

48. Mlle Clément, *Dialogue de la Princesse savante et de la Dame de famille,* 1664, p. 58.

49. *Ibid.,* p. 86.

50. Jacquette Guillaume est un peu mieux connue que les autres apologistes (voir Briquet). On lui attribue aussi *La Femme généreuse,* abondamment citée par Ian Maclean qui range ce texte parmi les anonymes.

51. Jacquette Guillaume, *Les Dames illustres ou par bonnes et fortes raisons, il se prouve que le sexe féminin surpasse en toutes sortes de genres le sexe masculin,* Paris, 1665, p. 69-70.

52. Litote pour les asiles de fous.

53. Jacquette Guillaume, *op. cit.,* p. 114-116.

54. Marguerite Buffet, *Nouvelles observations sur la langue française [...] avec les Éloges des illustres Savantes tant anciennes que modernes...,* Paris, 1668, p. 200.

55. *Ibid.,* p. 199.

56. *Ibid.,* p. 200-201.

57. *Ibid.,* p. 214.

58. *Ibid.,* p. 228-229.

59. *Ibid.,* p. 242-244.

60. *Ibid.,* p. 244-248.

61. *Ibid.,* p. 274-275.

62. *Ibid.,* p. 276-278.

63. *Ibid.,* p. 290-293.

64. Mlle L*A*D*B*, *L'Imperfection des hommes ou le triomphe du beau sexe, dédié aux hommes,* Vienne, Étienne Dubois, 1698, p. 3-8.

65. *Ibid.,* p. 8-9.

66. *Ibid.,* p. 9-10.

67. *Ibid.,* p. 11.

68. *Ibid.,* p. 12-13.

69. *Ibid.*, p. 15-16.
70. *Ibid.*, p. 16-17.
71. *Ibid.*, p. 21.
72. *Ibid.*, p. 23.
73. *Ibid.*, p. 25-26.
74. *Ibid.*, p. 27-36 *passim.*
75. *Ibid.*, p. 28 et 33.
76. *Ibid.*, p. 41.
77. *Ibid.*, p. 41-42.
78. Mme de Pringy, *Différents Caractères des femmes du siècle avec la description de l'amour propre, contenant six caractères et six perfections,* Paris, 1694, p. 107-123.
79. Cité par Ian Maclean, *Woman Triumphant: Feminism in French Literature, 1610-1652,* Oxford Clarendon Press, 1977, p. 116.
80. Maïté Albistur et Daniel Armogathe, *op. cit.*, p. 140-143 *passim.*
81. Claude Dulong, *La Vie quotidienne des femmes au Grand Siècle,* Paris, Hachette, 1984, p. 202.
82. Roger Duchêne, *Ninon de Lenclos, la courtisane du Grand Siècle,* Paris, Fayard, 1984, p. 175.
83. Cité par Roger Duchêne, *op. cit.*, p. 175.
84. Expression usitée à l'époque pour désigner les libres penseurs.
85. Claude Dulong, *op. cit.*, p. 204.
86. Anne *dite* Ninon de Lenclos, *Correspondance authentique de Ninon de Lenclos comprenant un grand nombre de lettres inédites et suivie de la coquette vengée,* intr. et notes par Émile Colombey, Paris, 1886, p. 80.
87. Rapporté par Roger Duchêne, *op. cit.*, p. 295.
88. Anne *dite* Ninon de Lenclos, *op. cit.*, p. 179.
89. Courtisane athénienne célèbre par ses grâces et son esprit; maîtresse et égérie d'Épicure.
90. Roger Duchêne, *op. cit.*, p. 61.
91. *Ibid.*, p. 297.

92. Micheline Cuénin, *Roman et Société sous Louis XIV. Madame de Villedieu,* Paris, Champion, 1979, p. 144.

93. *Ibid.,* p. 144. Outre cette étude magistrale, Micheline Cuénin a publié des éditions de certaines œuvres importantes de Mme de Villedieu: *Les Désordres de l'amour* en 1970; *Les Lettres et Billets galants* en 1975; *Les Mémoires de la vie de Henriette-Sylvie de Molière* en 1977.

94. Maurice Lever, *Le Roman au XVIIe siècle,* Paris, Presses Universitaires de France, 1981, p. 22.

95. Micheline Cuénin, *Roman et Société..., op. cit.,* p. 719.

96. *Ibid.,* p. 715.

97. René Démoris, «Madame de Villedieu, histoire de femme» dans *Actes de Wake Forest,* Biblio 17, n° 37, 1987, p. 288.

98. Micheline Cuénin, *Roman et Société..., op. cit.,* p. 721.

Bibliographie

Écrits du XVIIe siècle

BOURIGNON, Antoinette. *Toutes les œuvres,* Amsterdam, 1686. 6 vol.

BEAULIEU, Mlle DE. *La première atteinte contre ceux qui accusent les comédies par une demoiselle française,* Paris, 1603.

BRACHART, Charlotte DE. *Harangue faite par Damoiselle Charlotte de Brachart surnommée Aréthuze qui s'adresse aux hommes qui veulent défendre la science aux femmes,* Châlon-sur-Saône, 1604.

BUFFET, Marguerite. *Nouvelles observations sur la langue française [...] avec les Eloges des illustres Savantes tant anciennes que modernes,* Paris, 1668.

CLÉMENT, Mlle. *Dialogue de la Princesse savante et de la Dame de famille,* 1664.

COSNARD, Mlle. «Préface» à *Les Chastes Martyrs,* Paris, 1651.

L'EXCELLENCE DES FEMMES, AVEC LEUR RÉPONSE À L'AUTEUR DE «L'ALPHABET». Accompagnée d'un docte et subtil discours de la feu Reine Marguerite, envoyé sur le même sujet à l'auteur des Secrets Moraux, Paris, 1618.

GOURNAY, Marie LE JARS DE. *Egalité des hommes et des femmes,* 1622.

__________. *Le Grief des dames,* 1626.

__________. *Les Advis ou les Présents de la demoiselle de Gournay,* Paris, Jean de Bray, 1641.

GUILLAUME, Jacquette. *Les Dames illustres ou par bonnes et fortes raisons, il se prouve que le sexe féminin surpasse en toutes sortes de genres le sexe masculin,* Paris, 1665.

L*A*D*B*, Mlle. *L'Imperfection des hommes ou le triomphe du beau sexe, dédié aux hommes,* Vienne, Étienne Dubois, 1698.

LA FAYETTE, Marie Madeleine PIOCHE DE LA VERGNE, marquise de. *La Princesse de Clèves,* 1678.

LENCLOS, Anne *dite* Ninon DE. *Correspondance authentique de Ninon de Lenclos comprenant un grand nombre de lettres inédites et suivie de la coquette vengée,* intr. et notes par Émile Colombey, Paris, 1886.

L'HÉRITIER DE VILLANDON, Marie-Jeanne, demoiselle DE. *L'Apothéose de Mlle de Scudéry,* Paris, 1702.

LIEBAUT, Madame. *Les Misères de la femme mariée, où se peuvent voir les peines et tourments qu'elle reçoit durant sa vie,* Paris, Pierre Menier, 1597 (paraît en 1619 sans nom d'auteur avec le titre *Discours pitoyable des lamentations de la femme mariée. Ensemble des misères et tourmens qu'elle endure sous un mauvais Mary,* Lyon, Thomas Arnaud d'Armosin).

MIREMONT, Jacqueline DE. *Apologie pour les dames, où est montré la précellence de la femme en toutes actions vertueuses,* Paris, Jean Gesselin, 1602.

MURAT, Henriette-Julie DE CASTELNAU, comtesse de. *Mémoires de Madame la Comtesse de Murat avant sa retraite, ou la Défense des dames,* Lyon, 1697.

NERVÈZE, Suzanne DE. *Les Généreux Mouvements d'une dame héroïque et pieuse,* Paris, 1644.

__________. *Œuvres spirituelles et morales*, Paris, 1642 (contient *Apologie en faveur des femmes*).

PRINGY, Madame DE. *Les Différents Caractères des femmes du siècle avec la description de l'amour propre, contenant six caractères et six perfections,* Paris, 1694.

LA RÉJOUISSANCE DES FEMMES SUR LA DEFFENCE DES TAVERNES ET CABARETS, Paris, Imp. Chapelain, 1613.

ROMIEU, Marie DE. *Discours admirable sur l'excellence des femmes,* Lyon, Thomas Arnaud D'Armosin, 1619. (Réimpression de son *Brief discours que l'excellence de la femme surpasse celle de l'homme* qui avait paru dans ses *Premières œuvres*, en 1581.)

SCHURMAN, Anne-Marie VON. *Question célèbre s'il est nécessaire ou non que les filles soient savantes agitée de part et d'autre par Mad. Anne-Marie de Schurman [...] et le Sr. André Rivet [...] le tout mis en français par le Sr. Colletet,* Paris, 1646.

SCUDÉRY, Madeleine DE. *Femmes illustres, ou les Harangues héroïques, avec les véritables portraits de ces héroïnes, tirés des médailles antiques,* Paris, 1642.

__________. *Un tournoi de trois pucelles en l'honneur de Jeanne d'Arc. Lettres inédites de Conrart, de Mlle de Scudéry et de Mlle du Moulin,* Paris, 1878. (Les lettres sont de 1646 et 1647.)

__________. *Les Conversations morales,* 1680-1692.

SUCHON, Geneviève. *Traité de la morale et de la politique divisé en quatre parties, savoir, la liberté, la science et l'autorité, où l'on voit que les personnes du sexe, pour en être privées, ne laissent pas d'avoir une capacité naturelle qui les en peut rendre participantes ; avec un petit traité de la faiblesse, de la légèreté et de l'inconstance qu'on leur attribue mal à propos,* par G. S. Aristophile (pseud.), à Lyon, imprimé aux dépens de l'auteur, 1693.

__________. *Du célibat volontaire, ou la vie sans engagement,* Paris, J. et M. Guignard, 2 vol., 1700.

VILLEDIEU, Marie-Catherine DESJARDINS, dite Mme DE. *Œuvres complètes,* Genève, Slatkine, 1970. Reproduction photographique des 12 volumes de l'édition de 1720-1721 ; contient un certain nombre d'apocryphes ; consulter la mise au point de M. CUÉNIN dans *Répertoire analytique de littérature française,* nº 5, novembre-décembre 1970.

Ouvrages de référence cités ou consultés

ALBISTUR, Maïté et Daniel ARMOGATHE. *Histoire du féminisme français du Moyen Âge à nos jours,* Éd. des femmes, 1977, p. 122-172.

ANGENOT, Marc. *Les Champions des femmes: examen du discours sur la supériorité des femmes (1400-1800),* Montréal, Presses de l'Université du Québec, 1977.

ARONSON, Nicole. *Mademoiselle de Scudéry ou le voyage au pays de Tendre,* Paris, Fayard, 1986.

ASCOLI, Georges. «Essai sur les idées féministes en France du XVIe siècle à la Révolution», *Revue de synthèse historique,* vol. XIII, p. 25-57; 96-106; 161-184.

BAUMAL, Francis. *Le Féminisme au temps de Molière,* Paris, 1926.

BRIQUET, Fortunée B. *Dictionnaire historique, littéraire et bibliographique des françaises et des étrangères naturalisées en France*, Paris, Gilles, 1804.

BROSSEL, C. «Anne de la Vaux, une authentique guerrière lilloise au XVIIe siècle», *Revue du Nord,* tome XLIX, nº 192, janvier-mars 1967, p. 57-68.

CASEVITZ, Thérèse. «Mademoiselle de Gournay et le féminisme», *Revue politique et littéraire,* 5 déc. 1925, p. 768-771.

CORVISIER, André (dir.). *La Femme à l'époque moderne,* Actes du colloque de 1984, bulletin nº 9, Presses universitaires de Paris-Sorbonne, 1985.

CUÉNIN, Micheline. *Roman et Société sous Louis XIV. Madame de Villedieu,* Paris, Champion, 1979.

__________. *L'Idéologie amoureuse en France (1540-1627),* Paris, Éd. Aux Amateurs de livres, 1987.

DARMON, Pierre. *Mythologie de la femme dans l'ancienne France,* Paris, Éd. du Seuil, 1983.

DEJEAN, Joan et Nancy K. MILLER. *The Politics of Tradition: Placing Women in French Literature,* French Studies 75, 1988.

DÉMORIS, René. «Madame de Villedieu. Histoire de femme», p. 285-319 dans *Actes de Wake Forest,* Biblio 17, nº 37, 1987.

DEZON-JONES, Élyane. *Fragments d'un discours féminin: Marie de Gournay* (textes établis par), Paris, José Corti, 1988.

DIDIER, Béatrice. Introd., notes et comment., éd. de *La Princesse de Clèves,* Paris, Hachette, coll. Livre de poche classique, 1986.

DIX-SEPTIÈME SIÈCLE. Numéro intitulé *Les Pouvoirs féminins au XVIIe siècle,* nº 144, 1984.

DUCHÊNE, Roger. *Ninon de Lenclos, la courtisane du Grand Siècle,* Paris, Fayard, 1984.

DULONG, Claude. *La Vie quotidienne des femmes au Grand Siècle,* Paris, Hachette, 1984.

L'ESPRIT CRÉATEUR. Numéro intitulé «Women's Writing in 17th Century France», vol. XXIII, nº 2, été 1983.

FAGNIEZ, Gustave. *La Femme et la Société française dans la première moitié du XVIIe siècle,* Paris, J. Gamber, 1929.

FLANNIGAN, A. «Madame de Villedieu's *Les Désordres de l'amour:* The Feminization of History», *L'Esprit créateur, op. cit.*, p. 94-106.

GEFFRIAUD-ROSSO, Jeannette. *Études sur la féminité aux XVIIe et XVIIIe siècles,* Pise, Éd. Libreria Goliardica, 1984. (Voir chap. X: «Pour une théorie de la femme: traités et dissertations de 1600 à 1789».)

GIBSON, Wendy. *Women in Seventeenth Century France,* New York, St. Martin's Press, 1989.

HEPP, Noémi. «À la recherche du "mérite des dames"», p. 109-117 dans *Destins et Enjeux du XVIIe siècle*, Paris, Presses Universitaires de France, 1985.

LEINER, Wolfgang (dir.). *Onze Études sur l'image de la femme dans la littérature française du XVIIe siècle I,* Tuebingen, Gunter Narr, 1978 (1re éd.), 1983.

__________. *Onze Nouvelles Études sur l'image de la femme dans la littérature française du XVIIe siècle II,* Tuebingen, Gunter Narr, 1984.

LOUGEE, Carolyn C. *Le Paradis des femmes: Women and Social Stratification in Seventeenth Century France,* Princeton, Princeton University Press, 1976.

MACLEAN, Ian. *Woman Triumphant: Feminism in French Literature, 1610-1652,* Oxford Clarendon Press, 1977.

MALLET-JORIS, Françoise. *Jeanne Guyon,* Paris, Flammarion, 1978.

MILLER, Nancy K. «Tender Economies: Mme de Villedieu and the cost of indifference», *L'Esprit créateur, op.cit.,* p. 80-93.

PORTEMER, Jean. *La Femme dans la législation royale des deux derniers siècles de l'Ancien Régime,* Paris, Librairie générale de droit et de jurisprudence, 1959.

PRUDHOMME, Louis-Marie. *Biographie universelle et historique des femmes célèbres mortes ou vivantes,* Paris, 1830.

REYNIER, Gustave. *La Femme au XVIIe siècle. Ses ennemis et ses défenseurs,* Paris, Plon, coll. les Maîtres de l'histoire, 1933.

RAPLEY, Élizabeth. *The Devotes. Women and Church in Seventeenth Century France,* Montréal, McGill / Queen's University Press, 1990.

SCHWARTZ, Debora B. «Writing her Own Life: Villedieu, Henriette-Sylvie de Molière, and Feminine Empowerment», p. 77-89 dans *Women in French Literature,* M. GUGGENHEIM (dir.), Anma Libri, Stanford French and Italian Studies, nº 58, 1988.

VERDIER, Gabrielle. «Mme de Villedieu and the Critics: Toward a Brighter Future», p. 323-338 dans *Actes de Wake Forest,* Biblio 17, nº 37, 1987.

WATSON, Françoise. «Le moi et l'Histoire dans les Mémoires de Mlle de Montpensier, Mme de la Guette et Mme de Motteville», *Papers on French Seventeenth Century Literature,* vol. XVIII, nº 34, 1991, p. 141-156.

MARIE-FRANCE SILVER
Collège universitaire Glendon
Université York (Toronto)

1789-1793: NAISSANCE ET MORT DU PREMIER FÉMINISME POLITIQUE FRANÇAIS

Deux discours sur la féminité dominèrent le XVIIIe siècle: l'un naturaliste, l'autre rationaliste[1]. Le premier exposé par l'article «Femme» de l'*Encyclopédie*, par J.-J. Rousseau dans l'*Émile* et *La Nouvelle Héloïse* et par le médecin Pierre Roussel dont le livre *Système physique et moral de la femme* paru en 1775 avait obtenu un vif succès[2], affirmait l'existence d'une nature féminine distincte qui vouait la femme à un destin biologique. Physiquement faible, instinctive, sensible et émotive, la femme était par sa nature obligée à une activité différente de celle de l'homme. Tout écart de cette activité, centrée exclusivement sur son rôle d'épouse et de mère, était contre nature et donc inacceptable. La différence des sexes établissait une hiérarchie des sexes puisque l'accès à la culture comme à la vie politique restait le privilège de l'homme. Le discours rationaliste déjà exprimé par Poullain de La Barre en 1673[3] et repris ensuite par Montesquieu dans les *Lettres persanes* et *L'Esprit des lois*, par Madame du Châtelet dans son *Discours sur le bonheur*, par d'Alembert dans sa correspondance, considérait au contraire que les femmes étaient, tout comme les hommes, des individus doués de raison et que l'inégalité des sexes s'expliquait en termes historiques et socio-culturels.

Si ces deux discours continuèrent à coexister pendant les premières années de la Révolution, le discours naturaliste finit par triompher, justifiant pour les siècles à venir toutes les mesures qui visaient à maintenir les femmes dans leur statut subalterne.

Paradoxalement, la Révolution vit une participation sans précédent des femmes à la vie politique et l'émergence du féminisme français. La prise de conscience politique des femmes ne cessa de croître entre 1789 et 1793. Elle s'explique en partie par le développement de la presse révolutionnaire : journaux et pamphlets politiques se multiplièrent car l'imprimé était l'un des moyens le plus efficaces pour propager l'idéologie révolutionnaire. Il faut se rappeler que les journaux se lisaient alors à haute voix dans les endroits publics, ce qui permettait même aux femmes analphabètes de se tenir au courant de la situation politique. Plusieurs femmes furent à cette époque des journalistes notoires[4]. Mais cette mobilisation des femmes de toutes conditions s'explique aussi par l'éducation politique qu'elles reçurent dans les assemblées, clubs politiques, sections révolutionnaires, sociétés de toutes sortes qui se multiplièrent dans les deux premières années de la Révolution et où elles étaient admises le plus souvent comme spectatrices. Elles participèrent cependant fréquemment aux débats et firent bon nombre de discours. Elles créèrent même certains de ces clubs[5]. Ainsi Théroigne de Méricourt fonda avec Gilbert Romme en janvier 1790 la Société des amis de la Loi dont le but était d'informer le peuple des débats de l'Assemblée. Etta Palm d'Aedler fonda en 1791 la Société patriotique et de bienfaisance des Amies de la vérité. Et lorsque, au printemps 1793, Claire Lacombe et Pauline Léon enregistrèrent à l'hôtel de ville de Paris la Société républicaine révolutionnaire, elles fondèrent ce que les historiens considèrent comme la première association politique de l'histoire occidentale entièrement organisée par des femmes du peuple[6]. Les femmes eurent également accès, comme spectatrices, aux débats de l'Assemblée nationale et elles manifestèrent souvent bruyamment leur accord ou leur désapprobation. Sous la Terreur, les femmes du peuple continuèrent cette tradition en assistant aux débats des tribunaux révolutionnaires : elles amenaient leur ouvrage, d'où leur surnom de tricoteuses, et souvent leurs enfants.

C'est sur cet arrière-plan de sensibilisation politique que doit s'étudier le discours que les femmes de la Révolution prononcèrent sur les femmes. Ce discours fut essentiellement tenu par les intellectuelles, c'est-à-dire par les femmes qui se réclamèrent de la philosophie des Lumières et qui montrèrent, tant par les références littéraires, historiques ou culturelles de leur discours que par la forme de ce dernier, qu'elles avaient eu accès à un niveau d'instruction à peu près comparable à celui de l'intelligentsia masculine du temps. Deux groupes se distinguent nettement: celui des intellectuelles qui, adhérant au discours naturaliste, n'ont pas envisagé la Révolution sous l'angle féministe, et celui des intellectuelles qui ont vu dans l'émancipation des femmes la pierre angulaire sur laquelle se jouait l'avenir de la Révolution.

Pour différents qu'ils soient, ces deux groupes attribuèrent à la femme issue de la Révolution un rôle radicalement nouveau.

Muses, inspiratrices et pédagogues

Mme de Staël, Mme Roland et Louise Robert-Kéralio appartiennent à ce premier groupe. Ces trois femmes accueillirent la Révolution avec un même enthousiasme et s'engagèrent toutes politiquement.

Mme de Staël s'illustra d'abord dans le parti des constitutionnels qui voulaient voir s'instaurer en France une monarchie de type anglais, puis dans le parti des modérés opposés à la dictature jacobine et enfin dans l'opposition à Napoléon. Son influence fit nommer Narbonne au poste crucial de ministre de la Guerre en 1791 et Talleyrand à celui des Relations extérieures en 1797[7].

Mme Roland, dès 1789, publia dans *Le Patriote français*, journal de Brissot, les «Lettres d'une Romaine» où elle manifestait son enthousiasme pour les événements du jour. Quand son mari devint en 1792 ministre de l'Intérieur, elle exerça une influence politique déterminante. Elle écrivit les discours politiques qui rendirent son mari célèbre. Elle fut, comme le remarque Gita May, «la Muse intransigeante et combative des Girondins, celle qui souffla sa conduite politique à son mari et incita ses amis à l'action contre les Montagnards[8]».

De nos jours, les historiens Gérard Walter et G. Lefèbvre attribuent à Mme Roland la quasi-responsabilité de l'échec politique de la Gironde[9].

Louise Robert-Kéralio dirigea de 1789 à 1790 le *Journal de l'État et du Citoyen* qu'elle avait fondé et qui se donnait pour but d'éduquer le public en publiant des textes politiques suivis de commentaires. Elle fut aussi un membre actif de la Société fraternelle.

L'engagement politique de Mme de Staël lui coûta ses nombreux exils; celui de Mme Roland la mena à la guillotine en novembre 1793. Il est nécessaire de souligner la participation indéniable de ces femmes à la vie politique pour mettre en perspective leur discours sur la femme.

Ce dernier, qui semble rétrograde si on le considère du point de vue du féminisme moderne, est intéressant dans la mesure où il permet de suivre l'implantation mais aussi les métamorphoses du discours naturaliste dans la culture féminine de la fin du XVIIIe siècle.

L'adoption des idées de Rousseau par ces femmes cultivées est à cet égard révélatrice. Elles perçurent que cet auteur, en faisant de la femme «le modèle primordial de l'humain[10]», avait opéré une véritable révolution qui allait à l'encontre de la position chrétienne.

En accordant aux femmes la première place dans le domaine des mœurs et de la famille, Rousseau avait consacré l'espace privé comme le royaume incontesté de la femme et donc, par là même, revalorisé le rôle de cette dernière même si, comme nous ne le savons que trop, de telles idées devaient encourager les révolutionnaires et leurs successeurs à exclure les femmes du droit de cité.

Mme de Staël exprime très bien cet engouement des femmes pour Rousseau :

> Quoique Rousseau ait tâché d'empêcher les femmes de se mêler des affaires publiques, de jouer un rôle éclatant, qu'il a su leur plaire en parlant d'elles ! Ah ! S'il a voulu les priver de quelques droits étrangers à leur sort, comme il leur a rendu tous ceux qui leur appartiennent à jamais. S'il a voulu diminuer leur influence sur les délibérations des hommes, comme il a consacré l'empire qu'elles ont sur leur bonheur[11] !

Il faut se rappeler que même Mary Wollstonecraft dont le féminisme ne peut être mis en doute avait une attitude ambivalente envers Rousseau. Si dans son livre, *A Vindication of the Rights of Women (Défense des droits de la femme),* elle réfutait les idées de Rousseau sur l'éducation des filles, elle n'y cachait pas non plus la séduction que cet auteur avait opérée sur elle. Et dans une lettre à G. Imlay de septembre 1794, c'est-à-dire écrite deux ans après la parution de *A Vindication of the Rights of Women,* elle confessait qu'elle allait emmener sa fille à une fête en l'honneur de Rousseau et elle ajoutait « Et pourquoi pas ? J'ai toujours été à moitié amoureuse de lui[12] ».

Quant à la jeune Manon Phlipon, future Mme Roland, éblouie par *La Nouvelle Héloïse,* elle s'identifia si bien à Julie de Wolmar qu'elle essaya de faire de sa vie une imitation du roman[13]. Il n'est donc pas étonnant de voir se refléter dans certains de ses écrits les idées de Rousseau sur la répartition des rôles selon le sexe. C'est ainsi qu'elle écrivit à un ami :

> Vous avez la force d'abord, et tout ce qui en résulte : le courage, la persévérance, les grandes vues et les grands talents ; c'est à vous de faire les lois politiques comme les découvertes dans les sciences ; gouvernez le monde, changez la surface du globe, soyez fiers, terribles, habiles et savants ; vous êtes tout cela sans nous, et par tout cela vous devez nous dominer. Mais sans nous, vous ne serez ni vertueux, ni aimants, ni aimables, ni heureux ; gardez donc la gloire et l'autorité dans tous les genres ; nous n'avons, nous ne voulons d'empire que par les mœurs, et de trône que dans vos cœurs[14].

Mais ce même texte de Mme Roland, que l'on cite souvent tronqué et sans préciser la date à laquelle il fut écrit, c'est-à-dire 1783, donc bien avant la Révolution, insistait également sur l'injustice des lois à l'égard des femmes et dénonçait le rôle négligeable auquel la société les condamnait:

> Que sont les déférences, les égards de votre sexe pour le mien, autres que les ménagements du puissant magnanime pour le faible, qu'il honore et protège en même temps? [...] Rendez-vous des hommages? C'est Alexandre traitant en reines ses prisonnières qui n'ignorent pas leur dépendance. Sur cet unique objet peut-être notre civilisation ne nous a pas mis en contradiction avec la nature, les lois nous laissent sous une tutelle presque continuelle, et l'usage nous défère dans la société tous les petits honneurs; nous ne sommes rien pour agir, nous sommes tout pour représenter[15].

Pour Mme Roland, les lois et la tradition refusaient aux femmes toute participation effective à la société. Dans une lettre de 1791, elle mentionna à nouveau le sort des femmes:

> J'entends répéter de tous côtés [...] qu'il y a à présent bien peu de femmes patriotes. Ignorance et faiblesse me semblent les mots de l'énigme [...]. C'est la faute du siècle et de l'éducation plus que celle du sexe[16]!

Cette même année, c'est avec pessimisme qu'elle se prononça sur l'éventualité d'une participation des femmes à la vie politique:

> Je ne crois pas que nos mœurs permettent encore aux femmes de se montrer. Elles doivent inspirer le bien, et nourrir, enflammer les sentiments utiles à la patrie, mais non paraître concourir à l'œuvre politique. Elles ne peuvent agir ouvertement que lorsque les Français auront mérité le nom d'hommes libres[17].

Il était donc clair pour Mme Roland que la Révolution n'avait en rien changé le sort des femmes et qu'en condamnant ces dernières au rôle d'inspiratrices et d'éducatrices, les révolutionnaires montraient la limite de leur radicalisme.

Quant à Mme de Staël, certaines de ses affirmations, éparses dans son œuvre, la rattachent à la tradition rousseauiste. Ainsi en 1796, elle remarquait:

> Le bonheur des femmes perd à toute espèce d'ambition personnelle. [...] Quand elles aspirent à la célébrité, leurs efforts comme leurs succès éloignent le sentiment qui, sous des noms différents, doit toujours faire le destin de leur vie[18].

Ailleurs elle précisait:

> L'amour est la seule passion des femmes; l'ambition, l'amour de la gloire même leur vont si mal, qu'avec raison un très petit nombre s'en occupent[19].

Et elle usa de cette formule lapidaire, propre à faire frémir n'importe quelle féministe: «Une femme ne peut exister seule[20].» Mais il faut, si l'on veut éviter de déformer la pensée de l'auteure, replacer ses remarques dans le contexte d'une profession de foi romantique où le sentiment se trouve nettement valorisé par rapport à l'action; il convient aussi d'inscrire ce texte dans le contexte affectif qui entoura sa rédaction: il semblait déjà en 1796 à Mme de Staël que sa poursuite de la gloire était la cause essentielle de ses échecs sentimentaux.

Mais, dès 1788, et donc plusieurs années avant Mary Wollstonecraft, elle avait dénoncé la Sophie de l'*Émile* comme un modèle abject de soumission féminine:

> Comment a-t-il pu se résoudre à nous offrir Sophie au dessous de tout, [...] c'est plus que faible qu'il l'a montrée [...] pourquoi dégrader les femmes en faisant tomber celle qui semblait devoir être un modèle[21] ?

Qui plus est, elle fit une satire féroce des hommes qui s'opposaient à l'épanouissement intellectuel des femmes.

> [...] beaucoup d'hommes préfèrent les femmes uniquement occupées aux soins de leur ménage et pour plus de sûreté à cet égard, ils ne seraient pas fâchés qu'elles fussent incapables de comprendre autre chose [...]. Nous n'excluons point, dira-t-on, la

> culture d'esprit dans les femmes, mais nous voulons que cet esprit ne leur inspire pas le désir d'être auteurs, de se distraire ainsi de leurs devoirs naturels, et d'entrer en rivalité avec les hommes, tandis qu'elles sont faites seulement pour les encourager et les consoler[22].

En 1800, passé les années révolutionnaires, à une époque où la voix des femmes avait depuis longtemps cessé de se faire entendre, Mme de Staël fit cette remarque désabusée:

> L'existence des femmes en société est encore incertaine sous beaucoup de rapports. [...] Il arrivera, je le crois, une époque quelconque, où des législateurs philosophes donneront une attention sérieuse à l'éducation que les femmes doivent recevoir, aux lois civiles qui les protègent [...], au bonheur qui peut leur être garanti; mais, dans l'état actuel, elles ne sont pour la plupart, ni dans l'ordre de la nature, ni dans l'ordre de la société [...]. Leur destinée ressemble à quelques égards à celle des affranchis chez les empereurs: si elles veulent acquérir de l'ascendant, on leur fait un crime d'un pouvoir que les lois ne leur ont pas donné; si elles restent esclaves, on opprime leur destinée[23].

Le discours de Mme de Staël et de Mme Roland sur les femmes est donc plus complexe qu'on ne l'a présenté[24], plus pessimiste aussi. Louise Robert-Kéralio rappela souvent aux femmes qu'elles devaient rester dans «les bornes de leur sexe[25]». En septembre 1789, elle approuvait dans le *Journal de l'État et du Citoyen* la décision que venait de prendre l'Assemblée d'éliminer les femmes de la succession au trône car la France était «un peuple trop mâle pour exposer 24 millions d'hommes à confier jamais aux mains d'une femme ce pouvoir exécutif, qui émane d'eux seuls[26]». Elle dénonça violemment le rôle des femmes dans certaines émeutes. «Les femmes chastes sont timides, les femmes perdues sont hardies, audacieuses, cruelles[27].» La femme devait instruire, inspirer et non pas participer directement. Mais il ne faut pas sous-estimer l'importance que Louise Robert-Kéralio attribuait à ce rôle d'inspiratrice. Elle rabroua vertement le politicien Sieyès pour avoir déclaré que les femmes n'influaient pas sur la chose publique. Elle protestait «au nom de l'influence féminine, et du rôle éminent joué par les mères dans l'éducation des enfants[28]».

Elle essaya par sa conduite comme journaliste et comme membre de la Société fraternelle d'expliciter ce rôle chaque fois qu'elle en eut l'occasion. Ainsi, en décembre 1791, dans un discours sur la condition désastreuse des hôpitaux qu'elle prononça à la Société, elle suggérait une autre carrière possible pour les femmes:

> J'ai pensé qu'on pourrait tirer un avantage considérable de l'adjonction de quelques femmes aux inspecteurs nommés par la section. Leurs devoirs domestiques, devoirs sacrés importants à l'ordre public, leur interdisent toutes fonctions administratives, et je ne prétends pas les tirer de leur sphère, parce que les meilleures choses, hors de place, perdent tout leur prix. Mais l'esprit de détail, auquel elles sont accoutumées dans leurs soins domestiques, les rend propres à l'inspection proposée. Ce qui échapperait aux vastes observations d'un homme, les frappera plus promptement, soit dans les visites, soit dans l'examen des détails de la comptabilité. Elles iront elles-mêmes goûter le bouillon et visiter la viande[29].

Mme Roland, Mme de Staël et Louise Robert-Kéralio ont réinterprété le discours naturaliste sur la femme à la lumière de leur engagement dans la Révolution. Plus que toute autre chose, leur vie montre qu'elles avaient élargi au maximum le sens donné aux mots de «pédagogue» et d'«inspiratrice». Elles avaient en effet par le transfert de leur rôle domestique dans le domaine socio-politique fait passer les femmes de l'espace privé à l'espace public. Si le conformisme de leur propos sur les femmes est aux antipodes d'une parole rebelle, le rôle qu'elles se taillèrent dans la société révolutionnaire constitue par contre une véritable révolution.

Les activistes

Mais il y eut aussi des intellectuelles qui, elles, firent de l'émancipation des femmes un des combats de la Révolution. Il faut préciser que ce groupe est loin d'être homogène et que le discours de ces femmes repose davantage sur des initiatives individuelles que sur des décisions collectives, comme c'est le cas pour le féminisme moderne.

Il reste néanmoins qu'entre 1789 et 1793 s'élabora chez les intellectuelles un discours féministe à la fois théorique et pratique. Je me propose de l'étudier en me concentrant plus particulièrement sur trois de ses représentantes: Mme B. B. du pays de Caux, connue uniquement par les initiales qu'elle utilisa sur le texte qu'elle envoya aux États généraux, Etta Palm d'Aedler et Olympe de Gouges.

Leur discours est rationaliste dans la mesure où il revendique l'égalité au nom de la raison commune aux deux sexes; on peut sous cet angle l'inscrire dans la tradition de Poullain de La Barre et de Montesquieu. Mais il est aussi et surtout le fruit de la Révolution. On ne peut en effet l'expliquer si on ne comprend pas l'extraordinaire enthousiasme engendré chez ces intellectuelles par les principes de la Révolution, la *Déclaration des droits de l'homme et du citoyen,* l'abolition des privilèges féodaux, les décisions de l'Assemblée sur le statut des protestants, des Juifs, des nègres. Les femmes pensèrent, en effet, l'heure arrivée où elles pouvaient pour la première fois espérer un changement radical de statut.

De province et de l'étranger elles convergèrent sur Paris: Olympe de Gouges de Montauban, Mary Wollstonecraft d'Angleterre, Théroigne de Méricourt du Luxembourg, Etta Palm d'Aedler de Hollande, pour citer les principales. Dès la convocation des États généraux, au printemps 1789, leur parole se fit entendre.

> C'est dans ce moment d'une révolution générale, qu'une femme étonnée du silence de son sexe, lorsqu'il aurait tant de choses à dire, tant d'abus à combattre, tant de doléances à présenter, ose élever sa voix pour défendre la cause commune[30].

C'est donc, comme le souligne Mme B. B., l'atmosphère de bouleversement politique qui l'a poussée à s'exprimer:

> C'est dans cette confiance que j'ose prendre la défense de mon sexe, et que ma plume timide, mais encouragée par la bonté de ma cause, s'exprime pour la première fois[31].

Les événements politiques qui sont en train de se produire ont opéré chez elle cette prise de conscience de sa condition de femme:

> Pardonne, ô mon sexe, si j'ai cru légitime le joug sous lequel nous vivons depuis tant de siècles, j'étais persuadée de ton incapacité et de ta faiblesse; je ne te croyais capable, dans la classe inférieure ou indigente, que de filer, coudre et vaquer aux soins économiques du ménage; et dans un rang plus distingué le chant, la danse, la musique et le jeu semblaient devoir être tes occupations essentielles. Je n'avais pas encore acquis assez d'expérience pour discerner que tous ces exercices sont, au contraire, autant d'obstacles au développement du génie[32].

La Révolution avait en effet engendré un nouveau type de femmes dont Etta Palm d'Aedler se fit à son tour la porte-parole en 1791 quand elle écrivait:

> Elles brûlent déjà de montrer à l'Europe entière que si, avilies par le despotisme, une aimable frivolité était leur partage, rendues à la dignité de leur être, elles seraient le modèle des vertus civiques[33].

Différente de la femme de l'Ancien Régime, la citoyenne, fille de la Révolution, exige un nouveau statut pour sortir de l'état de non-existence qui avait jusque-là caractérisé la condition féminine. En 1789, la femme n'avait en France ni droits civils ni droits politiques. Si certains philosophes avaient au XVIIIe siècle été partisans d'alléger leur condition, aucun n'avait envisagé en leur faveur une réforme globale des lois[34].

Ce furent donc les principes mêmes de la Révolution qui poussèrent les femmes intellectuelles à exiger cette réforme.

> Il est, dit-on [remarque en 1789 Mme B. B.] question d'accorder aux Nègres leur affranchissement. Le peuple, presque aussi esclave qu'eux, va rentrer dans ses droits: c'est à la philosophie

> qui éclaire la nation, à qui l'on sera redevable de ces bienfaits, serait-il possible qu'elle fût muette à notre égard, ou bien que, sourds à sa voix et insensibles à sa lumière, les hommes persistassent à vouloir nous rendre victimes de leur orgueil et de leur injustice[35] ?

et critiquant le système juridique de l'Ancien Régime :

> Voilà un système digne de ces siècles d'ignorance, où les plus forts ont fait les lois, et soumis les plus faibles, mais dont, aujourd'hui, la lumière et la raison ont démontré l'absurdité. Ce n'est donc que par la réforme des lois qu'on peut se flatter d'opérer leur régénération et d'anéantir les préjugés. Mais que ces lois, dictées par la sagesse, soient un rempart contre l'oppression, et deviennent l'asile de l'innocence[36].

Il est clair pour des femmes comme Mme B. B., que pour être fidèle à ses principes, la Révolution se devait d'accorder aux femmes le statut de citoyennes à part entière.

De 1789 à 1793, les femmes confrontèrent sans cesse la Révolution à ses propres principes et soulignèrent l'irrationalité et l'injustice avec lesquelles les lois continuaient à les traiter. L'on connaît la célèbre intervention de Condorcet, le 3 juillet 1790, en faveur de l'admission des femmes au droit de cité. Ce que l'on méconnaît souvent, c'est la prise de parole faite par les femmes elles-mêmes. Le 30 décembre 1790, Etta Palm prononçait à l'Assemblée fédérative des Amis de la vérité un *Discours sur l'injustice des lois en faveur des hommes, au dépend [sic] des femmes*[37] qui lui valut la célébrité puisqu'il fut diffusé aussi bien à Paris qu'en province, dans d'autres assemblées révolutionnaires, et qu'elle fut souvent ensuite invitée à parler[38].

Elle commençait son discours sur l'injustice des lois par un rappel de la prise de la Bastille :

> Ne soyez [...] pas justes à moitié Messieurs : Vous avez voulu, et bientôt les murs de ces orgueilleuses forteresses, qui faisaient l'humiliation et l'opprobre des Français, se sont écroulés avec fracas : détruisez ces mêmes remparts de préjugés plus dange-

> reux peut-être, parce qu'ils sont plus nuisibles au bonheur général. La justice doit être la première vertu des hommes libres, et la justice demande que les lois soient communes à tous les êtres, comme l'air et le soleil; et cependant partout, les lois sont en faveur des hommes aux dépens des femmes, parce que partout le pouvoir est entre vos mains. Quoi ! des hommes libres, un peuple éclairé, consacreraient-ils dans un siècle de lumière et de philosophie, ce qui a été l'abus de la force dans un siècle d'ignorance[39] ?

En 1791, Olympe de Gouges dénonçait en termes non équivoques la tyrannie masculine à l'origine de l'injustice des lois:

> La liberté et la justice consistent à rendre tout ce qui appartient à autrui; aussi l'exercice des droits naturels de la femme n'a de bornes que la tyrannie perpétuelle que l'homme lui oppose; ces bornes doivent être réformées par les lois de la nature et de la raison[40].

En 1792, dans *A Vindication of the Rights of Women,* Wollstonecraft réclamait, elle aussi, une réforme radicale de l'éducation et des lois civiles. Son ouvrage, traduit la même année en français sous le titre *Défense des droits de la femme,* valut à son auteure de devenir presque aussi célèbre en France qu'elle l'était en Angleterre. Selon E. Sullerot, ce livre connut autant de succès que la *Déclaration des droits de l'homme et du citoyen*[41]. Rappelons que l'ouvrage de Wollstonecraft est dédié à Talleyrand parce qu'elle espérait influencer en faveur des femmes les décisions de l'Assemblée nationale.

Cette réclamation que les femmes firent des droits civils ne fut pas sans effet puisqu'elles se virent accorder un grand nombre d'entre eux en septembre 1792: c'est ainsi que furent supprimés le droit d'aînesse et la limitation aux fils seuls du droit d'hériter; que l'âge de la majorité fut fixé à 21 ans pour les deux sexes; que fut accordé aux femmes le droit de contrôler les biens qu'elles apportaient dans le mariage; que le code pénal cessa de punir plus sévèrement l'adultère féminin que masculin; et que le droit au divorce fut enfin proclamé[42].

Mais une participation pleine et entière ne peut se faire sans l'obtention de droits politiques car «le premier stade de la décision politique est l'acquisition du droit de vote et de représentation[43]». Comme le remarque fort justement le juriste A. Brimo: «En démocratie, être c'est voter, élire, être représenté[44].»

Dès le printemps 1789, c'est-à-dire plus d'un an avant le discours de Condorcet, Mme B. B. réclamait ce droit:

> Je conçois que ma réclamation paraîtra d'abord au moins inconsidérée: l'admission des femmes aux États généraux est, s'écriera-t-on, une prétention ridicule, inconcevable; jamais les femmes n'ont été admises dans les conseils des rois et des républiques. Il y a plus: les souveraines qui ont gouverné les états, depuis Sémiramis jusqu'à nos jours, n'ont admis que des hommes dans leur conseil. La devise des femmes est travailler, obéir et se taire[45].

Et remarquant que si l'on exigeait des femmes de payer les mêmes impôts que les hommes, elles devaient aussi bénéficier des mêmes droits, elle ajoutait ces remarques qui mériteraient de figurer en bonne place dans toute anthologie de textes féministes:

> L'on allèguera peut-être que tout ce qu'il est possible de leur accorder, c'est de leur permettre de se faire représenter, par une procuration aux États généraux. On pourrait répondre qu'étant démontré avec raison, qu'un noble ne peut représenter un roturier, ni celui-ci un noble, de même un homme ne pourrait, avec plus d'équité, représenter une femme, puisque les représentants doivent avoir absolument les mêmes intérêts que les représentés: les femmes ne pourraient donc être représentées que par des femmes[46].

À partir de 1789, se développa chez ces intellectuelles la conscience d'appartenir à un groupe social brimé par l'histoire, négligé par les dirigeants politiques. Elles considérèrent la politique en termes d'opposition des sexes, plus qu'en termes de lutte des classes.

Déçue de voir que la Constitution de 1791 n'accordait toujours pas de droits aux femmes, Olympe de Gouges publia en septembre de cette même année sa *Déclaration des droits de la femme et de la citoyenne,* où elle posait clairement les principes d'égalité des deux sexes. Ce faisant, elle montrait qu'en n'étendant pas aux femmes les droits dont jouissait le reste de l'humanité, les révolutionnaires trahissaient l'esprit universaliste de la *Déclaration des droits de l'homme.*

L'article VI de la *Déclaration des droits de la femme et de la citoyenne* d'Olympe de Gouges se prononça sur l'irréductibilité du droit de vote, qu'il soit direct ou indirect, et sur l'éligibilité des femmes à toutes les fonctions et emplois publics:

> La loi doit être l'expression de la volonté générale, toutes les Citoyennes et Citoyens doivent concourir personnellement ou par leurs représentants, à sa formation; elle doit être la même pour tous: toutes les citoyennes et tous les citoyens, étant égaux à ses yeux, doivent être également admissibles à toutes dignités, places et emplois publics, selon leurs capacités, et sans autres distinctions que celles de leurs vertus et de leurs talents[47].

Il est clair que pour ces intellectuelles le problème de l'émancipation de la femme était lié au problème de l'action politique. Elles encouragèrent les autres femmes à participer:

> Mes concitoyennes [exhortait en 1792 O. de Gouges], ne serait-il pas temps qu'il se fît parmi nous une révolution? Les femmes seront-elles toujours isolées les unes des autres[48]?

Elles envoyèrent des délégations à l'Assemblée nationale, firent des pétitions, participèrent à des défilés, essayant de rendre manifeste leur participation à la France révolutionnaire. Ce faisant, elles bravaient l'opinion publique. Ainsi Théroigne de Méricourt raconte avoir essayé le 14 février 1790 de participer à un défilé:

> Quelques prêtres aristocrates, qui s'en aperçurent, m'apostrophèrent. Je pris le parti de me retirer, bien qu'il y eût nombre de gens qui, comme moi, marchaient en procession, avec les députés, quoiqu'ils ne le fussent pas. Mais c'étaient des hommes. À ce moment, et de nouveau extrêmement humiliée, je constatai la

> force et la persistance de l'orgueil et des préjugés masculins qui oppriment mon sexe et le maintiennent en servitude[49].

En 1792, Olympe de Gouges, à la tête d'une délégation de femmes, soumit à l'Assemblée nationale une pétition revendiquant pour les femmes le droit de participer à la cérémonie des obsèques du maire d'Étampes.

> Législateurs, si la porte du Champ-de-Mars nous est fermée, souvenez-vous que chez les peuples les plus fameux, c'étaient les femmes qui couronnaient les héros, et qui assistaient à la pompe funèbre de ceux qui mouraient, les armes à la main, pour la défense de la patrie. La Grèce avait des sages, la France a des philosophes et des hommes libres; ouvrez-nous la barrière de l'honneur, et nous vous montrerons le chemin de toutes les vertus[50].

Elle soumit au maire de Paris une pétition pour que les femmes participent comme groupe distinct, et non comme compagnes de leur mari ou de leur père:

> Il faut donc, messieurs, indiquer aux femmes un cortège particulier, imposant, et une marche directe[51].

Dans leurs discours, elles rappelèrent souvent la participation cruciale des femmes du peuple à certaines des étapes de la Révolution: les journées d'octobre 1789 où elles participèrent à la marche sur Versailles qui provoqua le retour du Roi et de l'Assemblée à Paris et l'insurrection du 10 avril 1792 qui mit fin à la monarchie.

Cette participation revêtait un caractère hautement symbolique puisqu'elle montrait que la Révolution s'était aussi faite par les femmes. «Sans elles [firent-elles remarquer], les Français seraient toujours dans les fers[52].»

La France révolutionnaire étant menacée à l'intérieur par les royalistes et à l'extérieur par les pays étrangers coalisés contre la Révolution, les femmes demandèrent le droit de participer à la défense nationale. Le 25 mars 1792, Théroigne de Méricourt harangua les femmes du faubourg Saint-Antoine en ces termes:

[...] Armons-nous, nous en avons le droit par la nature et même par la loi. Montrons aux hommes que nous ne leur sommes inférieures ni en vertus, ni en courage; montrons à l'Europe que les Françaises connaissent leurs droits et sont à la hauteur des lumières du XVIIIe siècle en méprisant les préjugés qui, par cela seul qu'ils sont préjugés, sont absurdes, souvent immoraux, en ce qu'ils nous font un crime des vertus...

On va mettre en avant les aboyeurs, les folliculaires soudoyés, pour essayer de nous retenir en employant les armes du ridicule, de la calomnie, et tous les moyens bas que mettent ordinairement en usage les hommes vils pour étouffer les élans du patriotisme dans les âmes faibles. Mais, Françaises, actuellement que les progrès des lumières vous invitent à réfléchir, comparez ce que nous sommes avec ce que nous devrions être dans l'ordre social... Nous nous armerons, parce qu'il est raisonnable que nous nous préparions à défendre nos droits, nos foyers, et que nous serions injustes à notre égard et responsables à la Patrie, si la pusillanimité que nous avons contractée dans l'esclavage avait encore assez d'empire pour nous empêcher de doubler nos forces... Vous ne pouvez douter que l'exemple de notre dévouement ne réveille dans l'âme des hommes les vertus publiques, les passions dévorantes de l'amour de la gloire et de la patrie...

Françaises ! je vous le répète encore, élevons-nous à la hauteur de nos destinées; brisons nos fers; il est temps enfin que les femmes sortent de leur honteuse nullité où l'ignorance, l'orgueil et l'injustice des hommes les tiennent asservies depuis si longtemps.

[...] ce que nous avons fait à Versailles, les 5 et 6 octobre, et dans plusieurs autres circonstances importantes et décisives, prouve que nous ne sommes pas étrangères aux sentiments magnanimes. Reprenons donc notre énergie; car, si nous voulons conserver notre liberté, il faut que nous nous préparions à faire les choses les plus sublimes... Citoyennes, pourquoi n'entrerions-nous pas en concurrence avec les hommes ? Prétendent-ils seuls avoir des droits à la gloire ?... Nous aussi, nous voulons mériter une couronne civique et briguer l'honneur de mourir pour une liberté qui nous est peut-être plus chère qu'à eux, puisque les

> effets du despotisme s'appesantissaient encore plus durement sur nos têtes que sur les leurs...
>
> Vous toutes qui m'entendez, armons-nous, allons nous exercer deux ou trois fois par semaine aux Champs-Élysées ou au Champ de la Fédération; ouvrons une liste d'Amazones françaises, et que toutes celles qui aiment véritablement leur patrie viennent s'y inscrire[53]...

Ce même mois Pauline Léon lisait à l'Assemblée nationale, au nom de trois cents citoyennes de la société fraternelle des Minimes, une pétition réclamant le même droit pour les femmes.

> [...] nous voulons [...] être à même de nous défendre... à moins que l'on ne prétende que la Déclaration des Droits n'a point d'application pour les femmes, et qu'elles doivent se laisser égorger comme des agneaux, sans avoir le droit de se défendre [...]. Aussi demandons-nous à faire voir que les femmes ont aussi du sang à répandre pour le service de la patrie en danger[54].

La prise de parole de toutes ces femmes était elle-même un acte politique car comme le remarquait fort brillamment Olympe de Gouges: «[...] la femme a le droit de monter sur l'échafaud, elle doit avoir également celui de monter à la tribune[55].» Ainsi, ces premières militantes du féminisme s'attaquèrent délibérément à une tradition dans laquelle les femmes avaient été selon l'expression d'Olympe de Gouges «exclues de tout pouvoir, de tout savoir[56]».

La Révolution française permit donc le développement d'un discours féminin de révolution culturelle[57]. Pour ces femmes en effet, la Révolution française n'était qu'une étape vers une révolution beaucoup plus radicale, qui visait à l'éradication de la structure patriarcale de la société, et donc nécessairement à une réévaluation du rôle de la femme. Leurs efforts se trouvèrent secondés par des républicains de tendances politiques diverses, mais qui, se réclamant de l'optique rationaliste, voulaient que la *Déclaration des droits de l'homme* s'appliquât à tous les êtres humains et donc aux individus des deux sexes. Les écrits de Condorcet, ami des Girondins, sont connus des féministes. Ceux de Pierre Guyomar et de

Joseph Lequinio, partisans des Montagnards, ont été, à juste titre, tirés de l'oubli par Élisabeth Badinter[58].

Mais, parallèlement à ce discours rationaliste, se développa chez certains révolutionnaires, et surtout à partir de 1791, un discours de plus en plus misogyne qui interprétait le discours naturaliste du XVIIe siècle de la façon la plus étroite possible. Le manifeste intitulé «De l'influence de la Révolution sur les femmes», paru dans les *Révolutions de Paris* de février 1791, est représentatif du genre:

> La liberté civile et politique est, pour ainsi dire, inutile aux femmes et par conséquent doit leur être étrangère. Destinées à passer toute leur vie renfermées sous le toit paternel ou dans la maison maritale, nées pour une dépendance perpétuelle depuis le premier instant de leur existence jusqu'à celui de leur trépas, elles n'ont été douées que de vertus privées. Le tumulte des camps, les orages de la place publique, les agitations des tribunaux ne conviennent point du tout au second sexe. Servir de société à sa mère, adoucir les soucis d'un époux, nourrir et soigner ses enfants, voilà les seules occupations et les véritables devoirs d'une femme. Une femme n'est bien, n'est à sa place que dans sa famille ou dans son ménage. De tout ce qui se passe hors de chez elle, elle ne doit savoir que ce que ses parents ou son mari jugent à propos de lui apprendre[59].

Ce type de discours qui se multiplia dans la presse après la chute de la Gironde[60] devint le discours officiel à partir de 1793. Il aboutit à l'interdiction des clubs féminins le 30 octobre de cette même année et au décret de 1795 interdisant aux femmes de prendre place, même comme spectatrices, dans les assemblées politiques. Napoléon leur fit perdre la plupart des droits qu'elles avaient acquis en 1792. Privées de l'égalité civile, juridique et politique, les femmes furent alors et pour longtemps exlues de la Cité[61].

La presse révolutionnaire ne se montra pas plus tendre pour Mme de Staël et Mme Roland que pour Olympe de Gouges et ses consœurs[62]. Pour les révolutionnaires, en effet, toutes ces femmes qui avaient fait de la politique, que ce fût à des fins féministes ou non, comme «inspiratrices» ou comme activistes, avaient perverti ce qu'ils percevaient comme l'ordre naturel des choses. Dans un discours fort applaudi qu'il prononça à la Convention en octobre 1793, Fabre d'Églantine dénonçait ces «espèces d'aventurières, de chevalières errantes, de filles émancipées, de grenadiers femelles[63]». La presse fut aussi prompte à déclarer qu'en guillotinant Mme Roland et Olympe de Gouges, la loi n'avait fait que punir des femmes qui, par leur prise de parole, avaient oublié les vertus qui convenaient à leur sexe. Héritier de cette idéologie conservatrice et misogyne, le XIXe siècle perçut comme une perversion pathologique la participation de ces femmes à la Révolution. Henry Fournial dans un *Essai sur la psychologie des foules* s'étonnait de voir que pendant la Révolution la femme, «sœur de charité par sa nature», s'était lancée dans une voie contraire à son caractère[64]. Une thèse de médecine, soutenue avec succès en 1904 auprès de l'Université de Lyon, voyait dans la participation des femmes à la Révolution une preuve de leur folie. Elles souffraient de «paranoia reformatoria», c'est-à-dire d'une folie des idées réformatrices[65].

Ainsi, non contents d'avoir formulé et entériné la politique qui emprisonnait les femmes dans un statut subalterne, les révolutionnaires et leurs descendants reléguèrent dans le domaine de la folie la tentative que toutes ces femmes avaient faite pour s'affirmer comme des êtres de raison.

Notes

1. Voir Élisabeth Badinter, *Émilie ou l'Ambition féminine au XVIIIe siècle,* Paris, Flammarion, 1983; Élisabeth Roudinesco, *Théroigne de Méricourt,* Paris, Éd. du Seuil, 1989, p. 27-29; Geneviève Fraisse, *Muse de la raison. La Démocratie exlusive et la Différence des sexes,* Aix en Provence, Alinéa, 1989, coll. Femmes et révolution, chap. I, II, III.

2. Voir Y. Kniebiehler et C. Fouquet, *La Femme et les Médecins,* Paris, Hachette, 1983.

3. François Poullain de La Barre (1647-1723), *De l'égalité des deux sexes,* 1673.

4. Evelyne Sullerot, *Histoire de la presse féminine en France des origines à 1848,* Paris, Armand Colin, 1966.

5. Voir Marc de Villiers, *Histoire des Clubs de femmes et des légions d'amazones,* Paris, Plon, 1910; Darlene Gay Levy, Harriet Bransar Applewhite et Mary D. Johnson, *Women in Revolutionary Paris (1789-1795),* Urbana, University of Illinois Press, 1979.

6. Voir Darlene Gay Levy, Harriet Bransar Applewhite et Mary D. Johnson, *op. cit.*; Marc de Villiers, *op. cit.;* Margaret George, «The World Historical Defeat of the Republican Revolutionaries», *Science and Society,* n° 40, hiver 1976-1977, p. 410-437.

7. Ghislain de Diesbach, *Madame de Staël,* Paris, Perrin, 1983, p. 142-143.

8. Gita May, *De Jean-Jacques Rousseau à Mme Roland,* Genève, Droz, 1964.

9. Françoise Kermina, *Mme Roland ou la Passion révolutionnaire,* Paris, Perrin, 1976, p. 391.

10. Élisabeth Roudinesco, *op. cit.*

11. Mme de Staël-Holstein, *Œuvres complètes,* Paris, Didot, 1871, t. I, p. 2.

12. «And why not? for I have always been half in love with him», Mary Wollstonecraft, *Lettres to Imlay,* Londres, C. Regan Paul, 1879, trad. Marguerite Andersen.

13. Gita May, *op. cit.,* p. 147 et 158.

14. Mme Roland, *Lettres,* t. I, publ. par C. Perroud, Paris, Leroux, 1900, p. 257 (lettre du 29 juillet 1783).

15. *Ibid.,* p. 256.

16. Mme Roland, *Lettres,* t. II, *op. cit.,* 1902, p. 301.

17. *Ibid.*, p. 258.

18. Mme de Staël-Holstein, *Des passions* dans *Œuvres..., op. cit.,* p. 129.

19. *Ibid.,* p. 137.

20. *Ibid.,* p. 129.

21. Cité par Jean Rabaut, *Histoire des féminismes français,* Paris, Stock, 1970.

22. Mme de Staël-Holstein, *Œuvres…*, *op. cit.*, t. I, p. 2.

23. Mme de Staël-Holstein, *De la littérature* dans *Œuvres…*, *op. cit.*, p. 301.

24. Pierre Trahard, *La Sensibilité révolutionnaire (1789-1794)*, Paris, Boivin, 1956; Benoîte Groult, *Olympe de Gouges*, Paris, Mercure de France, 1986, préf. p. 30; Marc de Villiers, *op. cit.*, p. 5; Olivier Blanc, *Olympe de Gouges*, Paris, Syros, 1981, p. 192-193.

25. Catherine Marand-Fouquet, *La Femme au temps de la Révolution*, Paris, Stock, 1989, p. 90.

26. *Ibid.*, p. 63.

27. *Ibid.*, p. 91.

28. *Ibid.*, p. 63.

29. Marc de Villiers, *op. cit.*, p. 50-51.

30. Mme B. B. , *L'Action des doléances et réclamations des Femmes*, 1789, Bibliothèque historique de la ville de Paris, n° 21.

31. *Ibid.*

32. *Ibid.*

33. Etta Palm d'Aedler, *Lettre d'une amie de la vérité*, Bibliothèque historique de la ville de Paris, 12-807, n° 15.

34. Marc de Villiers, *op. cit.*, p. 44-46.

35. Mme B. B., *op. cit.*

36. *Ibid.*

37. Etta Palm d'Aedler, *Discours sur l'injustice des lois en faveur des hommes, au dépend (sic) des femmes*, 30 décembre 1790, n° 15, Bibliothèque historique de la ville de Paris, 12-807.

38. *Ibid.* (remerciements).

39. *Ibid.*

40. Olympe de Gouges, *Déclaration des droits de la femme et de la citoyenne*, article I, VI, Bibliothèque historique de la ville de Paris, 619-980.

41. Evelyne Sullerot, *op. cit.*, p. 45.

42. Albert Brimo, *Les Femmes françaises face au pouvoir politique*, Paris, Montchrestien, 1975.

43. *Ibid.*, p. 39.

44. *Ibid.*
45. Mme B. B., *op. cit.*
46. *Ibid.*
47. Olympe de Gouges, *op. cit.*
48. Olympe de Gouges, *Invitation aux dames françaises pour la fête au maire d'Estampes,* Bibliothèque historique de la ville de Paris, 29-648.
49. Ferdinand Stroll-Ravelsberg, *Les Confessions de Théroigne de Méricourt,* Paris, Louis Westhausser, 1892, p. 123; É. Roudinesco, *op. cit.,* p. 54.
50. Olympe de Gouges, *Pétition des Femmes à l'Assemblée Nationale,* Bibliothèque historique de la ville de Paris, 29-648, n° 6.
51. Olympe de Gouges, *Pétition à la Municipalité,* Bibliothèque historique de la ville de Paris, 29-648, n° 6.
52. Voir par exemple, Etta Palm d'Aedler, *op. cit.*; Adresse de la société patriotique et de bienfaisance des Amies de la vérité, Bibliothèque historique de la ville de Paris, I, 15.
53. Léopold Lacour, *Les Origines du féminisme français. Trois femmes de la Révolution,* Paris, Plon, 1900, p. 259-260.
54. Marc de Villiers, *op. cit.,* p. 78-79.
55. Olympe de Gouges, *op. cit.,* article IX.
56. Olympe de Gouges, préf. de *L'Homme généreux* dans *Œuvres complètes de Madame de Gouges,* 1792, Bibliothèque historique de la ville de Paris, 6-17434, vol. I.
57. Argument que l'on trouve aussi dans le livre *Femmes, Culture et Révolution* de F. Martin et H.C. Harten, Paris, Éd. des femmes, 1989.
58. Élisabeth Badinter, *Paroles d'hommes (1790-1793),* Paris, P. O. L., 1989.
59. Cité par Léopold Lacour, *op. cit.,* p. 261.
60. Pendant la Convention les révolutionnaires se scindèrent en deux groupes politiques distincts: La Gironde à droite, la Montagne à gauche. Les Girondins, dirigés par Roland, Brissot et Vergniaud, furent déclarés hors la loi en juin 1793 et guillotinés en octobre de cette même année.
61. Voir Jean Rabaut, *op. cit.,* p. 84-85.
62. Voir Benoîte Groult, *op. cit.,* p. 59-62.
63. Cité par Léopold Lacour, *op. cit.,* p. 355.

64. Henry Fournial, *Essai sur la psychologie des foules,* Lyon, 1892.

65. Alfred Guillois, *Étude médico-psychologique sur Olympe de Gouges. Considérations générales sur la mentalité des femmes pendant la Révolution française,* Lyon, Rey, 1904, Bibliothèque nationale, Paris, pièce 2073.

Bibliographie

Écrits du XVIIIe siècle

AEDLER, Etta PALM D'. *Discours sur l'injustice des lois en faveur des hommes, au dépend [sic] des femmes,* 30 déc. 1790, Bibliothèque historique de la ville de Paris, n° 15.

————. *Lettre d'une amie de la vérité,* 1791, Bibliothèque historique de la ville de Paris, 12-807, n° 15.

B. B., Madame. *L'Action des doléances et réclamations des Femmes,* Bibliothèque historique de la ville de Paris, n° 21, 1789.

GOUGES, Olympe DE. *Déclaration des droits de la femme et de la citoyenne,* art. I, VI, Bibliothèque historique de la ville de Paris, 619-980.

————. *Invitation aux dames françaises pour la fête au maire d'Estampes,* Bibliothèque historique de la ville de Paris, 29-648.

————. *Pétition à la Municipalité,* n° 6, Bibliothèque historique de la ville de Paris, 29-648.

————. *Pétition des Femmes à l'Assemblée Nationale,* n° 6, Bibliothèque historique de la ville de Paris, 29-648.

————. *Œuvres complètes de Madame de Gouges,* 1792, 2 vol., Bibliothèque historique de la ville de Paris, 6-17434.

ROLAND, Manon Phlipon (Madame). *Lettres,* 2 vol., publ. par C. PERROUD, Paris, Leroux, 1900 et 1902.

STAËL-HOLSTEIN, Madame DE. *Œuvres complètes,* Paris, Didot, 1871.

WOLLSTONECRAFT, Mary. *Défense des droits de la femme*, Paris, Payot, 1976.

Ouvrages de référence

BADINTER, Élisabeth. *Émilie ou l'Ambition féminine au XVIIIe siècle,* Paris, Flammarion, 1983.

—————. *Paroles d'hommes (1790-1793),* Paris, P. O.L., 1989.

BLANC, Olivier. *Olympe de Gouges,* Paris, Syros, 1981.

BRIMO, Albert. *Les Femmes françaises face au pouvoir politique,* Paris, Montchrestien, 1975.

DIESBACH, Ghislain DE. *Madame de Staël,* Paris, Perrin, 1983.

FOURNIAL, Henry. *Essai sur la psychologie des foules,* Lyon, 1892.

FRAISSE, Geneviève. *Muse de la raison. La Démocratie exclusive et la Différence des sexes,* Aix-en-Provence, Éd. Alinéa, coll. Femmes et révolution,1989.

GAY LEVY, Darlene, Harriet BRANSAR APPLEWHITE et Mary D. JOHNSON. *Women in Revolutionary Paris (1789-1795),* Urbana (Illinois), University of Illinois Press, 1979.

GEORGE, Margaret. «The World Historical Defeat of the Republican Revolutionaries», *Science and Society,* n° 40, hiver 1976-1977, p. 410-437.

GROULT, Benoîte. *Olympe de Gouges*, Paris, Mercure de France, 1986.

GUILLOIS, Alfred. *Étude médico-psychologique sur Olympe de Gouges. Considérations générales sur la mentalité des femmes pendant la Révolution française,* Lyon, Rey, 1904, Bibliothèque nationale, Paris, pièce 2073.

KERMINA, Françoise. *Mme Roland ou la Passion révolutionnaire,* Paris, Perrin, coll. Présence de l'histoire, 1976.

KNIEBIEHLER, Yvonne et C. FOUQUET. *La Femme et les Médecins,* Paris, Hachette, 1983.

LACOUR, Léopold. *Les Origines du féminisme français. Trois femmes de la Révolution,* Paris, Plon, 1900.

MARAND-FOUQUET, Catherine. *La Femme au temps de la Révolution,* Paris, Stock, 1989.

MARTIN, F. et H. C. HARTEN. *Femmes, Culture et Révolution*, Paris, Éd. des femmes, 1989.

MAY, Gita. *De Jean-Jacques Rousseau à Mme Roland: essai sur la sensibilité préromantique et révolutionnaire,* Genève, Droz, 1964.

POULLAIN DE LA BARRE, François. *De l'égalité des deux sexes,* 1673.

RABAUT, Jean. *Histoire des féminismes français,* Paris, Stock, 1978 [1970].

ROUDINESCO, Élisabeth. *Théroigne de Méricourt,* Paris, Éd. du Seuil, 1989.

STROLL-RAVELSBERG, Ferdinand. *Les Confessions de Théroigne de Méricourt,* Paris, Louis Westhausser, 1892.

SULLEROT, Evelyne. *Histoire de la presse féminine en France des origines à 1848,* Paris, Armand Colin, 1966.

TRAHARD, Pierre. *La Sensibilité révolutionnaire (1789-1794),* Paris, Boivin, 1956.

VILLIERS, Marc DE. *Histoire des Clubs de femmes et des légions d'amazones,* Paris, Plon, 1910.

Christine Klein-Lataud
Collège universitaire Glendon
Université York (Toronto)

À LA CONQUÊTE DE LA BASTILLE DES FEMMES: LES FÉMINISTES FRANÇAISES AU XIXe SIÈCLE

> En thèse générale, les progrès et les changements de périodes s'opèrent en raison du progrès des femmes vers la liberté, et les décadences d'ordre social s'opèrent en raison du décroissement de la liberté des femmes [...] l'extension des privilèges des femmes est le principe général de tous les progrès sociaux[1].
>
> *Fourier*

Comme on l'a vu au chapitre précédent, les révolutionnaires qui, se levant à la fin du XVIIIe siècle pour renverser un ordre social inique, choisirent pour devise: Liberté, Égalité, Fraternité furent pourtant les premiers à la bafouer. En effet, dès 1793, ils exclurent les femmes de la vie politique et l'on se souvient de la harangue du procureur général Chaumette, qui traitait d' «êtres dégradés» celles qui se mêlaient de politique et leur lançait cet avertissement: «Rappelez-vous l'imprudente Olympe de Gouges qui la première institua des sociétés de femmes, qui abandonna les soins de son ménage pour se mêler à la République et dont la tête est tombée sous le fer vengeur des lois[2].» Selon l'analyse des féministes du

XIXe siècle, ce déni de droit s'est retourné contre ses auteurs: en excluant la femme des acquis de la Révolution, les hommes l'ont sapée à la base. La Révolution bâtarde qui a mis «la moitié de l'humanité hors l'humanité[3]» s'est par là même privée d'appui et s'est effondrée, incapable de s'opposer aux forces réactionnaires qui amenèrent l'Empire puis la Restauration.

Quiconque méconnaît les droits des femmes méconnaîtra aussi les droits des hommes. La Restauration et la Monarchie constitutionnelle de juillet qui lui succède en 1848 sont fondées sur le suffrage censitaire: seule a le droit de vote une petite minorité d'hommes riches. Les femmes partagent donc leur privation de droits politiques avec le gros de la population. Mais elles sont de surcroît victimes d'une législation monstrueuse, promulguée en 1804 par Napoléon et jamais rapportée: le Code civil. Frappées d'incapacité, elles sont assimilées aux enfants, aux fous et aux criminels, aux termes de l'article 1124 selon lequel: «Les personnes privées de droits juridiques sont les mineurs, les femmes mariées, les criminels et les débiles mentaux.» Passant de la tutelle de son père à celle de son mari, la femme en est la propriété tout «comme celle de l'arbre fruitier est celle du jardinier[4]». L'article 213 stipule que «la femme doit obéissance à son mari». Elle ne peut sans l'autorisation de son mari ester en justice; elle ne peut ni être témoin dans un acte officiel ni être nommée tutrice. Son mari choisit le domicile conjugal et dispose de l'autorité parentale. Elle n'a aucun droit sur les biens de la communauté, que le mari peut vendre et aliéner sans son autorisation. Tout au long du siècle, on lit dans la presse les comptes rendus judiciaires de cas où les maris ont vendu jusqu'au lit conjugal et au berceau de l'enfant. La femme ne dispose même pas de l'argent qu'elle gagne. L'exemple le plus piquant de cet état de choses est la confiscation par le mari de Juliette Lamber des droits d'auteur du livre[5] où elle réclamait, entre autres... le droit pour la femme de disposer du fruit de son travail! Économiquement, la situation des femmes ne fait que se dégrader pour de multiples causes. Elles sont les premières victimes de la mécanisation et de l'avènement de l'ère industrielle qui provoquent une déqualification et obligent les femmes à venir travailler en nombre croissant dans les usines, où elles forment 30% de la main-d'œuvre. Elles subissent la concurrence des hommes dans les métiers qui leur étaient autrefois réservés (ex.: les médecins ravissent aux sages-femmes l'exclusivité des accouchements, les grands magasins font appel à des vendeurs même pour les rayons de mode, les emplois dans les postes et les débits de tabac sont progressivement distribués aux hommes).

Sombre tableau. La sujétion est totale et durera grosso modo jusqu'au siècle suivant. La femme est bien, pour reprendre les termes de Victor Hugo[6] une «mineure devant la loi» et une «esclave selon la réalité».

Tout au long du XIXe siècle, des femmes vont se dresser et revendiquer leurs droits: par leurs écrits (livres, journaux), par leurs paroles (conférences, discours) et par leurs actes (pétitions, manifestations, candidatures, création de clubs, d'associations, de cours, etc.). La forme de ce militantisme est étroitement liée aux événements politiques qui agitent la France pendant cette période particulièrement tumultueuse. En moins d'un siècle en effet, le pays connut l'Empire, la Restauration, la Deuxième République, le Second Empire et la Troisième République, le tout ponctué à l'intérieur même de chaque régime d'émeutes, de répressions et de changements d'orientation politique. Il est important de souligner ce fait car le sort des mouvements féministes dépend directement à tout moment du caractère plus ou moins autoritaire ou libéral de la législation. Quand le droit d'association et de réunion est reconnu et que la presse est libre, les femmes se lancent dans la bataille pour leurs droits. Inversement, elles sont toujours parmi les premières victimes de la répression.

Il ne faut voir le féminisme ni comme un mouvement unique (il puise à des sources multiples) ni comme un mouvement progressif dont l'audace croîtrait en fonction de sa force. Aucune position n'est aussi radicale que celle de certaines féministes du début du siècle telles que Claire Démar. Et l'argumentation des suffragistes de la fin du siècle reprend celle qu'avaient développée des théoriciennes du Second Empire comme Jenny d'Héricourt.

D'autre part, le fait que pour la clarté de l'exposition, le saint-simonisme, le fouriérisme et le féminisme quarante-huitard, par exemple, soient traités successivement ne doit pas masquer qu'on retrouve souvent les mêmes femmes dans ces divers mouvements. Ainsi, Eugénie Niboyet, qui fut une militante saint-simonienne importante (elle était à la tête du degré industriel du 4e arrondissement), fonde en 1848 *La Voix des femmes*, premier quotidien féministe. On la retrouve au Congrès français et international du Droit des femmes de 1889, n'ayant rien perdu, à soixante-dix-huit ans, de ses convictions féministes...

Au moment même où dans les faits la femme est le plus opprimée, elle se voit inversement exaltée dans l'imaginaire: qu'importe sa sujétion, puisque l'esclave est reine. Paradoxe bien formulé par Vigny:

> Mais si Dieu près de lui t'a voulu mettre, ô femme!
> Compagne délicate! Éva! Sais-tu pourquoi?
> [...]
> C'est afin que tu sois son juge et son esclave
> Et règnes sur sa vie en vivant sous sa loi[7].

Cette idéalisation de la femme qui caractérise la littérature romantique jouait un rôle essentiellement aliénant. Cependant, tout en partageant avec les romantiques cette vision idéalisatrice des femmes, un courant de pensée allait contribuer puissamment à leur promotion sociale: le saint-simonisme.

Les saint-simoniennes

Le saint-simonisme, fondé par Claude-Henri de Rouvroy, comte de Saint-Simon[8], fut une «école» avant de devenir une «société» puis une «religion». Ce n'est pas le lieu ici d'exposer cette théorie socialiste qui se proposait d'assurer le bonheur de l'humanité grâce à la suppression du salariat, remplacé par le système de l'association, et à la réorganisation pacifique du globe.

L'important pour notre propos est que la société nouvelle qu'il voulait créer mettait l'homme et la femme sur un pied d'égalité. Les femmes, en effet, devaient être admises à souscrire et à siéger au Conseil international qu'il voulait créer pour gouverner l'Europe. Et d'après son disciple Olinde Rodrigues, il lui aurait dit sur son lit de mort: «L'homme et la femme, voilà l'individu social.» La prédication saint-simonienne dénonce comme obstacles au progrès de l'humanité le salariat, exploitation du travailleur par le propriétaire oisif, et la «subalternité» de la femme, exploitation d'une moitié du genre humain par l'autre. Il faut donc opérer leur double émancipation. Armand Bazard, l'un des deux chefs du Collège saint-simonien après la disparition de son fondateur, rédigea en 1830 une adresse à la Chambre qui résumait ainsi sa position:

> Le christianisme a tiré les femmes de la servitude. Mais il les a condamnées pourtant à la subalternité. Et partout dans l'Europe chrétienne, nous les voyons encore frappées d'interdiction religieuse, politique et civile. Les Saint-Simoniens viennent annoncer leur affranchissement définitif, leur complète émancipation [...] ils enseignent que l'épouse doit devenir l'égale de l'époux et que, selon la grâce que Dieu a dévolue à son sexe, elle doit lui être associée dans l'exercice de la triple fonction du temple, de l'État et de la famille, de manière à ce que l'individu social qui, jusqu'à ce jour, a été l'homme seulement, soit désormais l'homme et la femme[9].

Attirées par ces principes égalitaires, les femmes viennent en grand nombre grossir les rangs de l'École. Ce sont d'abord des bourgeoises, comme Claire Bazard, Cécile Fournel et Eugénie Niboyet, puis aussi des prolétaires comme Claire Démar, Suzanne Voilquin, Jeanne Deroin. Le recrutement s'intensifie chez les ouvrières avec la création des «degrés des industriels», c'est-à-dire des groupes ouvriers. La diffusion des idées saint-simoniennes chez les femmes est attestée par le fait que parmi les lettres reçues par le journal saint-simonien *Le Globe*, la moitié émane de femmes. Les militantes sont admises au sommet de la hiérarchie[10]: trois font partie du Collège (organe directeur). Claire Bazard a la fonction d'accueillir officiellement les nouveaux membres et siège sous le dais au milieu des «apôtres». La direction de chaque institution saint-simonienne, «maisons de famille» (restaurants communautaires) et «degrés des industriels» (groupes ouvriers organisés par arrondissement), est confiée à un couple.

L'égalité de l'homme et de la femme était vue non comme une identité mais comme une complémentarité. L'homme-réflexion devait se laisser guider par la femme-sentiment. Prosper Barthélemy Enfantin, l'un des deux «Pères» qui dirigèrent le mouvement après la disparition de Saint-Simon, fit de cette complémentarité un principe métaphysique et transforma le mouvement en religion. Pour lui, Dieu était androgyne, Il et Elle, «Dieu, père et mère de tous et de toutes». C'est la formule qui joue le rôle de révélation sacrée pour Suzanne Voilquin: «J'en éprouvai comme un éblouissement; je ressentis une joie immense en retrouvant en moi la pensée, le cœur et l'action libres, en vertu de ces saintes formules[11].» Ce Dieu androgyne doit être représenté sur terre par un couple papal, relayé par des couples-prêtres. Pour Enfantin, l'affranchissement de la femme va de pair avec la réhabilitation de la chair. Il prévoit l'amour libre: «des hommes et des femmes qui se donneraient à plusieurs sans cesser d'être l'un à l'autre et dont l'amour serait au contraire comme un divin bouquet, augmentant de magnificence en raison du nombre et du choix des convives[12]». Et le ministère du couple-prêtre s'exerce aussi bien par la chair que par l'esprit. La société comprenant des «mobiles» et des «constants», pour établir l'harmonie entre eux, le père ou la mère doit «modérer les appétits déréglés» et «réchauffer les sens engourdis[13]».

Cette théorie indigna l'autre «Père» du mouvement, Bazard, qui pensait que le progrès serait l'amour individuel, vécu dans l'égalité et la fidélité. Il fit sécession, ainsi que de nombreux disciples, dont beaucoup de femmes. Mais quelques saint-simoniennes mirent en pratique à leurs risques et périls cette étrange forme d'apostolat. La plus célèbre est Pauline Roland. Sa correspondance révèle clairement que la sexualité n'est pas seulement pour elle un outil de prosélytisme («réchauffer dans ses bras caressants un saint-simonien ébranlé dans sa foi[14]» ou attirer un nouveau converti). Elle nous intéresse particulièrement parce qu'elle est, avec Claire Démar, la seule féministe à avoir revendiqué le droit de la femme au désir. Attirée à Paris par le saint-simonisme, elle décide à vingt-huit ans de prendre un amant. «S'abstenir, toujours s'abstenir, est-ce vivre, est-ce marcher ? Pourquoi donc continuerais-je à passer dans le célibat une vie dont les douze plus belles années ont été consacrées à ce Moloch des chrétiens ? Est-ce là mon désir[15] ?» «Je suis une femme d'amour, mais non d'amour mystique, d'amour de chair autant que de cœur, d'amour complet, enfin[16].» Séparée de son amant, elle avoue: «J'ai eu des rages de désir à me rouler dans mon lit en criant. Voilà une nature qui ne vous semble pas belle, sans doute. Mais je ne me farde pas. Il faut que les femmes disent la vérité aujourd'hui[17].» Dans la vérité de son désir, elle n'hésite pas à prendre un nouvel amant alors qu'elle attend un enfant du premier. Les autres saint-simoniennes désapprouvent totalement, estimant que loin d'affranchir les femmes, Pauline Roland aggrave leur servitude. Elle avait lucidement envisagé les conséquences de ses actes et décidé d'assumer seule ses maternités, sans demander au père de donner un nom à l'enfant ou de l'aider financièrement. Elle estimait que la mère constituait à elle seule la famille de l'enfant. Elle prêcha d'exemple, élevant seule ses trois enfants grâce à son travail de journaliste. «Je ne puis me vanter de l'avoir amenée même un quart d'heure à renier un seul de ses principes d'indépendance absolue des femmes[18]» écrivit J. M. Aicard, qui fut son compagnon pendant quatorze ans. Mais à une époque où le contrôle des naissances est précaire et dans une société où il est si dur pour une femme de gagner sa vie, le prix à payer est trop lourd. À la fin de sa vie, en 1851, Pauline tiendra un discours palinodique: elle défendra l'idéal de la chasteté dans le célibat ou d'un amour unique vécu au sein d'un mariage nouveau, fondé sur l'égalité conjugale et l'indépendance de la femme. Les idées de Bazard vingt ans plus tôt, et de presque toutes les féministes qui suivront...

L'autre saint-simonienne révolutionnaire dans le domaine des mœurs fut Claire Démar. Féministe radicale, outre les revendications d'égalité politique et socio-économique qu'elle partage avec toute l'École saint-simonienne, elle réclame le droit à l'amour libre. Selon elle, «La fidélité n'a presque toujours reposé que sur la crainte ou l'impuissance de faire mieux ou autrement[19].» La mobilité étant la condition du progrès : «C'est par la proclamation de la *loi d'inconstance* que la femme sera affranchie[20].» Il doit y avoir essai de la chair par la chair et suite de cohabitations. Quant au problème des enfants, Claire ne se propose pas de le résoudre, comme Pauline Roland, par la suppression de la paternité et l'organisation de la famille monoparentale autour de la mère. Elle veut abolir la «loi du sang» et délivrer totalement la femme des responsabilités de la maternité. L'affranchissement de la femme reposera donc sur la délégation des tâches maternelles à des nourrices fonctionnaires.

> Alors, seulement alors, l'homme, la femme, l'enfant, seront tous affranchis de la loi du sang de l'exploitation de l'humanité par l'humanité !
>
> Alors chacune et chacun, toutes et tous seront les filles et fils de leurs œuvres[21].

Isolée au sein des saint-simoniennes, découragée, Claire finit par se suicider. Le texte dont sont tirées les citations précédentes, *Ma loi d'avenir*, a été publié à titre posthume dans *La Voix des femmes,* journal féministe saint-simonien. Suzanne Voilquin, directrice du journal, souligne l'aspect novateur de cette parole «étrange par sa hardiesse» où une femme a osé rejeter le «voile de la pudeur». Mais elle-même soulignera dans ses mémoires combien les essais des novatrices étaient périlleux pour elles[22] et préfèrera suspendre son jugement sur le sujet: «Quant à l'extension sans limites que le Père donne à sa pensée sur les rapports des sexes entre eux, question grave, sur laquelle il appelle notre solution, pour moi je l'ajourne[23].»

Désirant faire passer leur lutte féministe au premier plan, un groupe de saint-simoniennes décidèrent de lancer leur propre journal. Presque toutes d'origine prolétarienne, jeunes, célibataires ou vivant en union libre, Suzanne Voilquin (brodeuse), Jeanne Deroin, Pauline Roland (institutrice), Désirée Véret (couturière) fondent *La*

Femme libre qui deviendra successivement *L'Apostolat des femmes, La Femme de l'avenir* et *La Tribune des femmes.* Le journal a pour but de soutenir la cause des femmes «qui est universelle et pas seulement saint-simonienne». Les rédactrices affirment qu'une commune oppression pèse sur les bourgeoises et les femmes du peuple et appellent à l'union. Pour marquer leur opposition à l'ordre patriarcal symbolisé par le nom du père (ou du mari), les rédactrices signent seulement d'un prénom, parfois double (ex.: Jeanne-Victoire pour Jeanne Deroin). Les idées-force sont que seule l'indépendance économique assure la liberté, et que l'éducation est la clef du développement intellectuel de la femme et son accession à toutes les carrières. Certains articles traitent de la libéralisation des mœurs. Ainsi, Joséphine-Félicité propose que les adeptes de l'amour hors mariage portent un ruban ponceau qui serait le signe de leur communion d'idées ! Mais l'ensemble des articles est plus conservateur. Suzanne Voilquin elle-même reconnaît qu'avant d'être libres moralement, les femmes doivent conquérir leur liberté matérielle. Passant à la pratique, le journal organise une Société d'instruction populaire qui offre des cours du soir et projette un abri pour les filles-mères. Mais la répression de 1834 vient mettre un terme à *La Tribune des femmes,* dix-huit mois après sa création. En effet, en réponse aux émeutes républicaines, le gouvernement édicte des lois qui musellent la presse en augmentant le cautionnement.

Le groupe des saint-simoniennes se dissout. Suzanne Voilquin, au terme d'un voyage de propagande en France, part en Égypte et devient sage-femme pour porter la bonne parole féministe dans les harems[24]... D'autres militantes rejoignent les rangs de l'École sociétaire, issue du fouriérisme. Il faut noter, à ce propos, que si les sociétaires ont retenu des idées de leur maître l'égalité totale entre hommes et femmes, ils ont gommé l'aspect scabreux de ses théories sexuelles: les avatars du saint-simonisme avaient servi de leçon, et les disciples de Fourier[25] avaient compris que leur seule chance de promouvoir leur idéal était de se concentrer sur les aspects économiques et organisationnels des phalanstères, en conservant la structure de couple.

Pendant le reste du règne de Louis-Philippe, le féminisme sera le fait non de groupes mais de femmes individuelles.

Du côté des révolutionnaires, on trouve une femme dont les idées marquèrent Marx et Engels: Flora Tristan. Estimant, comme les saint-simoniennes, que «la loi qui asservit la femme opprime les prolétaires[26]», elle lia la libération des femmes à celle du prolétariat. Pour parvenir à cette fin, elle conçut un vaste projet d'Union ouvrière dont le neuvième article stipule: «Reconnaître en principe l'égalité en droit de l'homme et de la femme comme étant l'unique moyen de constituer l'unité humaine[27].» La «Paria», comme elle se désignait elle-même, mourut en tentant de réaliser cette nouvelle société.

À l'autre pôle politique, *La Gazette des femmes* réclama sagement le suffrage des femmes en recourant à la technique des pétitions. Mais il faut attendre la révolution de 1848 pour que le féminisme redevienne un mouvement de groupe.

Les femmes de 1848

En février 1848, le peuple de Paris se soulève et obtient l'abdication du roi Louis-Philippe. Le Gouvernement provisoire convoque le corps électoral pour nommer une assemblée constituante. Sont électeurs tous les Français âgés de vingt et un ans et ayant six mois de résidence. Les Françaises font-elles partie des Français ? Les féministes se manifestent aussitôt. Le Comité des Droits de la Femme envoie des déléguées s'assurer que «les femmes sont comprises dans cette grande généralité aussi bien qu'elles le sont dans le droit concernant les travailleurs[28]». On leur explique que seule l'Assemblée constituante pourra statuer sur la question et qu'il faut donc attendre sa réunion. La presse étant libre, les féministes lancent à nouveau des journaux. Eugénie Niboyet crée *La Voix des femmes,* «Journal socialiste et politique. Organe des intérêts de toutes». Chaque numéro porte en manchette la déclaration suivante: «*La Voix des femmes* est la première et seule tribune sérieuse qui leur soit offerte. Leurs intérêts moraux, intellectuels et matériels y seront franchement soutenus[29].» Le journal, comme les petites feuilles saint-simoniennes, veut assortir ses déclarations de réalisations concrètes: il se propose de créer une bibliothèque et des cours publics pour les femmes. Il fait vigoureusement campagne pour le droit de vote: «Il n'est plus permis aux hommes de dire: "l'humanité, c'est nous" [...]. Comment donc sous peine d'inconséquence un gouvernement libre pourrait-il laisser en dehors de ses prévisions la moitié numérique de l'humanité, frappée jusqu'à ce jour d'interdit par l'injustice et la force brutale[30]?» L'argumentation, inlassablement reprise par les féministes rationalistes, repose sur les principes fondateurs de la République: il ne peut y avoir deux libertés, deux égalités, deux fraternités «donc la Liberté, l'Égalité et la Fraternité de l'homme sont bien évidemment celles de la femme[31]». Pourtant, lorsque la nouvelle constitution voit le jour, elle exclut les femmes du suffrage dit universel. La proposition de Victor Considérant d'accorder le droit de vote aux femmes est rejetée par 899 voix contre une! Jeanne Deroin, militante socialiste et fondatrice du journal *L'Opinion des femmes*, ne s'incline pas. Elle multiplie lettres et pétitions, et surtout, elle décide de se porter candidate aux élections d'avril 1848. Soulignant que le déni des droits politiques des femmes est la négation des dogmes républicains, elle proclame qu'en faisant campagne pour «l'abolition du privilège de sexe», elle œuvre «[non] seulement au nom des femmes, mais dans l'intérêt de la société tout entière, et au nom d'un principe qui renferme en lui l'extinction radicale de tous les privilèges[32]». Elle court les réunions électorales pour faire endosser sa candidature par les comités démocratiques-socialistes, mais à une exception près, ils se retranchent derrière l'inconstitutionnalité de sa candidature pour lui refuser leur aide. Fidèle à la pensée saint-simonienne, Jeanne Deroin associe la libération des femmes à celle des prolétaires: «Aucune loi d'avenir ne peut être élaborée et formulée sans le concours de la femme, de la moitié de l'humanité, de même que l'affranchissement politique du prolétaire est le premier pas vers son affranchissement intellectuel et moral, de même l'affranchissement politique de la femme est le premier pas vers l'affranchissement complet de tous les opprimés, c'est l'extinction radicale du plus enraciné de tous les privilèges, c'est la réalisation de nos principes sacrés: liberté, égalité, fraternité, pour toutes comme pour tous[33].» Son texte se termine par un appel à la collaboration de l'homme et de la femme pour fonder une société nouvelle, qui régénèrera le monde et reposera sur une conception nouvelle du mariage, «mariage social à la triple face matérielle, intellectuelle et morale dans le travail». On voit qu'on est loin des audaces de certaines saint-simoniennes des premiers temps: désormais, les campagnes féministes réclameront la réforme du mariage et non son abolition. De même, si les revendications politiques, sociales et économiques sont énoncées avec vigueur, le ton des féministes de 1848 est nettement moralisateur: «Femmes de 1848, entrez en possession de vos droits par la plus stricte observation de vos devoirs[34].» Le combat pour la liberté est double: à l'extérieur, il faut lutter contre l'oppression des lois et des mœurs et à l'intérieur, contre ses propres passions. Le but des féministes est de donner de «bons serviteurs à la patrie». Il n'y aura dans le journal «rien d'impur, rien d'immoral[35]». Le discours moral s'intensifie progressivement. Il s'agit de rassurer à tout prix: «Nous respectons la morale, nous aimons l'ordre[36].» Parmi les droits réclamés pour la femme, il y a celui de se dévouer non à un homme mais à l'humanité...

Avec la liberté d'association et de réunion, on assiste à une multiplication des clubs: 250 en un mois ! Les femmes sont admises dans beaucoup d'entre eux (quelquefois sans droit de parole, cependant) et ouvrent en outre leurs propres clubs. Ainsi, *La Voix des femmes* fonde la Société de la Voix des femmes, dont la présidente est Eugénie Niboyet et où l'on retrouve en grand nombre les anciennes saint-simoniennes. Il fait la joie du *Charivari* qui multiplie articles et surtout caricatures. Outre les revendications politiques, le club se lance dans l'action pratique. Désirée Véret (Gay), Suzanne Voilquin et Élisa Lemonnier forment un comité sur le travail, au nom du droit des femmes à travailler. Le gouvernement ayant organisé des ateliers nationaux pour remédier au chômage, Désirée Gay se fait élire déléguée des ouvrières du Deuxième arrondissement. Elle réclame que des femmes siègent à la Commission du Luxembourg (équivalent d'un ministère du travail). Du coup, «signalée comme révolutionnaire», elle est destituée de son poste. Pauline Roland crée l'Association fraternelle des instituteurs, institutrices et professeurs socialistes. Elle élabore un vaste programme éducatif qui prend en charge la petite enfance puisqu'il inclut des crèches et des écoles maternelles et qui instaure l'égalité des sexes dans l'éducation. «Nous voulons que la femme aussi bien que l'homme soit élevée comme un être libre, raisonnable, s'appartenant à soi-même, indépendant par son travail, par son amour, par sa pensée, par son caractère, et non comme un appendice de l'homme à jamais condamnée à une fatale dépendance. Nous voulons que l'éducation ouvre librement à toutes comme à tous les carrières de l'industrie, de l'art et de la science[37].»

Reprenant le grand projet de Flora Tristan, Jeanne Deroin (déléguée des lingères) met sur pied une Fédération fraternelle et solidaire des associations de production, à laquelle adhère l'association de Pauline Roland, ainsi que plus de quatre cents autres. Son but est d'abolir l'expoitation des travailleurs en instaurant des échanges entre coopératives de production et en créant une banque commune qui assurerait un crédit mutuel et gratuit.

On voit qu'à la revendication de leurs droits dans le domaine de l'éducation, du travail, de la vie politique, les féministes de 1848 ont joint le début de réalisations concrètes. Mais les événements politiques viennent briser leur élan. Des émeutes populaires éclatent pour protester contre la fermeture des ateliers nationaux en juin 1848. La réaction prend aussitôt les femmes pour cible et leur interdit d'être membres d'un club ou d'assister à leurs réunions. Pauline Roland et Jeanne Deroin sont arrêtées lors d'une réunion de leur Fédération et condamnées comme factieuses. Lors de leur procès, le procureur souligne que la première est «mère sans être mariée» et «ennemie du mariage» et que la seconde «comme une sorte de protestation contre le mariage, a quitté le nom de son mari pour porter son nom de fille[38]». Elles sont condamnées à six mois de prison et enfermées à Saint-Lazare, avec les prostituées. Considérant que ce sont des victimes de la société, loin de les mépriser, elles fraternisent avec ces dernières. À la sortie, Jeanne Deroin s'exilera en Angleterre mais Pauline Roland refusera de se mettre à l'abri. Accusée d'avoir participé à l'insurrection anti-bonapartiste des 3 et 4 décembre 1851, elle est déportée en Algérie et meurt d'épuisement lors de son rapatriement.

Les féministes de 1848 ont donc été victimes successivement de l'injustice des républicains puis de la répression générale qui suivit l'instauration du Second Empire. À la lumière de 1793, elles avaient pourtant bien prévenu les républicains dans le dernier numéro de *La Voix des femmes*: «Si le privilège inique de l'exploitation de la femme par l'homme subsiste toujours, tous les autres renaîtront insensiblement[39].»

Les théoriciennes du Second Empire

Sous le Second Empire, la censure de la presse et l'abolition du droit de réunion rendent impossible le militantisme des féministes. Elles portent donc le combat sur le seul terrain possible: celui de la théorie. Il est vrai qu'il y a fort à faire, car c'est le moment où, de tous côtés, des penseurs prestigieux exposent toutes les bonnes raisons qu'il y a d'enfermer les femmes dans la sphère de la domesticité. Pierre-Joseph Proudhon est un socialiste qui propose de réorganiser la société en se fondant sur la famille comme unité de production. La formule par laquelle il résume le rôle de la femme dans la société est d'une efficace simplicité: «Courtisane ou ménagère.» Peu de théoriciens sont allés aussi loin dans le sexisme, jusqu'à faire de la femme un être d'une espèce différente: «La femme [...] est inférieure devant l'homme: une sorte de moyen terme entre lui et le règne animal[40].» Mais il représente la manifestation extrême, provocante, d'une opinion très répandue sous des formes voilées. C'est ce que fait remarquer la première femme qui prit la plume pour réfuter son argumentation, Juliette Lamber. «[Les doctrines de M. Proudhon] expriment le sentiment général des hommes qui, à quelque parti qu'ils appartiennent, progressistes ou réactionnaires, monarchistes ou républicains, chrétiens ou païens, athées ou déistes, seraient enchantés qu'on trouvât le moyen de concilier à la fois leur égoïsme et leur conscience en un système qui leur permît de conserver les bénéfices de l'exploitation appuyée sur la force, sans avoir à craindre les protestations fondées sur le droit[41].» Son petit livre vigoureux, *Idées anti-proudhoniennes sur l'amour, la femme et le mariage,* combat avec fermeté mais allégresse. Ainsi sa protestation contre la réduction de la femme à ses fonctions maternelles: «Le rôle de la poule couveuse est très respectable sans doute, mais il ne convient pas à toutes et n'est pas aussi absorbant qu'on veut bien le dire[42].» Elle ne nie pas la complémentarité comme source d'harmonie sociale, mais refuse d'enfermer l'homme et la femme dans un rôle déterminé: «Si donc il est utile, au point de vue de l'organisation sociale, de se rendre compte des fonctions qui représentent l'élément féminin et de celles qui représentent l'élément masculin, il serait très dangereux pour la liberté de vouloir déterminer d'avance les rôles respectifs des hommes et des femmes, et de parquer les uns et les autres dans des fonctions imposées par le sexe de chacun[43].»

Jenny d'Héricourt, quant à elle, entreprend de réfuter point par point toutes les théories hostiles à l'affranchissement des femmes dans deux volumes d'une logique impeccable. Son argumentation repose sur les droits de l'individu, homme ou femme, et non sur l'idée d'une mission spécifique de la femme: «La femme n'a pas à réclamer ses droits en tant que femme, mais uniquement comme personne humaine et membre du corps social[44].» En cela, elle se révèle bien «élève des doctrines résumées dans notre glorieuse révolution[45]», c'est-à-dire pure rationaliste. Son livre suffit à prouver la capacité logique des femmes, et elle se défend d'être une exception, dans une déclaration de solidarité sur laquelle George Sand aurait bien dû prendre exemple[46]: «Je suis femme, je m'en honore; je me réjouis que l'on fasse quelque cas de moi, non pour moi-même, qu'on l'entende bien, mais parce que cela contribue à modifier l'opinion des hommes à l'égard de mon sexe. Une femme qui se trouve heureuse de s'entendre dire: *Vous êtes un homme* n'est à mes yeux qu'une sotte[47].» Elle se moque de ceux qui l'accusent d'être une «machine à raisonnement», donc de ne pas écrire comme une femme: «Messieurs, je ne puis pas écrire autrement que comme une femme, puisque j'ai l'honneur d'être une femme[48].» Il est vrai que Proudhon s'arroge le monopole du discours non seulement masculin mais féminin: «Non, Madame, vous ne connaissez rien à votre sexe; vous ne savez pas le premier mot de la question que vous et vos honorables ligueuses agitez avec tant de bruit et si peu de succès[49].» À la dénonciation rigoureuse et vigoureuse de tous les illogismes de Proudhon, qu'elle réfute le plus souvent, avec malice, en s'appuyant sur des arguments tirés de son œuvre même, Jenny d'Héricourt fait succéder un programme d'action concrète: réforme du mariage, organisation de l'éducation[50], création d'ateliers coopératifs. Elle a l'habileté d'éluder le débat sur la «nature» et la «fonction» de chaque sexe dans lequel s'enferrent (et s'enferreront) tant de féministes. Pour elle, c'est une question oiseuse, car les fonctions de chacun devant être déterminées par ses capacités individuelles, la question se règlera d'elle-même quand les femmes, bénéficiant de la même éducation, auront accès à tous les emplois: «Les fonctions appartiennent à ceux qui prouvent leur aptitude et non pas à une abstraction qu'on appelle sexe[51].»

À partir de 1868, l'activisme féminin peut se déployer librement grâce au tournant libéral du Second Empire: la loi sur la presse supprime l'autorisation, la caution et le système de l'avertissement[52] et la loi sur les réunions supprime l'autorisation préalable (sauf, il est vrai, s'il s'agit de religion ou de politique...). En 1869 paraît *Le Droit des femmes*, (rédacteur en chef: Léon Richer) et en 1870 se crée l'Association pour le droit des femmes, qui groupe Léon Richer, Maria Deraismes, Anna Féresse-Deraismes, Louise Michel, Paule Minck, André Léo, Jules Simon et sa femme. La «question des femmes» est à la mode: elle est mise soixante-treize fois à l'ordre du jour de réunions et de conférences entre 1868 et 1870 ! L'action revendicatrice des femmes se poursuivra pendant toute la IIIe République, mais entre temps, la Commune allait interrompre les discours par et sur les femmes pour les lancer dans la lutte concrète.

Pour les besoins du texte, on présentera d'abord les socialistes révolutionnaires, qui jouèrent un rôle essentiel dans la Commune, avant de reprendre leur action à leur retour d'exil ou de déportation, en 1880[53], puis les féministes républicaines. Mais leur action, commune puis parallèle, naît dans les dernières années du Second Empire et se poursuit concurremment à travers les soubresauts de l'histoire jusqu'à nos jours.

Les Communardes

En 1870 éclate la guerre franco-prussienne. Le désastre de Sedan provoque la chute de l'Empire. Les conditions de l'armistice, désastreuses pour la France, indignent les Parisiens, qui ont enduré pour rien un siège épuisant. Lorsque le Gouvernement provisoire décide de reprendre aux Parisiens les canons qu'ils avaient achetés par souscription, c'est l'émeute. Le 18 mars 1871, les troupes gouvernementales, qui avaient reçu l'ordre de tirer sur les insurgés, se rangent au contraire du côté des gardes nationaux et du peuple. D'après les témoins, cette «pactisation » se fait grâce aux femmes, qui s'étaient attachées aux roues des canons et interposées entre les troupes et les gardes. L'armée régulière se retire et le gouvernement révolutionnaire de la Commune est proclamé. Il durera deux mois, pendant lesquels les femmes «se mirent avec passion au service de la Révolution communale... On les trouvait toujours en nombre imposant dans les actions collectives et beaucoup se dévouèrent particulièrement à la cause révolutionnaire[54]». En dehors de la lutte militaire, qu'elles menèrent avec courage[55], comme cantinières, ambulancières ou soldats, elles essayèrent de poser les bases de la société future. Elles organisent des ateliers, des cantines populaires, des ambulances. Surtout, elles s'occupent de l'enseignement. Paule Minck ouvre une école gratuite, Marguerite Tinayre, inspectrice des écoles de filles du XIIe arrondissement, les réorganise laïquement. Les femmes ont-elles dans les structures officielles la place que leur mérite leur activité ? En fait, sur les quatre-vingt-dix membres de la Commune, il n'y avait pas une femme, pas plus que dans les commissions dirigeant le fonctionnement des services publics[56]. Les seules mesures féministes prises par la Commune furent de décréter l'éducation gratuite et obligatoire pour les enfants des deux sexes, de reconnaître l'union libre et les droits des enfants illégitimes et surtout d'aligner le salaire des institutrices sur celui des instituteurs. Cette dernière mesure est d'une grande importance symbolique parce qu'elle pose le principe de l'égalité des salaires entre hommes et femmes. Mais cela ne suffit pas à faire de la Commune la république idéale où l'oppression et la domination d'un sexe sur l'autre auraient disparu. André Léo[57] (pseudonyme de Léodile Champseix) écrit le 8 mai 1871 dans *La Sociale* un article intitulé «La Révolution sans les femmes» qui dénonce l'antiféminisme des communards. Selon elle, c'est en excluant les femmes des bénéfices de la révolution qu'on en fait une immense force réactionnaire qui étouffe la révolution chaque fois qu'elle veut renaître. «Il faudrait [...] raisonner un peu: croit-on pouvoir faire la Révolution sans les femmes ? Voilà quatre-vingts ans qu'on l'essaie et qu'on n'en vient pas à bout[58].» La Commune répète les erreurs de la première et de la deuxième révolution. «On pourrait, d'un certain point de vue, écrire l'histoire depuis 89, sous ce titre: *Histoire des inconséquences du parti révolutionnaire.* – La question des femmes en ferait le plus gros chapitre, et l'on y verrait comment ce parti trouva moyen de faire passer du côté de l'ennemi la moitié de ses troupes, qui ne demandait qu'à marcher et à combattre avec lui[59].»

Pourquoi beaucoup de républicains rejettent-ils les femmes ? C'est qu'ils n'ont détrôné l'empereur et le bon Dieu que pour se mettre à leur place. «Et naturellement, dans cette intention, il leur faut des sujets, ou tout au moins des sujettes. La femme ne doit plus obéir aux prêtres; mais elle ne doit pas plus qu'auparavant relever d'elle-même. Elle doit demeurer neutre et passive, sous la direction de l'homme[60].» Comme le nouveau régime ne s'occupe pas des intérêts de la femme, il risque de se l'aliéner. C'est logique, car: «Qui n'a rien à gagner, immédiatement du moins, au succès de la Révolution ? La femme encore. C'est de l'affranchissement de l'homme qu'il est question, non du sien[61].» André Léo est une socialiste convaincue, qui a milité activement aux côtés de Louise Michel dès le début de la Commune et qui appartenait à l'Union des femmes (section française de l'Internationale créée par Élisabeth Dimitrieff). Ce fut elle qui, avec Anne Jaclard, fonda *La Sociale*, quotidien chargé de faire de la propagande en province pour la Commune de Paris. Mais elle fut la seule à reconnaître publiquement que pour les communards, la révolution s'arrêtait aux portes de leur maison. Et elle refusa désormais de faire dépendre la cause des femmes d'une transformation révolutionnaire de la société.

Paule Minck, autre communarde, eut une position inverse. D'une part, elle admettait que la révolution ne suffirait pas à régler les problèmes des femmes: «Ne niez donc pas la nécessité d'une réforme sociale féminine, même lorsque la réforme masculine aura eu lieu et sera arrivée à son plus haut point de développement. Les deux questions sont connexes, et on affecte trop de vouloir les résoudre à l'exclusion l'une de l'autre[62].» D'autre part, pour elle, seule une nouvelle société pouvait affranchir les femmes. Elle se désolidarisa donc totalement des féministes réformistes. Mandatée par la Bibliothèque socialiste, elle ira jusqu'à porter la contradiction dans une réunion suffragiste tenue par Hubertine Auclert, en 1884, sous prétexte que l'obtention des droits politiques ne changerait rien à l'exploitation des travailleuses par les capitalistes. Cette position est bien représentée par un membre de la Commune, Gustave Lefrançais: «Qu'importe aux ouvrières qui manient l'aiguille ou le brunissoir, ou qui se mettent les doigts en sang pour fabriquer des queues de fleurs artificielles, qui se ruinent la santé pour douze ou treize heures de travail pour ne pas gagner le pain nécessaire, qu'elles ne soient pas électrices, qu'elles ne puissent gérer les biens qu'elles n'ont pas et qu'elles ne puissent pas tromper leur mari sur un pied d'égalité[63] ?» Toutes les socialistes ne furent pas d'accord pour attendre les lendemains qui chanteraient pour les femmes. Heureusement. Paule Minck elle-même, d'ailleurs, revendiqua plus tard le droit de vote et l'éligibilité pour les femmes.

Il faut signaler que contrairement à l'opinion générale de son époque, elle ne pensait pas que les femmes soient réactionnaires par nature. Elle les estimait simplement empoisonnées par les prêtres et elle voyait en elles les agents privilégiés de la révolution: «C'est de vous seules, citoyennes, que viendra la révolution sociale; à vous de venir à nous, de vous pénétrer de nos idées et, quand ce jour viendra, la révolution sociale sera bientôt faite; nous n'aurons plus besoin de conférences, les cloches que vous entendez ne sonneront plus, vous aurez émancipé l'humanité[64].» Elle appelait donc les femmes à rejoindre les rangs des révolutionnaires parce qu'à son avis seule une nouvelle société pouvait les affranchir.

Le rôle des femmes dans la Commune fut très important pour l'imaginaire public. Dans l'esprit des révolutionnaires brille à jamais l'image héroïque de ces femmes qui moururent sur les barricades pour l'avènement d'un monde meilleur. Celui des réactionnaires resta à jamais hanté par l'image menaçante des pétroleuses semant le feu et la mort, avatars de Théroigne «amante du carnage» et des tricoteuses assoiffées de sang. Pour tous ceux-là, les communardes sont des femmes dénaturées au sens propre du terme. Ainsi, pour Maxime du Camp, ces «viragos belliqueuses» «qui se donnèrent à la Commune – et elles furent nombreuses – n'eurent qu'une seule ambition: s'élever au-dessus de l'homme en exagérant ses vices[65].» La palme revient à Alexandre Dumas fils, qui termine ainsi ses réflexions sur les communards: «Nous ne dirons rien de leurs femelles par respect pour les femmes à qui elles ressemblent quand elles sont mortes[66].» Monstres qui ont perdu le droit au titre d'êtres humains pour ne pas s'être conformés au modèle de leur sexe... On pense aux mots fiers de Louise Michel affrontant ses juges: «Vous êtes des hommes, et moi, je ne suis qu'une femme, et pourtant je vous regarde en face. [...] Prenez ma vie si vous la voulez. [...] Puisqu'il semble que tout cœur qui bat pour la liberté n'a droit qu'à un peu de plomb, j'en réclame ma part[67].»

Les suffragistes elles-mêmes agitèrent la peur des communardes pour pousser les hommes à leur accorder pacifiquement leurs droits. Leur argument est que: «Louise Michel est le représentant violent d'un sexe qui n'a pas de représentation régulière[68].»

La cause des femmes fut doublement affectée par la Commune: d'abord par l'absence, pendant dix ans, des militantes déportées ou enfuies en exil, ensuite par l'assimilation des féministes aux «pétroleuses». C'est sur leur crime contre «la féminité» que le capitaine Jouenne avait terminé son réquisitoire contre les accusées de la Commune: «créatures indignes qui semblent avoir pris à tâche d'être l'opprobre de leur sexe et de répudier le rôle immense et magnifique de la femme [...]. Voilà où conduisent toutes les dangereuses utopies[69] !» Il fait directement découler leurs activités criminelles des «discours émancipateurs» qui leur ont tourné la tête. On leur a fait miroiter «les plus incroyables chimères». «Des femmes avocats ! Magistrats ! Membres du barreau ! Oui, députés peut-être ! Et que sait-on? Des commandants ! Des généraux[70] !»

Féministes réformistes et radicales

Au lendemain de la Commune, le régime officiel est la République, mais c'est une «République sans les républicains»: la majorité des élus est en effet monarchiste ou bonapartiste. Le féminisme ne reprend donc que très doucement. Le journal de Léon Richer et Maria Deraismes, *Le Droit des femmes,* doit transformer son titre en *L'Avenir des femmes,* parce que le seul mot de «droit» paraît subversif. Fait significatif, le gouvernement interdit à Olympe Audouard[71] de faire des conférences sur la question des femmes parce que ces conférences sont le prétexte de réunions de femmes trop émancipées[72]. En 1872 a lieu le second Banquet du Droit des femmes. C'est l'occasion pour Victor Hugo, qui n'a pu accepter l'invitation, d'envoyer une lettre justement restée célèbre: «Il y a des citoyens, il n'y a pas de citoyennes. C'est un état violent, il faut qu'il cesse[73].» Mais les républicains craignent que le vote des femmes, influencées par l'Église, n'aille grossir les voix des réactionnaires, aussi remettent-ils cette revendication à plus tard, au jour où les femmes, nanties d'une solide instruction, comprendront pour quel côté il convient de voter. Maria Deraismes ellemême, qui avait pourtant répondu à ceux qui disaient aux femmes d'attendre: «Il y a plus de six mille ans que nous attendons[74]», accepta de se rallier à ces considérations conjoncturelles (qui rappellent celles de Paule Minck). La Société pour l'amélioration du sort de la Femme (ex-Association pour le droit des femmes) où elle milite avec Léon Richer adopte la stratégie des «brèches» ou des «petits pas» qui consiste à demander certains droits seulement. L'idée est que si l'on entame le mur des injustices, il s'écroulera petit à petit.

Quels sont les droits réclamés par les féministes réformistes ? Ils sont inlassablement énoncés dans les colonnes du journal de Léon Richer et Maria Deraismes, et repris périodiquement lors des premiers congrès féministes, réunis en 1878 et en 1889.

Tout d'abord, le droit à l'éducation. Toutes les féministes ont compris qu'elle était la voie de l'égalité, et la IIIe République publie une série de lois concernant l'éducation des filles: instruction gratuite et obligatoire de six à treize ans pour les enfants des deux sexes (1882), création d'un enseignement secondaire pour les filles institué par la loi Camille Sée en 1880. Mais le but réel n'était pas tant de promouvoir la cause des femmes que de les arracher à l'emprise de l'Église, et d'assurer ainsi l'attachement des enfants à la République. C'est ce que rappelle la devise gravée sur la médaille commémorative de cette loi: «La République instruit les jeunes filles qui seront les mères des hommes[75].» Le programme des écoles secondaires de jeunes filles débouchait non sur le baccalauréat mais sur un diplôme de fin d'études. Or le baccalauréat est le grade permettant l'accès aux études universitaires: l'impossibilité de s'y préparer empêchait donc les femmes d'entrer à l'université. Les seules femmes à pouvoir passer le baccalauréat – la première étant Julie Daubié, en 1861[76] – sont celles qui bénéficient de leçons privées. La préparation au baccalauréat devait ouvrir aux femmes l'accès des territoires jusqu'alors réservés aux hommes.

D'où la «Chanson des bachelières[77]», publiée en 1889 par *L'Esprit de la Femme:*

De notre lot
Depuis tantôt
Nous connaissons l'histoire
Et nous irons
En nombre rond
Sur votre territoire.

Il faudra bien
Ô gens de bien
Que vous nous fassiez place
Et l'on verra
Si l'on rira
De notre folle audace.

Qui pourrait retenir les femmes une fois que l'instruction leur aurait ouvert les yeux et donné des armes ? On comprend l'affolement des conservateurs, dont *Le Français* se fait l'interprète dans un article de 1880: «Au lieu de faire aimer à la femme le rôle secondaire, inférieur, mais encore si grand qui est le sien propre, on lui répète qu'elle a le droit à partager avec l'homme le premier rôle [...]. C'est là tout simplement le renversement des lois de la nature, et c'est un véritable oubli des conditions d'une société régulière telle que la religion chrétienne l'institue[78].»

Les féministes réclament donc un enseignement identique pour les deux sexes, le moyen le plus simple de l'assurer étant la «coéducation». Mixité des élèves et mixité du corps enseignant: il faut créer des écoles normales supérieures pour jeunes filles afin de former le personnel des lycées. Bien entendu, l'accès à toutes les branches d'études supérieures est également réclamé. Il y a d'ailleurs déjà quelques femmes dans les universités françaises, souvent des étrangères. Ainsi Blanche Edwards, qui après avoir suivi les cours de l'École de médecine, dûment chaperonnée par sa mère, fut la première femme reçue à l'internat en médecine. Le soir du concours, elle fut conspuée et brûlée en effigie par les candidats qui, plus réactionnaires que les professeurs, refusaient absolument d'avoir une femme parmi eux...

Accès aux études, accès à tous les emplois, en particulier dans l'administration. À ceux qui s'opposent au travail féminin en prônant la femme au foyer, Maria Deraismes fait remarquer que leur position est parfaitement hypocrite: «Il y a parti pris d'éloigner [la femme] de tout travail supérieur, susceptible de la rendre l'égale de l'homme dans les grandes manifestations de l'intelligence et du talent. Au contraire, il lui est permis de se livrer aux travaux les plus humbles et les plus pénibles, les plus périlleux. Personne ne s'y oppose et ne s'en scandalise[79].» En effet, au moment même où l'on mettait en avant la fragilité des femmes pour leur interdire l'accès aux études et aux carrières libérales, on faisait traîner les wagons de charbon par des jeunes filles rampant dans les couloirs des mines... Pour Maria Deraismes, le libre accès aux carrières libérales prouvera la capacité intellectuelle des femmes et «l'égalité intellectuelle mène nécessairement à l'égalité civile et politique[80]».

Le droit au travail est vu par les féministes comme la base de l'indépendance des femmes. Aussi une bonne partie d'entre elles s'oppose-t-elle aux mesures dites «protectionnistes» qui veulent imposer une législation spéciale au travail féminin (limitation des horaires, interdiction du travail de nuit): à leurs yeux, ces mesures se retourneront contre les femmes, qui trouveront encore plus difficilement un emploi, et qui n'arriveront peut-être plus à gagner le minimum vital. Les conditions de travail doivent être améliorées pour les travailleurs des deux sexes. Et il faut appliquer le principe: «À travail égal, salaire égal.»

Dans le domaine juridique, les femmes réclament trois mesures qui transformeraient le statut de la femme: la modification de la législation du mariage, l'abolition de la prostitution réglementée et l'autorisation de la recherche de paternité. Pour le premier point, elles obtiennent en 1884 le rétablissement du divorce grâce à la loi Naquet (encore que la loi reste inégalitaire et très restrictive, interdisant par exemple le divorce par consentement mutuel), mais aucune autre modification du Code civil.

La lutte contre la prostitution réglementée correspond à une double nécessité: sur le plan social, mettre un terme à une forme particulièrement odieuse d'exploitation des femmes pauvres; sur le plan symbolique, abolir le «double standard» qui s'applique aux mœurs de l'homme et de la femme. Toutes les féministes s'accordent à dire avec Hubertine Auclert: «Une même morale pour l'homme et pour la femme; ce qui est condamnable chez l'un ne pouvant être excusé chez l'autre[81].» Pour Maria Deraismes, la prostitution est une «façon criminelle de satisfaire la dépravation des hommes». Elle refuse l'argument selon lequel la prostitution est inévitable parce que le désir des hommes excède celui des femmes. Pour elle, la nature ne peut pas se contredire elle-même; entre le désir de l'homme et celui de la femme, il y a obligatoirement symétrie. En conséquence, «deux solutions se présentent: ou les hommes peuvent régler leurs mœurs et s'en tenir au mariage; ou il faut déclarer les mœurs libres pour les deux sexes avec une égale responsabilité des deux parts: recherche de la paternité, etc.[82]». Langage audacieux, qui n'est pas celui de toutes, mais l'opposition à la prostitution légale, elle, est commune. Le succès des «abolitionnistes» anglo-saxonnes est d'ailleurs là pour les encourager.

Le gros point de divergence entre les féministes françaises est l'obtention des droits politiques. Toutes s'insurgent contre leur monopolisation par les hommes: «On crée un suffrage universel – quel singulier universel ! –, on y oublie la moitié de l'humanité[83].» Les femmes le répètent depuis la Révolution. Mais une partie admet, comme Maria Deraismes, la nécessité de fractionner et d'échelonner les revendications. Il s'agit de se concilier l'opinion publique en émettant des demandes modestes et surtout de ne pas risquer de renforcer les cléricaux pour lesquels les femmes voteraient sans doute, soumises qu'elles sont à l'influence de l'Église. Les réformistes entérinent donc la «politique des brèches» et militent pour l'obtention, en un premier temps, des droits civils.

C'est la source de la rupture avec une militante plus jeune, Hubertine Auclert[84], qui représente le «féminisme radical». Pour elle, les droits civils découleront des droits politiques: «[...] le droit politique est pour la femme la clef de voûte qui lui donnera tous les autres droits[85].» Il faut donc revendiquer en priorité le bulletin de vote. Elle refuse la «politique des brèches»: «Je demande le droit de la femme, le droit absolu. On ne peut pas plus s'opposer à l'émancipation politique de la femme qu'on ne peut s'opposer à son émancipation civile[86].» Furieuse qu'on ne lui ait pas permis de réclamer le droit de vote au Congrès international des femmes de 1878, Hubertine publie l'intervention interdite sous le titre provocateur de: *Le Droit politique des femmes. Question qui n'est pas traitée au Congrès international des femmes* . Elle s'en prend à la modération de Maria Deraismes et de ses alliés: «C'est contester un droit que de ne pas oser l'affirmer. Que pourraient penser les oppresseurs des femmes, si ceux qui veulent les délivrer du joug se préoccupaient surtout de ne pas froisser leurs oppresseurs et demandaient timidement pour elles un peu plus d'intruction, un peu plus de pain, un peu moins d'humiliations dans le mariage et de difficultés dans la vie[87]?»

Pour faire triompher ses idées, Hubertine Auclert se tourne d'abord vers la classe ouvrière et se rend au Congrès ouvrier socialiste de Marseille en 1879. Elle y prononce un discours où, après les avoir remerciés d'avoir permis à une femme de parler «non parce qu'elle est ouvrière, mais parce qu'elle est femme – c'est-à-dire exploitée – esclave déléguée de neuf millions d'esclaves», elle appelle les prolétaires à faire cause commune avec les femmes, à «faire avec elles un pacte d'alliance défensif et offensif contre nos communs oppresseurs[88]». Elle parvient à faire voter un article déclarant l'égalité civile et politique de l'homme et de la femme. Hélas, Hubertine devait bientôt s'apercevoir qu'une fois de plus, «l'oppressé de la veille est resté l'oppresseur du lendemain[89]». Éternelle «flouée», pour reprendre le mot de Simone de Beauvoir, la femme s'engage dans les révolutions aux côtés des hommes sans jamais en recueillir les fruits. Une seule solution: cesser de faire la «tireuse de marrons» et travailler seule à sa propre cause. En 1881, Hubertine Auclert fonde un journal *La Citoyenne*, qui revendique pour la femme «non seulement la qualité civile du Français, mais encore la qualité politique du citoyen[90]». Le journal durera dix ans et sera à l'avant-garde de l'activisme féministe. Hubertine multipliera pétitions, programmes électoraux et actions militantes. Ainsi, elle appellera à la grève de l'impôt, en argumentant avec une logique irréfutable: «On m'a répondu que, devant le scrutin, Français ne signifiait pas Française. Si Français ne signifie pas Française devant le droit, Français ne peut signifier Française devant l'impôt.» «Je ne vote pas, je ne paie pas.» Lors d'un redécoupage de la carte électorale, elle prônera le refus du recensement (ne pas se laisser compter «comme les bêtes qu'on mène à l'abattoir») et organisera des actions symboliques très «médiatiques» comme le défilé du 14 juillet derrière un drapeau voilé de crêpe pour commémorer «la mort de tant de femmes qui ont aidé aux hommes à prendre la Bastille et qui après avoir été admises par les hommes à partager les dangers de la bataille ont été exclues par eux du partage de la liberté[91]». La cause des femmes doit être prise en mains par les femmes elles-mêmes, et indépendamment de tout autre combat: «Femmes qui rêvez l'avènement de la justice et le bonheur de l'humanité, au lieu d'aider le despotisme à changer de mains en prêchant la ridicule guerre de classes, conquérez donc dans la société actuelle le vote qui est bien plus puissant que les barricades pour transformer le vieux monde[92].» Donc, il ne faut faire confiance ni aux radicaux, comme Maria Deraismes, ni aux «faux frères socialistes», comme Louise Michel.

Une autre originalité d'Hubertine Auclert est sa dénonciation de l'exploitation de la ménagère: puisque le travail ménager est rétribué dès qu'il est accompli par une personne étrangère, il doit l'être également dans le cadre de la famille. Elle suggère un droit de retenue sur les appointements du mari, et surtout un partage des tâches ménagères à l'intérieur du couple. À l'opposé de ceux qui, tout en admettant l'égalité des hommes et des femmes, leur attribuent des «sphères» différentes, elle revendique l'égalité des deux sexes devant le travail, y compris le travail ménager. D'après elle, c'est en traitant les garçons comme des pachas qu'on leur donne la répugnance des besognes ménagères. Une éducation égalitaire la ferait disparaître et permettrait le partage des tâches. Ainsi éviterait-on enfin la double journée des femmes.

Enfin, les féministes s'entendent pour dénoncer les fleurs de rhétorique dont on camoufle leur sujétion. Un des arguments souvent rencontrés, en effet, pour leur refuser les droits politiques est qu'elles ont déjà trop de pouvoir. Ainsi, à l'occasion du Congrès français et international du Droit des femmes de 1889, *Le Constitutionnel* s'oppose aux revendications des femmes en prétendant qu'elles exercent déjà un pouvoir absolu: «Serait-il même équitable que disposant, quand elles veulent s'en donner la peine, du vote de tous les hommes qui se traînent à leurs pieds, elles eussent de surcroît, le droit de voter elles-mêmes? La partie ne serait plus égale. Souveraines et citoyennes, c'est trop[93].» Même argument dans *La Gironde littéraire*: «Que venez-vous parler d'esclavage, vous qui êtes les reines du monde et de la vie[94] ?»

Délivrées d'une vision romantique parfois séduisante, les femmes, à la fin du siècle, ont compris que les images flatteuses de «reine» et d' «ange» étaient des armes idéologiques pour les amener à accepter leur propre oppression. Hubertine Auclert persifle: «Voyez-vous cette reine qui ne peut qu'obéir, se soumettre aux injures et aux mauvais traitements[95] ?» Et Maria Deraismes explicite: «[...] de tous les ennemis de la femme, je vous le déclare, les plus grands sont ceux qui prétendent que la femme est un ange: dire que la femme est un ange, c'est l'obliger d'une façon sentimentale et admirative à tous les devoirs et se réserver à soi tous les droits [...] je décline l'honneur d'être un ange. Je ne reconnais à personne le droit de me forcer à être dupe et victime[96].» Un article de Libussa Slavenko dans *La Citoyenne* dénonce avec vigueur l'aliénation idéologique de celles qui se laissent prendre à la séduisante rhétorique des chantres de la Femme: «Comment y a-t-il encore des femmes assez abruties pour croire aux incessantes protestations des philosophes à l'eau de rose, leur serment sur tous les tons et dans toutes les langues que la femme est le joyau de la création, plus précieux que les plus rares trésors, etc. Femmes toujours abusées, regardez ! ah ! regardez plutôt la réalité brutale[97].» Pour mieux contrer l'influence de ceux qui tentent habilement de détourner les femmes du féminisme en les persuadant que les droits politiques leur ôteraient leur féminité[98], Hubertine Auclert se place sur le même terrain: «Le restez femmes, laissez la politique aux hommes [...] équivaut à un restez bêtes et laissez aux hommes le droit de vous dominer, de vous exploiter, de vous pressurer [...]. Pour être belles et captivantes, il faut être libres ! Et vous serez libres quand vous possèderez vos droits politiques[99].» À sophiste, sophiste et demi... On reconnaît un discours qui continue à nourrir la presse féminine aujourd'hui: comment exercer les fonctions naguère réservées aux hommes sans perdre sa féminité, style «le ministre (usage franco-français) a su rester une femme charmante, etc.». En d'autres termes, comment faire l'homme sans cesser d'être femme.

Mais qu'est-ce qu'être femme ?

Les femmes revendiquent le droit de se définir enfin elles-mêmes: «Nous, femmes, nous voulons être ce que *nous sommes* et ne point être ce qu'on nous fait[100].» Et pour cela, il faut d'abord que la femme «se rie de toutes les folles utopies élaborées sur sa nature, ses fonctions déterminées pour l'éternité, et se rappelle qu'elle est , non pas ce que la nature, mais ce que l'esclavage, les préjugés, l'ignorance, l'ont faite[101]». On voit que dès 1860, Jenny d'Héricourt avait déjà formulé l'idée-choc de Simone de Beauvoir un siècle plus tard: «On ne naît pas femme, on le devient.» Mais il y a souvent une contradiction dans la position des féministes. D'une part, elles refusent d'être parquées dans un rôle déterminé et s'appuient sur une identité de nature entre l'homme et la femme pour revendiquer l'égalité dans tous les domaines. «Les qualités morales et intellectuelles sont absolument indépendantes du sexe de l'individu qui les possède. [...] Il n'y aura d'harmonie dans la société, il n'y aura de bonheur pour l'humanité que dans l'égalité des droits pour tous et l'équitable répartition des fonctions entre tous, hommes et femmes, indifféremment, selon leurs aptitudes particulières[102].» Inversement, elles arguent d'une spécificité de la femme, «agent moral par excellence[103]», pour réclamer sa participation à la vie politique. Son sens des réalités et sa supériorité morale permettraient enfin que l'État soit géré avec bon sens et probité. Oui, le sentiment est l'apanage de la femme, mais il n'y a pas lieu de le bannir de la politique car c'est un ferment de justice sociale. La solution de cette apparente contradiction est peut-être à chercher du côté de l'opposition nature/culture. Les femmes ne différeraient pas des hommes par nature mais par culture. Le rôle dans lequel on les a enfermées aurait développé chez elles des qualités spéciales (attention aux autres, sens du réel, etc.) qui constituent une supériorité. Ces valeurs féminines permettraient d'instaurer un autre ordre social et de remplacer «l'État Minotaure», qui ne se manifeste que pour percevoir des dîmes d'argent et de sang par un «État mère de famille» qui assisterait les faibles (enfants, vieillards, etc.), assurerait la justice sociale et du travail à tous. La même métaphore oppose les guerres menées par les hommes et la paix voulue par les femmes. Il est frappant de voir à quel point les féministes sont attachées à la paix. Beaucoup d'entre elles militent dans les mouvements pacifistes. Elles veulent «faire la guerre à la mort», selon la formule frappante d'Hubertine Auclert, qui propose un service humanitaire pour remplacer le service militaire, et une commission internationale d'arbitrage pour régler les conflits mondiaux.

La question de la «nature féminine» est toujours d'actualité. Au dogme de l'identité postulé par Simone de Beauvoir a succédé la «parole de femme» qui à nouveau revendique sa spécificité. Mais il faut souligner que le débat aujourd'hui s'inscrit dans un contexte bien différent qui en modifie les termes. Maintenant que, dans les pays occidentaux, la législation – sinon les mœurs – assure l'égalité des sexes, les femmes peuvent s'offrir le luxe de revendiquer leur «féminitude», de dire comme Mariella Righini : «Écoute ma différence.» Partir de cette différence, au XIXe siècle, c'était courir le risque de se voir assigner un rôle spécifique, donc refuser l'égalité des droits. Faute de voir créer la société où se conjugueraient harmonieusement masculinité et féminité, comme le voulaient les saint-simoniennes, il est prudent de partir des droits de l'individu sans tenir compte du sexe.

Les féministes françaises du XIXe siècle ont-elles gagné ?

La réponse est oui et non.

Non si l'on considère la médiocrité des acquis à la fin de leur siècle: toujours pas de droit de vote, pas de réforme du mariage (à part un droit de divorce limité), pas de libre disposition de son salaire pour la femme mariée, ni de droit de se syndiquer sans autorisation maritale pour la travailleuse. On peut refaire la liste des iniquités dressée en introduction. Le XIXe siècle n'a pas pris la «Bastille des femmes». L'exemple des autres pays contribue à la frustration des Françaises: «Quand cesserons-nous de dire impossible et impraticable ce qui se passe à deux pas de nous[104]?» Elles ont été les premières sur la brèche et elles se retrouvent en queue de peloton, n'ayant quasiment rien obtenu de concret.

Cependant, leur lutte a porté ses fruits sur le plan de l'opinion. Nous en trouvons paradoxalement la preuve dans les tirades du roi des phallocrates[105], Barbey d'Aurevilly:

> Presque tout le monde actuellement a le ridicule de penser que l'homme et la femme ont la même tête, le même cœur, la même puissance et le même droit. C'est stupide, ignorant et anarchique qu'une telle idée; mais cela n'est plus ridicule par la raison que cela tend à devenir une croyance et une opinion universelle. Le ridicule est toujours le viol d'une convention ou d'une convenance sociales – d'une manière générale de sentir et de penser; et les Bas-Bleus, avec leurs livres, leurs thèses et leurs affectations, ont tant bleui le monde que le monde ne s'apercevra bientôt plus de la couleur de leurs bas[106].

Il semble donc qu'une percée essentielle ait été faite sur le plan des idées, mais qu'il ait fallu attendre le siècle suivant pour que la législation et les mœurs traduisent dans les faits les acquis de la fraction «éclairée» de l'opinion.

En conclusion, on peut faire remarquer que c'est la stratégie des féministes réformistes à la Maria Deraismes et radicales à la Hubertine Auclert qui a été la plus efficace: l'expérience a montré que l'avènement de sociétés socialistes n'avait nullement pour corollaire la libération des femmes.

Cependant, même dans les sociétés occidentales de type démocratique, l'égalité n'existe pas dans les faits: les statistiques prouvent l'infériorité économique des femmes; la double journée continue à sévir; le personnel politique reste massivement masculin. Peut-être faudrait-il la résurgence de courants utopistes profondément novateurs pour nous donner un nouvel élan ? En ce sens, on pourrait dire que si c'est aux féministes modèle fin-de-siècle que nous devons la transformation de la condition des femmes, c'est peut-être vers les visionnaires du début que nous pourrions nous tourner pour retrouver le courage de l'imagination.

Notes

1. *Théorie des quatre mouvements et des destinées générales,* 1808, cité par Marguerite Thibert dans *Le Féminisme dans le socialisme français,* Paris, Marcel Giard, 1926, p. 99.
2. Cité par Michèle Sarde, *Regard sur les Françaises,* Paris, Stock, 1983, p. 523.
3. Hubertine Auclert, «Le 89 des femmes», *La Citoyenne,* juin 1889.
4. Formule de Napoléon, citée par Michèle Sarde, *op. cit.,* p. 43.
5. Juliette Lamber, *Idées anti-proudhoniennes sur l'amour, la femme et le mariage,* Paris, E. Dentu, 1861.
6. Lettre de Victor Hugo au Droit des femmes, publiée dans *L'Avenir des femmes,* 10 juillet 1872.
7. Alfred de Vigny, «La maison du berger», 1844.
8. Saint-Simon (1760-1825) a le charme de l'originalité. Tous les jours, il se faisait réveiller à cinq heures du matin par son valet de chambre qui lui disait: «Souvenez-vous, Monsieur le Comte, que vous avez de grandes choses à faire.» Devenu très riche grâce à ses spéculations sous la Révolution, il dépensa toute sa fortune en mécénat. Tombé dans la misère, copiste au

Mont-de-Piété, il fut secouru par son ancien valet et accueillit la mort avec un bel optimisme avec cette dernière parole: «L'avenir est à nous.»

9. Cité par Édith Thomas, *Pauline Roland: Socialisme et féminisme au* XIXe *siècle,* Paris, Librairie Marcel Rivière, 1956, p. 25.

10. Ce fait ne doit pas masquer qu'aucune femme ne fut «prédicatrice», c'est-à-dire chargée de diffuser publiquement la doctrine, et qu'au total, il n'y avait que 12 femmes pour 67 hommes dans la hiérarchie.

11. Suzanne Voilquin, *Souvenirs d'une fille du peuple ou la saint-simonienne en Égypte,* Paris, E. Sauzet, 1866, p. 77.

12. Édith Thomas, *op. cit.,* p. 45.

13. Cité par Marguerite Thibert, *op. cit.*, p. 40.

14. Formule d'Enfantin.

15. Lettre à Aglaé de Saint-Hilaire, novembre 1833, dans Édith Thomas, *op. cit.,* p. 64.

16. Lettre à Aglaé de Saint-Hilaire, mars 1834, *ibid.,* p. 69.

17. *Ibid.*, p. 67.

18. Note de Jean-François Aicard à Maître Bessat, *ibid.,* p. 79.

19. Claire Démar, *Ma loi d'avenir* dans *L'Affranchissement des femmes,* textes présentés par Valentin Pelosse, Paris, Payot, 1976, p. 86.

20. *Ibid.,* p. 86.

21. *Ibid.*, p. 94.

22. «Tout ce que les femmes peuvent en ce moment, c'est d'expérimenter, en vue de l'avenir, à leurs risques et périls, les théories morales du Père. Mais celles qui s'aventureront dans cette voie devront se sentir des ailes au cœur et à la pensée pour planer quand même au-dessus de l'abîme !!» Suzanne Voilquin, *Souvenirs..., op. cit.,* p. 186.

23. *Ibid.,* p. 142.

24. Elle retrouve là-bas la petite expédition de saint-simoniens partis chercher en Orient la «femme Messie» qui viendrait prendre place sur le trône à côté du Père Enfantin. Celui-ci avait en effet conclu que puisque le Père était venu d'Occident, la Mère devait être en Orient. Les Compagnons de la Femme, nouveaux Argonautes, s'étaient embarqués à douze sur la Clorinde et avaient abouti en Égypte après un essai infructueux pour convertir le Sultan de Constantinople à la libération de la femme. Suzanne Voilquin ne croyait pas quant à elle à l'existence de la Femme-Messie. Elle y voyait un

symbole de la nouvelle conscience féminine qui émergerait quand la femme serait élevée dans la liberté.

25. Fourier est le plus fascinant des socialistes utopistes. C'est un libertaire absolu, qui fonde son système sur le bonheur de l'individu. Pour lui, le bonheur est dans la satisfaction des passions, que la société doit satisfaire au lieu de réprimer. Les passions de chaque individu doivent être utilisées par le système, sans que les rôles sociaux soient aucunement déterminés par le sexe. Tout juste peut-il y avoir des différences statistiques entre les passions dominantes des hommes et celles des femmes. L'éducation des enfants est mixte et elle est assurée, ainsi que les soins ménagers (source d'infériorité intellectuelle pour les femmes) collectivement par des hommes et des femmes. L'exposé de la doctrine fouriériste, passionnante, est impossible dans le cadre de cet article. Nous renvoyons à sa *Théorie des quatre mouvements et destinées générales* et à Marguerite Thibert, *op. cit.*

26. Flora Tristan, *Appel aux femmes de tous les rangs* dans Marguerite Thibert, *op. cit.*, p. 296.

27. Dominique Desanti, *Flora Tristan. La Femme révoltée,* Paris, Hachette, 1972, p. 237.

28. Cité par Maïté Albistur et Daniel Armogathe, *Histoire du féminisme français,* Paris, Éd. des femmes, 1977, p. 450.

29. *La Voix des femmes,* n° 1, 20 mars 1848.

30. *Ibid.*

31. *La Voix des femmes,* n° 3, 23 mars 1848.

32. Jeanne Deroin, *Campagne électorale de la citoyenne Jeanne Deroin* et *Pétition des femmes au peuple,* s. d., Bibliothèque nationale (Paris), Fol lb55 505.

33. *Ibid.*

34. *La Voix des femmes,* n° 43, 10 au 13 juin 1848.

35. *La Voix des femmes,* n° 1, 20 mars 1848.

36. *La Voix des femmes,* n° 41, 6 au 8 juin 1848.

37. Marguerite Thibert, *op. cit.*, p. 332.

38. Édith Thomas, *op. cit.*, p. 152.

39. *La Voix des femmes,* n° 46, 18 au 20 juin 1848.

40. Pierre-Joseph Proudhon, *La Justice,* vol. III, p. 359, cité par Jenny d'Héricourt, *La Femme affranchie, Réponse à MM. Michelet, Proudhon, É. de*

Girardin, A. Comte et autres novateurs modernes, Bruxelles, Paris, A. Lacroix, Van Meenen, 1860, t. II, p. 168.

41. Juliette Lamber, *op. cit.,* p. 41-42.

42. *Ibid.,* p. 77.

43. *Ibid.,* p. 133.

44. Jenny d'Héricourt, *op. cit.,* p. 209.

45. *Ibid.,* p. 8.

46. George Sand, en effet, ne travailla qu'à sa libération personnelle et se désolidarisa publiquement des revendications féministes, estimant que le droit de vote ne soulagerait pas la misère des femmes.

47. Jenny d'Héricourt, *op. cit.,* p. 133.

48. *Ibid.,* p. 10.

49. Cité par Jenny d'Héricourt, *op. cit.,* p. 113.

50. Elle propose en particulier la création d'un Institut polytechique pour former des scientifiques femmes et un comité encyclopédique formé de spécialistes femmes qui éditeraient une encyclopédie «rationnelle et populaire».

51. Jenny d'Héricourt, *op. cit.,* p. 122.

52. La loi de 1852 avait établi l'autorisation préalable, le cautionnement, le droit de timbre et l'avertissement. Le troisième avertissement provoquait la suppression définitive du journal.

53. Date de la Loi d'amnistie.

54. Benoît Malon, *La Troisième Défaite historique du Prolétariat français,* Neuchâtel, G. Guillaume fils, 1871, p. 272, cité par Édith Thomas dans *Les Pétroleuses,* Paris, Gallimard, 1963, p. 11.

55. À la chute de la Commune, lorsque les troupes de Thiers prennent Paris d'assaut, cent vingt femmes du Comité de l'Union des femmes pour la défense de Paris tinrent pendant plusieurs heures la barricade de la place Blanche. Les survivantes, repliées sur la barricade du boulevard Magenta, se firent massacrer jusqu'à la dernière.

56. Voir Maïté Albistur et Daniel Armogathe, *op. cit.,* p. 495.

57. André Léo est le pseudonyme de Léodile Champseix. Cette romancière a écrit de nombreux romans féministes et mené une carrière de journaliste. Son pseudonyme était formé du prénom de ses deux fils, ce qui excita la verve satirique de Barbey d'Aurevilly: «[D]ans toute sa vie elle n'a eu qu'une jolie idée. Ce fut quand elle prit les deux noms de ses fils – André et

Léo – pour s'en faire son nom d'écrivain. Ne marchandons pas ! c'est charmant. Cela rappelle Cléobis et Biton, qui traînaient leur mère. » *Les Vieilles Actrices,* cité dans le numéro spécial du *Lérot rêveur,* intitulé *André Léo (1824-1900). Une journaliste de la Commune,* n° 44, mars 1987, p. 70.

58. *Ibid.*, p. 47.

59. *Ibid.*, p. 50.

60. *Ibid.*, p. 49.

61. *Ibid.*, p. 50.

62. Discours du 13 juillet 1868 au Vaux Hall, dans Alain Dalotel, *Paule Minck, communarde et féministe (1839-1900),* préf., notes et comment., Paris, Syros, 1981.

63. Gustave Lefrançais, *Souvenirs d'un révolutionnaire,* préf. de Lucien Descaves, Bruxelles, *Les Temps nouveaux,* cité par Édith Thomas dans *Les Pétroleuses, op. cit.*, p. 44.

64. Discours du 6 décembre 1880, Alain Dalotel, *Paule Minck..., op. cit.*, p. 156.

65. Maxime du Camp, *Les Convulsions de Paris,* cité par Édith Thomas, *Les Pétroleuses, op. cit.*, p. 9.

66. Alexandre Dumas fils, *Le Fond de la Société,* cité par Édith Thomas, *Les Pétroleuses, op. cit.*, p. 10.

67. *Gazette des Tribunaux,* 18 déc., cité par Édith Thomas, *Les Pétroleuses, op. cit.*, p. 225-226.

68. Camille, *La Citoyenne,* n° 74, juillet 1883. L'article rapporte que l'avocat général montra à Louise Michel le manche à balai auquel elle avait accroché son drapeau et lui dit qu'il y avait là « de quoi lui rappeler la mission de la femme ».

69. Cité par Maïté Albistur et Daniel Armogathe, *op. cit.*, p. 497.

70. *Ibid.*

71. Femme de lettres et grande voyageuse qui gagnait sa vie par sa plume. Elle est l'auteure de nombreux récits de voyage. (Parmi les titres les plus alléchants, citons *Les Mystères du sérail* et les *Nuits russes* !) Elle écrivit aussi plusieurs livres féministes, dont *Guerre aux hommes* (1863), fit une pétition auprès du gouvernement en 1867 pour réclamer les droits civils et politiques de la femme et répondit par une conférence au réquisitoire de Barbey d'Aurevilly contre les Bas-bleus. Son excentricité et ses opinions royalistes orléanistes en font une militante isolée.

72. Voir Claire Goldberg Moses, *French Feminism in the 19th Century*, Albany, State University of New York Press, 1984, chap. VIII.

73. Lettre publiée dans *L'Avenir des femmes,* 7 juillet 1872.

74. *Ibid.*

75. Cité par Laurence Klejman et Florence Rochefort, *L'Égalité en marche. Histoire du mouvement féministe en France (1868-1914),* Paris, Presses de la Fondation des sciences politiques / Éd. des femmes, 1989.

76. Julie Daubié avait alors trente-sept ans et il fallut une intervention personnelle de l'impératrice Eugénie pour qu'elle ait l'autorisation de se présenter. Julie Daubié devint ensuite la première licenciée ès-lettres et milita toute sa vie pour l'obtention des droits politiques des femmes. Elle est l'auteure d'un livre qui eut un grand retentissement: *La Femme pauvre au XIXe siècle*, Paris, Guillaumin, 1866 et d'une série de brochures sur les droits de la femme: *L'Émancipation de la femme en dix livraisons,* Paris, E. Thorin, 1871.

77. Cité par Laurence Klejman et Florence Rochefort, *op. cit.*

78. *Le Français,* 24 janvier 1880, cité par Mona Ozouf, *L'École, l'Église et la République,* Paris, Éd. A. Colin, 1963, p. 104.

79. Discours envoyé à la deuxième assemblée générale de l'Union universelle des femmes, tenue à Paris le 25 avril 1891, cité dans Maria Deraismes, *Ce que veulent les femmes. Articles et conférences de 1869 à 1894,* préface, notes et commentaires d'Odile Krakovitch, Paris, Syros, 1980, p. 134.

80. *Ibid.,* p. 137.

81. Programme du Droit des femmes publié dans *Le Radical,* 3 avril 1877.

82. Maria Deraismes, cité dans *Congrès français et international du Droit des femmes*, Paris, E. Dentu, 1889, p. 167.

83. Maria Deraismes, *op. cit.,* p. 121.

84. Sur cette militante qui se distingue par son imagination fertile et sa plume acérée, voir Steven C. Huse, *Hubertine Auclert. The French Suffragette,* Yale, Yale University Press, 1987.

85. Hubertine Auclert, *La Citoyenne,* 13 février 1881.

86. Hubertine Auclert, *Le Droit politique des femmes. Question qui n'est pas traitée au Congrès international des femmes,* Paris, L. Hugonis, 1878, p. 4.

87. *Ibid.,* p. 4.

88. Hubertine Auclert, *Égalité sociale et politique de l'homme et de la femme,* Marseille, A. Thomas, 1879, p. 2.

89. Hubertine Auclert, *Le Droit politique des femmes, op. cit.*, p. 5.
90. Hubertine Auclert, *La Citoyenne*, 13 février 1881.
91. Cité par Christine Klein-Lataud, «De *La Voix des femmes* à *La Citoyenne*: les femmes prennent la parole», *Resources for Feminist Research/Documentation pour la recherche féministe*, vol. XIV, n° 2, juillet 1985.
92. Hubertine Auclert, «Les tireuses de marrons», *La Citoyenne*, n° 65, oct. 1882.
93. *Le Constitutionnel*, 26 juin 1889.
94. *La Gironde littéraire*, 30 juin 1889.
95. Hubertine Auclert, *La Citoyenne*, n° 4, 6 mars 1881.
96. Maria Deraisme, *Œuvres complètes*, Paris, Félix Alcan, t. II, 1895, p. 21.
97. Libussa Slavenko, *La Citoyenne*, n° 81, février 1984.
98. Henri Second dans *La France*, cité dans *La Citoyenne*, n° 83, avril 1884: «Les droits politiques, c'est comme qui dirait les moustaches et la barbe intellectuelle; une femme à barbe, est-ce joli ?»
99. Hubertine Auclert, *La Citoyenne*, n° 83, avril 1884.
100. Expression de Maria Deraismes, *op. cit.*, p. 45.
101. Hubertine Auclert, *La Citoyenne*, n° 65, octobre 1882.
102. *Ibid.*
103. Maria Deraismes, *Ce que veulent les femmes, op. cit.*, p. 45.
104. Hubertine Auclert, *La Citoyenne*, n° 65, octobre 1882.
105. Rappelons que le mot a été employé pour la première fois à l'écrit par Libussa Slavenko dans *La Citoyenne*.
106. Barbey d'Aurevilly, *Les Bas-bleus*, Paris, Bruxelles, G. Lebrocquy, 1878, p. 341-342.

Bibliographie

Écrits du XIXe siècle

AUCLERT, Hubertine. *La Citoyenne (1848-1914)*, préf. et comment. d'Édith Taïeb, Paris, Syros, 1982.

———. *Le Droit politique des femmes. Question qui n'est pas traitée au Congrès international des femmes,* Paris, L. Hugonis, 1878.

———. *Égalité sociale et politique de l'homme et de la femme,* Marseille, A. Thomas, 1879.

Citoyenne, (La) (sous-titre : *Journal pour la revendication des Droits de la femme*, puis *Journal pour la revendication du Suffrage des femmes*) 13 février 1881 - novembre 1891 (187 numéros, de périodicité variable, hebdomadaire, mensuelle, bimensuelle).

Congrès français et international du droit des femmes, Paris, E. Dentu, 1889.

DAUBIÉ, Julie. *La Femme pauvre au XIXe siècle*, Paris, Guillaumin, 1866.

———. *L'Émancipation de la femme en dix livraisons,* Paris, E. Thorin, 1871.

DÉMAR, Claire. *L'Affranchissement des femmes,* textes prés. par Valentin Pélosse, Paris, Payot, 1976.

DERAISMES, Maria. *Ce que veulent les femmes. Articles et discours de 1869 à 1894,* préf. et comment. d'Odile KRAKOVITCH, Paris, Syros, 1980.

———. *Œuvres complètes,* Paris, Félix Alcan, 1895.

DEROIN, Jeanne. *Campagne électorale de la citoyenne Jeanne Deroin* et *Pétition des femmes au peuple,* s. d. Bibliothèque nationale (Paris), Fol lb55 505.

HÉRICOURT, Jenny D'. *La Femme affranchie. Réponse à MM. Michelet, Proudhon, É. de Girardin, A. Comte et autres novateurs modernes,* Bruxelles, Paris, A. Lacroix, Van Meenen, 1860.

LAMBER, Juliette. *Idées anti-proudhoniennes sur l'amour, la femme et le mariage,* Paris, E. Dentu, 1861.

LÉO, André (pseudonyme de Léodile Champseix). Numéro spécial du *Lérot rêveur,* intitulé *André Léo (1824-1900). Une journaliste de la Commune,* n° 44, mars 1987.

VOILQUIN, Suzanne. *Souvenirs d'une fille du peuple ou la saint-simonienne en Égypte,* Paris, E. Sauzet, 1866.

Voix des femmes (La) (sous titre : *Journal socialiste et politique*) 20 mars 1848 - 20 juin 1848 (46 numéros).

Ouvrages de référence

ADLER, Laure. *Les Premières Journalistes (1830-1850),* Paris, Payot, 1979.

————————. *Secrets d'alcôve. Histoire du couple de 1830 à 1930,* Paris, Hachette, 1983.

ALBISTUR, Maïté et Daniel ARMOGATHE. *Histoire du féminisme français,* Paris, Éd. des femmes, 1977.

ARON, Jean-Paul. *Misérable et glorieuse la femme du XIXe siècle,* Bruxelles, Éd. Complexe, 1984.

DALOTEL, Alain. *Paule Minck, communarde et féministe (1839-1901),* Paris, Syros, 1981.

DESANTI, Dominique. *Flora Tristan. La Femme révoltée,* Paris, Hachette, 1972.

DOLLÉANS, Édouard. *George Sand: féminisme et mouvement ouvrier,* Paris, Éd. Ouvrières, 1951.

FLAMANT-PAPARATTI, Danièle. *Bien-pensantes, Cocodettes et Bas-Bleus,* Paris, Denoël, 1984.

FRAISSE, Geneviève. *Muse de la raison. La Démocratie exclusive et la Différence des sexes,* Aix-en-Provence, Éd. Alinéa, 1989.

GOLDBERG MOSES, Claire. *French Feminism in the 19th Century,* Albany, State University of New York Press, 1984.

KLEJMAN, Laurence et Florence ROCHEFORT. *L'Égalité en marche. Le Féminisme sous la IIIe République,* Paris, Presses de la Fondation des sciences politiques / Éd. des femmes, 1989.

KNIBIEHLER, Yvonne *et al. Les Jeunes Filles de l'âge classique à nos jours,* Paris, Messidor / Temps actuels, 1983.

MAUGUE, Annelise. *L'Identité masculine en crise à la fin du siècle,* Paris, 1987.

MAYEUR, Françoise. *L'Enseignement secondaire des jeunes filles sous la IIIe République,* Paris, Presses de la Fondation nationale des sciences politiques, 1977.

PLANTÉ, Christine. *La Petite Sœur de Balzac,* Paris, Seuil, 1989.

PRIOLLAUD, Nicole. *La Femme au XIXe siècle,* Paris, Sylvie Messinger, 1983.

RABAUT, Jean. *Histoire des féminismes français,* Paris, Stock, 1978.

SARDE, Michèle. *Regard sur les Françaises,* Paris, Stock, 1983.

THIBERT, Marguerite. *Le Féminisme dans le socialisme français,* Paris, Marcel Giard, 1926. (Microfiche 9038 à la Bibliothèque nationale de Paris)

THOMAS, Édith. *Pauline Roland. Socialisme et féminisme au XIXe siècle,* Paris, Librairie Marcel Rivière, 1956.

————. *Les Femmes de 1848,* Paris, Presses universitaires de France, 1948.

————. *George Sand,* Paris, Éd. universitaires, 1959.

————. *Les Pétroleuses,* Paris, Gallimard, 1963.

SYLVIE d'AUGEROT-AREND
Collège universitaire Glendon
Université York (Toronto)

REBELLES ET THÉORIE POLITIQUE

Le terme «rebelle» en théorie politique s'applique à toute théoricienne car il faut l'être pour envahir un monde où les hommes ont constamment refusé et refusent encore de reconnaître les femmes et, par conséquent, d'apprécier leurs contributions à cette discipline. C'est par nécessité que les théoriciennes se rebellent contre cette censure. Elles développent leur vision dans un vécu aux prises avec une injustice qui touche à leurs relations avec les théoriciens; de plus, elles l'étendent habituellement, pour la seule raison de leur sexe, à tous les aspects de leur vie. Les théoriciennes insistent également sur l'intégralité des théories classiques auxquelles elles se rattachent et sur les conséquences logiques de celles-ci, s'insurgeant contre les interprétations tronquées de leurs camarades masculins qui, entre autres lacunes, ignorent la population féminine. De plus, les théoriciennes soulignent qu'il n'y a pas de césure entre le privé et le politique. Elles pensent donc, d'une part, qu'embrasser une théorie, c'est la vivre dans son intégralité. D'autre part, leur vision intégrale des théories, leur expérience de vie et leur adéquation entre théorie et pratique leur font étendre le politique au domaine privé et rechercher les racines premières des relations de pouvoir et d'oppression en dévoilant celles qui existent entre les sexes. Elles visent donc non pas, comme leurs collègues masculins, à une transformation partielle mais à une transformation vraiment totale de la société grâce à l'abolition de toutes relations d'oppression, publiques comme privées. Enfin, elles contribuent de deux façons à l'enrichissement de la pensée politique, en révélant certaines implications et certains aspects des théories classiques que les théoriciens préféraient ignorer et en contribuant également à l'élaboration et à l'évolution d'un courant distinct de théorie politique féministe. Pour illustrer ces points, je me servirai de cinq exemples de théoriciennes dont les différentes nationalités démontrent l'internationalisme de la pensée politique féministe. Leurs longs séjours dans divers pays et leur participation à des conférences et à des congrès internationaux permirent à plusieurs d'entre elles de se rencontrer, d'échanger des idées et même d'œuvrer ensemble. Donc, bien que seule la première théoricienne soit de nationalité française, les idées des quatre autres marquèrent aussi l'évolution de la pensée politique féministe en France. La deuxième, Emma Goldman, rencontra la première, Louise Michel à plusieurs reprises. Elle connaissait ses écrits et, dans sa biographie, elle souligna l'admiration qu'elle éprouvait pour son aînée. Elle fit de longs séjours en France, y fut en contact avec le mouvement anarchiste et y rédigea sa vie. L'influence des trois autres théoriciennes, Emma Goldman, Clara Zetkin et Rosa Luxemburg, s'exerça directement dans leur travail de propagande et d'agitation en France et dans leurs rencontres avec les Françaises aux divers congrès socialistes, et, indirectement, par la traduction de leurs écrits dans les revues socialistes et féministes françaises. Ce qui est advenu en Union soviétique à la vision idéale et aux réformes de la dernière théoricienne, Alexandra Kollontaï, inspira et continue également d'inspirer une réflexion critique chez certaines féministes françaises.

À la fin du XVIIIe siècle, Olympe de Gouges, Mary Wollstonecraft et Harriet Taylor Mill avaient lutté pour prouver que les droits individuels et universels du libéralisme ne pouvaient logiquement exclure les femmes. Toutes les trois avaient insisté sur les relations de pouvoir existant entre les sexes et sur la nécessité de les abolir. Toutes les trois avaient extrapolé la conscience aiguë de l'injustice sociale dont elles souffraient en tant que femmes à celle de l'oppression infligée à d'autres groupes sociaux. Or, vers la fin du XIXe siècle, nés et renforcés particulièrement par l'expérience de la Commune, deux courants de pensée, l'anarchisme et le socialisme, qui attaquaient directement les injustices sociales et visaient une complète transformation de la société, gagnaient en popularité. On pouvait espérer que les théoriciennes de ces deux courants ainsi que leurs contributions à la théorie politique et à la théorie politique que l'on appelle maintenant «féministe» y seraient justement reconnues. Les théoriciennes les plus importantes étaient les anarchistes Louise Michel et Emma Goldman, et les socialistes Clara Zetkin, Rosa Luxemburg et Alexandra Kollontaï.

Louise Michel

Dès sa naissance, en mai 1830, Louise Michel fut marquée, comme Olympe de Gouges et Flora Tristan, par l'injustice fondamentale des relations entre les sexes renforcée par la loi qui la met en marge de la société, son père ne l'ayant pas reconnue. Fille d'une servante, élevée probablement par ses grands-parents paternels[1], aristocrates aux tendances libérales et républicaines, forcée à gagner sa vie comme institutrice après leur mort, les circonstances de son enfance et de son adolescence développèrent chez elle une forte conscience sociale mais aussi une compassion pour les opprimés, humains et animaux. Bien que ses idées aient évolué au cours de sa vie, fait que ses *Mémoires* ne reconnaissent pas toujours sur certains points[2], elle ne manquera jamais de vivre selon ses convictions. Elle écrit elle-même qu'elle est anarchiste parce que toute sa vie elle a été indignée[3].

Dès sa jeunesse, elle s'insurge contre l'infériorité de l'éducation donnée aux filles[4] et les mariages arrangés[5]. Elle voit l'origine de sa révolte contre le pouvoir dans son indignation devant les tortures que les paysans infligeaient aux animaux[6] et devant la situation déplorable de la paysannerie elle-même. Devenue institutrice, sa compassion et sa révolte s'appliquent, à partir de 1853, à ses élèves et à la misère qu'elle rencontre à Paris en 1856. Sa vie personnelle n'est riche que de deux amours, celui, bref, pour le communard Théo Ferré, de 16 ans son cadet, qui est exécuté le 28 novembre 1871, et celui pour sa mère, Marianne, qui viendra vivre avec elle à Paris. Plus tard, sa mère la visitera en prison, correspondra avec elle lors de son exil en Nouvelle-Calédonie et laissera, à sa mort, le 3 janvier 1885, un énorme vide dans la vie de Louise dont la révolution sera désormais l'unique passion.

Ses convictions révolutionnaires sont liées à sa participation active à la Commune en 1871 où à la fois elle «tue comme un soldat[7]» et organise des services d'ambulance pour soigner les blessés, amis ou ennemis. C'est au cours du siège de Paris qu'elle devient anticléricale et remplace charité par fraternité, tout en continuant de prendre soin des pauvres et en s'impliquant dans les comités blanquistes et internationalistes. Son premier emprisonnement ne lui fait pas perdre ses convictions. Au contraire, elle profite de son procès pour exposer ses idées et assurer ses juges qu'elle «ne cessera pas de crier vengeance[8]». Ses idées anarchistes se développeront au cours de sa déportation en Nouvelle-Calédonie et resteront sensiblement les mêmes durant le reste de sa vie[9]. Elle critiquera alors la Commune pour avoir essayé de gouverner la révolution. Son horreur du pouvoir, sa croyance que tout pouvoir corrompt sont définitives. À son retour de déportation, elle déclare: «Nous lutterons contre ceux qui nous oppriment et pour la justice sociale, il faut en finir de cet âge où les mères deviennent folles de chagrin et où les enfants meurent[10]...» Elle affirme ces principes en appuyant, en 1889, le grand manifeste des anarchistes qui déclarait: «Nous voulons la liberté et nous croyons son existence incompatible avec l'existence d'un pouvoir quelconque, quelles que soient son origine et sa forme... Nous réclamons pour tout être humain le droit et le moyen de faire tout ce qui lui plaît[11].» Notons que l'égalité y est perçue comme une condition primordiale de la liberté, une égalité qui reconnaît les différences et promet dans la société nouvelle «à chacun selon ses facultés, à chacun selon ses besoins[12]».

Ses convictions lient dans une certaine mesure l'individualisme au collectif. D'une part, Louise Michel croit en la grève générale comme moyen et comme expression révolutionnaires, mais chaque anarchiste agit pour soi ; c'est un non-sens de parler de complot anarchiste. Elle a foi aussi en la spontanéité de la révolution et en l'intelligence de la masse pour développer une nouvelle société. Son propre rôle à elle n'est donc pas de mener la masse mais d'éveiller sa conscience. Elle croit, de façon très libérale, au pouvoir de l'éducation pour transformer même les imbéciles et les malades mentaux. Elle soutient à la fois la solidarité révolutionnaire et les principes anarchistes, refusant à chaque emprisonnement le pardon individuel en réclamant une amnistie générale pour tous les anarchistes car, selon elle, le pardon est encore un acte de pouvoir. Partout où elle se trouve, elle aide les démunis et les opprimés, prostituées, prisonniers et prisonnières, pauvres et colonisés, les instruit et éveille leur conscience. En Nouvelle-Calédonie, elle soutient les déportés algériens et la révolte des Mélanésiens. Même ses nombreuses œuvres littéraires et poétiques sont des œuvres engagées qui incitent à la révolte. Elle dépense tous ses revenus dans cette lutte.

Elle ne craint ni la prison, ni la déportation, ni la mort. Accusée, elle affronte ses juges et leur assure que sa condamnation ne changera pas ses convictions. Emprisonnée plusieurs fois, déportée, elle se montre une missionnaire anarchiste, charitable et infatigable. Victime d'un attentat qui lui laisse une balle logée de façon permanente dans le crâne, elle pardonne, au moment même de l'attentat, à son agresseur. Elle continuera, par la suite, sans crainte ses nombreuses tournées de conférences. Elle les reprend même après plusieurs attaques de pneumonie. Elle appuie le manifeste de 1874 des communistes et adopte certains termes marxistes dans son discours, mais, véritable anarchiste, elle refuse d'embrasser une faction du mouvement pour pouvoir exprimer sa vision de l'unité du prolétariat. Elle se sent toujours très proche des nihilistes russes. Courtisée par les marxistes et les socialistes avec lesquels elle partage parfois l'estrade, elle prend soin de s'en démarquer, particulièrement au cours de ses dernières années, quand l'orthodoxie et les hiérarchies de la nouvelle église marxiste l'horrifient littéralement. Elle reste la partisane d'une révolution sociale qui sauvera l'humanité et sera pour le bien de toutes et tous[13]. Elle vit donc ses convictions et leur consacre sa vie sans défaillir.

En ce qui concerne l'intégralité de la théorie, Louise Michel va aller plus loin que les autres: elle fait pressentir les plus récentes tendances de la pensée féministe. Même avant d'embrasser l'anarchie, elle inclut les femmes dans sa perspective d'une nouvelle société. Elle s'implique à Paris dans les débuts du mouvement féministe, rejoignant le groupe d'André Léo et de Marie Deraismes qui réclame une éducation égale pour les deux sexes et des salaires assez élevés pour les femmes afin d'éliminer la prostitution. Toutefois sa position sur le suffrage et les droits politiques des femmes est de nature anarchiste. Selon elle, les femmes perdent leur temps à demander le suffrage et ces droits. Tout gouvernement étant corrompu, pourquoi donc s'acharner à vouloir y participer et se corrompre? Voter ne changera rien. Dans la nouvelle société qu'elle envisage, les femmes doivent être libres dans leur union avec les hommes, mais libres aussi de travailler dans la sphère privée si le salaire de l'homme suffit pour la famille. Mais elle ne veut point confiner les femmes à la sphère privée. Elle attaque Proudhon qui ne voit les femmes que comme courtisanes ou ménagères et Michelet qui les veut de perpétuelles enfants. Sans cesse, elle réclame de meilleurs salaires pour les femmes ainsi qu'une éducation laïque et égale à celle des hommes. Elle demande aux femmes de militer politiquement, les invite, par exemple, à porter le deuil jusqu'à ce que justice soit faite quant à l'assassinat de Victor Noir par un bonapartiste. Elle-même ne quittera jamais ce deuil. Durant la Commune, elle combat la misogynie des communards (dont celle de Ferré), exige que les femmes obtiennent leurs rations et que les prostituées puissent être ambulancières. Au cours de son procès, elle réitère sa demande d'une éducation égale et laïque pour les femmes et les hommes. Après sa libération, elle déclare devant l'Union des femmes socialistes: «Il est temps que nous prenions notre place dans la société. Nous voulons des mariages libres, dans lesquels les hommes ne sont plus les propriétaires des femmes, nous voulons l'éducation égale[14].» Elle soutient le projet de loi Rivet sur la recherche de la paternité. En 1882, elle appuie la constitution de la Ligue des femmes qui vise à informer les femmes de leurs droits et de leurs devoirs et à en faire les compagnes et non les esclaves des hommes[15]. Emprisonnée à nouveau, elle se présente comme le symbole de la révolution et déclare parler au nom de toutes les femmes, «comme une femme qui se défend et ose penser[16]». Après une autre arrestation, elle assiste en 1899 au Congrès féministe de Londres où elle répète son opposition au suffrage et aux droits politiques des femmes et ses demandes d'une éducation laïque pour les femmes comme remède à la prostitution, légale dans le mariage ou illégale[17].

Son interprétation intégrale de l'anarchisme s'étend au monde entier. Elle est donc internationaliste, antimilitariste et anticolonialiste. Elle propage son message dans les villes et les provinces de France mais aussi en Nouvelle-Calédonie, en Belgique, en Hollande, en Algérie et en Angleterre où elle cherche refuge vers la fin de sa vie. Elle rêve de se rendre aux États-Unis et au Brésil mais le visa lui est refusé. Elle s'oppose au scandale de Panama et aux missions au Tonkin et au Transvaal, appuie les révolutions en Amérique latine et les nihilistes en Russie. L'intégralité de son interprétation théorique va plus loin que la simple inclusion des femmes, de la sphère privée et du monde politique international: elle pressent l'écoféminisme. Transformer le monde nécessite, selon Louise Michel, l'abolition des rapports cruels de l'être humain avec la nature.

Emma Goldman

Louise Michel meurt en 1905. Elle avait eu, cependant, le temps de partager la tribune, en deux occasions, en 1891 et en 1895, avec sa consœur anarchiste, Emma Goldman. Celle-ci, née en 1869 en Lituanie, émigrée aux États-Unis où elle travaille comme ouvrière, se convertit à l'anarchisme auquel elle consacre sa vie à partir de 1889. Divorcée deux fois du même homme et rejetant la religion, elle vit seulement avec les hommes qu'elle aime et qui partagent ses convictions. Elle doit à ses idées politiques plusieurs emprisonnements et une déportation en Russie qu'elle quitte, déçue et craignant pour sa propre vie, en décembre 1921. Elle continue cependant de prêcher l'anarchie et d'aider le mouvement jusqu'à sa mort en 1940.

Mais elle ne se borne pas à prêcher l'anarchie: tout comme Louise Michel, elle la vit, de façon sincère et intègre. Elle se moque dans ses conférences et dans ses articles de ces théoriciens pharisiens qui, tout en attaquant le bourgeois dans leurs écrits, «feignent la respectabilité[18]» et profitent dans leur quotidien de la vie bourgeoise et de l'exploitation des autres. Le lien entre la théorie et la pratique est nécessaire pour elle. L'hypocrisie des théoriciens socialistes et anarchistes contemporains lui paraît inacceptable tout comme celle de certaines suffragettes. Elle critique l'incohérence des femmes émancipées qui acceptent le mariage tout en connaissant son iniquité et qui luttent pour se débarrasser des tyrannies externes tout en négligeant de se révolter contre les tyrannies internes, les conventions sociales et éthiques qui sont bien plus nuisibles à leur croissance et à leur développement individuel[19]. Elle n'accepte pas non plus les compromis théoriques et pratiques des marxistes révolutionnaires. Quand elle est témoin sur place de la tyrannie du régime léniniste qui liquide les anarchistes, affame les masses et impose une nouvelle élite étatique, elle cherche l'occasion de s'échapper pour révéler, ensuite, dans deux ouvrages, sa déception[20]. Le courage de ses convictions sur la contraception et la conscription lui fait braver les lois et aboutit à plusieurs emprisonnements. Après avoir participé elle-même à un attentat, elle réexamine les bases psychologiques et la valeur stratégique de la violence et révise sa position. Les traductrices de ses mémoires font remarquer qu'une de ses innovations est «l'absence de cloisonnement entre vie privée et vie publique[21]». Cette insistance sur le lien entre théorie et pratique est une caractéristique distincte de sa perspective théorique qui ne fut pas toujours appréciée par les critiques. Pour une de ces dernières, il s'agit d'un comportement naïf, même s'il faut admirer la sincérité d'Emma Goldman et sa volonté de vivre sa doctrine d'individualisme et de liberté[22]. Son contemporain, Hippolyte Havel, souligne, en 1910, que le fait qu'elle ne s'est pas limitée à prêcher sa philosophie mais a insisté pour la vivre est perçu par «les Pharisiens et les Sadducéens» comme «son crime suprême et impardonnable. Elle choque les autres en prenant son radicalisme au sérieux[23]».

Fidèle à l'intégralité de sa pensée, elle introduit le privé dans le politique et dans l'anarchisme, lie le capitalisme prôné par l'État et par la religion à l'exploitation des femmes dans le système industriel et à ses conséquences: la prostitution dans le mariage ou hors celui-ci, et la réduction des femmes à une marchandise sexuelle[24] et à une masse ouvrière mal payée. Elle attaque le «double standard» concernant la vie sexuelle des femmes et des hommes alors qu'auparavant la perception du rôle des femmes chez Proudhon et Kropotkine restait enfermée dans des stéréotypes traditionnels.

L'émancipation des femmes doit donc se faire à la fois au niveau privé et au niveau des institutions, les deux étant liés. Selon Goldman, le suffrage seul ne servira pas à libérer les femmes: au contraire, il a contribué à asservir les hommes en les rendant soumis aux législateurs. Elle n'est pas opposée au suffrage des femmes parce qu'elles seraient incapables d'exercer leur droit mais parce qu'elles ne peuvent réussir là où les hommes ont échoué[25]. Il est donc nécessaire que les femmes «s'émancipent de cette émancipation» tout comme de l'Église, de l'État et du foyer, car elle pense que les femmes se sacrifient pour les institutions dont elles sont toujours les esclaves[26]. Elle poursuit ainsi la même idée que Louise Michel. D'autre part, en demandant un effort personnel à chaque femme, Goldman insiste plus que Michel sur l'action individuelle. Selon elle, le développement, la liberté et l'indépendance des femmes doivent venir d'elles-mêmes, grace à leurs propres luttes[27]. Il leur faut s'affirmer comme des personnes libres, cesser d'être des marchandises sexuelles, refuser à tout autre individu les droits sur leur corps, n'avoir que les enfants qu'elles désirent, refuser d'être les servantes de Dieu, de l'État, de la société, du mari, de la famille, et se créer une vie plus profonde et riche. Elles doivent se libérer de la crainte de l'opinion et de la condamnation publiques. Alors seulement, et non grâce au bulletin de vote, elles seront libres, et formeront une force pour le vrai amour, la procréation d'êtres humains vraiment libres, la paix et l'harmonie[28]. L'accent qu'Emma Goldman met sur les fonctions et les responsabilités des femmes, en tant que reproductrices dans la construction d'une nouvelle société, est une contribution originale au courant de pensée déjà élaboré chez Louise Michel, tout comme sa perception du rôle de la femme individuelle dans cette transformation.

C'est la femme et non le bulletin de vote qui pourra grâce à un effort de libération personnel transformer le monde, car cet effort implique une transformation des conditions de sa vie privée et publique, de sa perception de soi et du contrôle de son corps. C'est cette transformation qui à son tour changera la société. Elle souligne que la véritable émancipation commence dans l'âme de la femme[29] qui doit se débarrasser du poids des préjugés, des traditions et des coutumes et surtout abandonner l'idée que les relations entre les sexes impliquent sa conquête, son esclavage et sa soumission. Elle doit rejeter le mariage, qui n'est pas seulement un arrangement économique mais aussi une institution qui la dégrade, la maintient dans l'ignorance et la rend dépendante, fait d'elle une parasite économique, corrompt la maternité en la lui imposant, empêche son éveil sexuel et met en danger l'environnement affectueux dont l'enfant a besoin. De tels enfants non désirés et mal aimés sont les futurs agents de la violence de l'État. Goldman conseille moins d'enfants, des enfants conçus par choix et élevés dans l'amour en vue de délivrer la société de la pauvreté et de l'exploitation et de produire des êtres humains meilleurs. La femme a donc la responsabilité de s'émanciper, en changeant et en abolissant certaines institutions, et, une fois émancipée, de former des générations meilleures pour cette nouvelle société, grâce au libre contrôle de ses fonctions reproductrices. En somme, c'est par son vécu de femme que Goldman embrasse un individualisme qui, respectant et comprenant les différences et les relations entre les sexes, engendre une société meilleure et nouvelle et s'harmonise avec une vision du collectif.

Emma Goldman insère l'individualisme dans l'anarchisme non pas par manque d'originalité, comme l'affirme un critique masculin, impliquant qu'il s'agit d'un emprunt à Stirner, Nietzsche et Penkert[30], mais parce qu'elle veut donner aux femmes leur place dans la société et dans la vision anarchiste, une place qu'elle définit à partir de sa propre expérience du monde : l'anarchisme russe de sa jeunesse et sa vie de femme, d'ouvrière et de militante en Amérique du Nord. Emma se démarque nettement de Kropotkine, notant elle-même l'opposition de celui-ci à l'émancipation des femmes[31]. À la base de sa vision, elle présente une perception particulière des êtres humains. Selon elle, ces êtres ne sont pas uniformes, et on ne devrait donc pas essayer de les rendre tels. Pour elle, non seulement la femme et l'homme sont fondamentalement différents, mais les êtres humains diffèrent entre eux. Pour assurer l'harmonie sociale, il faut non pas éliminer les différences pour arriver à une masse informe, mais reconnaître et comprendre ces différences, être soi-même tout en se sentant partie d'un tout formé avec les autres dont on reconnaît les différences. Selon Goldman, telle est la véritable individualité basée sur la compréhension de l'autre où la femme et l'homme pourront se rencontrer sans antagonisme[32]. Elle construit donc l'harmonie sociale à partir de l'harmonie entre les sexes et de la compréhension des différences pour aboutir comme Kropotkine à une société idéale de collectivités basées sur une coopération volontaire.

Tout comme Louise Michel, Goldman pense que le suffrage ne sert à rien, la politique étant par nature corrompue. Elle soutient aussi que l'égalité du droit au travail ne peut assurer l'égalité des femmes, car la femme est différente, gagne moins, ne reçoit pas le même prestige et doit souffrir physiquement et psychologiquement pour ses succès[33]. En puisant dans son expérience pratique de la théorie, et en insistant sur la transformation totale de la société, Goldman dévoile la nécessité d'une dimension féministe qui lie le privé au public et l'individuel au collectif.

Alors que l'anarchisme, par son manque voulu de structure organisationnelle et son accent sur la liberté, permit à Emma Goldman d'éviter la censure et les réprimandes de ses camarades anarchistes, les rebelles socialistes, malgré leur plus haut niveau d'éducation, se heurtèrent à des organisations dont les élites masculines pouvaient plus directement et plus efficacement exprimer leur forte et persistante hostilité. De leur vivant et même après leur mort, leurs contributions ont été mutilées, ignorées ou censurées par les hommes auxquels il était difficile d'accepter des contributions théoriques de femmes, encore plus si, comme Rosa Luxemburg, ces femmes, d'un niveau intellectuel généralement supérieur au leur, osaient critiquer leurs raisonnements et leur comportement et refusaient de se conformer aux ordres de Lénine ou Staline. Ils n'étaient pas prêts à partager le pouvoir ou le leadership intellectuel avec elles et se sentaient mal à l'aise sous les regards et les paroles des femmes qui dénonçaient leur hypocrisie et leurs entorses théoriques.

Clara Zetkin

Pour Clara Zetkin, respecter la théorie marxiste et l'enrichir de ses implications pour les femmes fut une lutte qu'elle engagea avec les dirigeants du Parti socialiste allemand (SPD), hostiles à l'idée de partager le pouvoir avec les femmes. Née en Saxonie en 1857 et élevée en Allemagne, où les femmes n'avaient pas accès aux études supérieures, elle ne put, par manque de ressources et malgré d'excellentes capacités intellectuelles, continuer ses études en Suisse. En 1881, il lui fut nécessaire, à cause de ses liens avec le Parti socialiste, de s'exiler à Paris. Son compagnon de vie étant tombé malade, elle dut gagner la vie de la famille durant sa maladie et après sa mort en 1889. Elle vécut ensuite avec un artiste pauvre d'une quinzaine d'années plus jeune. Clara Zetkin put retourner en Allemagne en 1890, après l'expiration de la loi antisocialiste, grâce au départ de Bismarck. Elle avait donc fait l'expérience personnelle de la discrimination dans les domaines de l'éducation et du travail.

Dès son implication dans le Parti, elle endossa la ligne officielle de celui-ci selon laquelle les femmes ne pouvaient vraiment s'émanciper que par leur travail hors du foyer, en devenant des participantes égales et semblables à leurs camarades hommes dans la lutte du prolétariat. En 1889, au congrès de Paris de la 2e Internationale, elle refusa donc qu'une protection spéciale soit accordée aux travailleuses, hormis aux femmes enceintes[34]. Elle souligna l'oppression des femmes par les hommes dans la sphère privée, une oppression dont elles ne pourraient se débarrasser qu'en devenant économiquement indépendantes et qu'elle compara à celle des travailleurs par les capitalistes. Du reste, elle ajouta que cette libération de la travailleuse ne lui faisait que changer d'oppresseur «l'esclave du mari étant devenue l'esclave du patron[35]». Elle souligna, toutefois, que l'égalité politique et sociale des femmes et des hommes ne pouvait reposer que sur leur indépendance économique.

Peu de temps après, en 1891, lorsqu'elle prit la direction de *Die Gleichheit* (Égalité), la revue socialiste des femmes, et qu'elle s'occupa des organisations socialistes de femmes, le Parti ne les acceptant comme membres qu'à partir de 1908, sa pensée évolua pour reconnaître la spécificité biologique des femmes, en sus de leur identité d'ouvrières, avec toutes les implications que cette double appartenance comportait. Elle reconnut les difficultés personnelles et structurelles rencontrées par les femmes pour s'organiser dans le travail. Elle souligna le besoin de combattre les réticences des syndicats à accepter le travail des femmes et à les accueillir en tant que membres[36]. Elle reconnut aussi que la mentalité et le comportement spécifiques des ouvrières, leur «résignation stupide, leur manque de sentiment de solidarité, leur timidité, leurs préjugés de toutes sortes et la peur du tyran de l'usine[37]» les empêchaient d'adhérer aux syndicats. Influencée peut-être par Bebel (on ne sait jamais si une référence aux grands maîtres de l'orthodoxie théorique du temps est une reconnaissance de leurs contributions ou une excuse pour exprimer sa propre pensée ouvertement), Zetkin souligna que les femmes avaient besoin d'une éducation politique spéciale parce que leur mentalité avait souffert pendant des siècles d'une oppression dans la sphère privée.

Accepter la direction de la revue *Die Gleichheit* sous-titrée «Revue pour les intérêts des travailleuses» était un geste qui, en lui-même, exprimait la reconnaissance implicite de la condition spécifique des femmes. Selon Zetkin, la revue devait être principalement orientée vers l'éducation socialiste des femmes; cette position la mit en conflit avec l'élite masculine du Parti qui l'accusa d'élitisme et la força à ajouter, pour attirer davantage de femmes, des suppléments sur des sujets traditionnellement féminins: cuisine, couture, puériculture. Encouragée par la position d'Engels sur les femmes en tant que classe sexuelle, qui permettait de reconnaître leur spécificité liée à leurs fonctions de reproductrices des classes sociales[38], elle put réviser officiellement sa position et demander un traitement spécial pour les travailleuses, tel qu'une journée de travail plus courte, ainsi que des droits civils et légaux pour *toutes* les femmes[39].

Ce qui est moins connu, et même contredit, ce qui a dû être caché, supprimé ou censuré par les anciens et nouveaux marxistes, ce sont certains aspects des activités de Clara Zetkin dans les organisations de femmes qui étudiaient l'oppression des femmes dans le domaine des relations entre les sexes, dans la famille et dans la prostitution[40], et qui demandaient le droit à la contraception[41]. Lénine, en 1920, l'en accusa sévèrement, trouvant qu'elle avait péché en discutant des questions sexuelles, du mariage et de ses formes dans le passé, le présent et l'avenir[42] et lui ordonna d'ignorer ces questions «bourgeoises». Dès 1899, Zetkin avait soutenu que le mariage devait être une union de deux individualités pleinement épanouies basée librement sur l'amour et non sur des relations d'oppression, que le divorce devait être possible. Zetkin ne rejetait ni la famille ni la maternité, elle réclamait simplement une famille où la femme serait l'égale de l'homme et libre de développer son individualité[43]. Zetkin répliqua à Lénine qu'il était nécessaire de considérer la question sexuelle «pour dévoiler toutes les hypocrisies de la société bourgeoise[44]». Kollontaï ayant écrit un chapitre sur les relations de Lénine avec sa maîtresse et sur son insistance à la considérer comme un être inférieur, il est probable que Zetkin faisait allusion à la propre hypocrisie de Lénine et des autres théoriciens qui, comme Marx et Engels, avaient, dans leur vie privée, profité de l'oppression des femmes.

Dès que le Parti socialiste allemand put accepter légalement les femmes dans ses rangs, l'élite masculine, anxieuse de mettre fin aux activités gênantes des organisations de femmes de Zetkin, choisit une militante docile et partisane de l'intégration des femmes pour représenter celles-ci à l'exécutif. On ignora Clara Zetkin qui continuait à demander des organisations séparées pour mieux représenter les intérêts des femmes et leur donner une voix spécifique et plus forte[45]. Et pourtant Zetkin interprétait fidèlement la pensée de Marx – le prolétariat comprenant les femmes et les hommes – et visait à faire des femmes des participantes actives et à part entière à la révolution. Encore en 1919, au Congrès de fondation de la 3e Internationale, elle soutenait que la dictature du prolétariat ne pouvait se faire sans la pleine participation des travailleuses[46]. Elle continua à souligner qu'en entrant sur le marché du travail, la femme ne faisait qu'échapper à l'esclavage de la famille pour tomber sous l'esclavage du patron et qu'elle ne pourrait vraiment être émancipée que lorsque l'abolition du capitalisme lui permettrait de développer sa personnalité et son potentiel de femme. Le suffrage ne peut suffire à émanciper les femmes, mais Zetkin milite, parallèlement aux organisations bourgeoises, pour qu'elles l'obtiennent et fait endosser le principe par les congrès socialistes de 1902 à 1910 et la 1re Conférence internationale des femmes socialistes de Stuttgart en 1907, parce qu'il s'agit d'un droit politique et social qui donnera une plus grande force au prolétariat et contribuera à éveiller et à éduquer les masses, y compris les femmes[47].

En résumé, Zetkin dut vivre une lutte continuelle pour faire inclure le privé dans le politique et faire reconnaître la spécificité des femmes dans la théorie, la stratégie et la pratique du socialisme, cherchant une véritable transformation de la société, donc l'intégralité théorique. Ceux qui ne connaissent qu'une pensée théorique tronquée de Rosa Luxemburg ignorent que celle-ci appuyait pleinement les efforts de Clara. À la Conférence internationale des femmes socialistes de 1907, Luxemburg recommanda aux femmes de Stuttgart de conserver leur organisation indépendante et de continuer à publier leur propre revue[48]. D'après une biographe, il est clair que Rosa, tout comme Clara, voulait «non seulement organiser les femmes comme ouvrières mais les former comme leaders, preneuses de décisions et révolutionnaires marxistes[49]».

Comme Rosa Luxemburg, Clara n'accepta pas, ni dans sa vie, ni dans la théorie, les compromis et les distorsions de ses confrères. Toutes deux s'opposèrent au révisionnisme de Bernstein qui pensait que les conditions avaient suffisamment changé pour qu'on puisse abandonner la lutte des classes. Selon Raya Dunayevskaya, Rosa lui asséna l'attaque la plus totale[50]. Luxemburg et Zetkin croyaient au potentiel révolutionnaire de la grève de masse et à la spontanéité révolutionnaire des prolétaires; Rosa en développa les divers aspects dans des écrits théoriques. Pour elles, fidèles à la pensée de Marx, le prolétariat possédait la conscience nécessaire pour faire une révolution et organiser la nouvelle société. En 1907, Rosa informa Clara de l'opposition de Bebel et d'autres parlementaristes à ses idées[51]. Elles finirent par quitter le Parti pour fonder le mouvement spartakiste. Pas plus que Rosa, Clara ne voulut endosser les déformations élitistes et opportunistes que Lénine apporta au marxisme par son centralisme démocratique et sa théorie du parti. Mais, plus discrète que Rosa, elle eut la vie sauve.

À l'exemple de Rosa, elle refusa de renier la théorie et de suivre la volte-face de la majorité masculine du Parti socialiste allemand en 1914 qui appuyait désormais le militarisme et l'aide à la guerre impérialiste – alors qu'elle avait dénoncé l'impérialisme au Congrès de Jena en 1911[52]. Clara alla même plus loin. Défiant le Parti, elle organisa à Berne une conférence internationale de femmes contre la guerre et publia un Manifeste aux femmes des travailleurs, ce qui lui valut une arrestation. À son retour en Allemagne, le Parti lui enleva la direction de *Die Gleichheit* qu'elle dirigeait depuis près de 25 ans[53]. Elle quitta alors le Parti socialiste allemand et, par la suite, contribua à former le Parti socialiste indépendant ainsi que la Ligue spartakiste. Finalement, elle rejoignit le Parti communiste allemand et fut élue à plusieurs reprises pour le représenter au Reichstag. Nommée secrétaire internationale des femmes communistes en 1920, elle assuma de 1921 à 1925 la rédaction d'une revue internationale de femmes. Il n'existe pas encore d'étude détaillée sur ses activités dans cette période où elle semble avoir soutenu Staline. Son biographe mentionne toutefois que l'année avant sa mort, en 1932, elle exprima à nouveau ses convictions et sa rébellion et attaqua avec courage le nazisme à l'ouverture du Reichstag où les disciples d'Hitler, encore minoritaires, recherchaient le pouvoir[54].

Rosa Luxemburg

Sa consœur et amie, Rosa Luxemburg, née en Pologne en 1871, liée, dès son adolescence, au mouvement *Proletariat*, formé par un groupe de révolutionnaires, dut s'enfuir en Suisse en 1889, craignant d'être arrêtée. Elle y poursuivit ses études dans une atmosphère où elle put, au contact d'autres exilés et émigrés révolutionnaires, librement développer sa pensée inspirée depuis 1887 par les écrits de Marx et d'Engels. Ses liens avec Leo Jogiches l'entraînèrent au centre de l'élite révolutionnaire internationale et particulièrement russe et allemande où elle put s'imposer grâce à ses brillantes capacités analytiques et intellectuelles. L'aide financière de Jogiches l'aida aussi à publier en polonais un journal révolutionnaire qui lui permit de se faire connaître et de propager ses idées. D'autre part, cette prépondérance lui valut la jalousie et l'hostilité sinon la rage de cette élite. Son intelligence et son intégrité l'empêchaient de se soumettre docilement aux idées et aux directives de celle-ci, lui faisaient exposer les faiblesses de raisonnement de ses membres dont elle critiquait les actions sans hésiter. Elle fut assassinée en 1919 par des officiers allemands avec la connivence de membres du Parti social-démocrate allemand.

Sa rébellion devant l'hypocrisie de ses collègues, alors qu'elle vivait elle-même une stricte adéquation de la théorie et de la pratique, la fit d'autant plus haïr qu'elle était célèbre et refusait de se taire. Elle fut la proie d'un «chauvinisme mâle virulent[55]» très répandu dans le Parti, en particulier chez le théoricien officiel du Parti, Karl Kautsky, et chez August Bebel qui, ironiquement, s'était bâti avec *La Femme et le Socialisme*[56] une réputation de féministe. Elle attribuait parfois les méchantes intrigues dont elle était l'objet au fait qu'elle était «étrangère». En fait, comme le remarque Frolich, leur véritable raison est qu'elle était femme, qu'elle osait s'immiscer dans une politique qu'ils pensaient être une affaire presque exclusivement masculine, et qu'elle avait l'audace d'avancer ses propres idées avec un brillant qui forçait certains à capituler, ce qui ne pouvait que nourrir leur ressentiment[57]. Ses biographes sont unanimes pour souligner qu'elle personnifiait l'unité de la théorie et de la praxis que Marx postulait[58], certains la présentant même comme la «prophète de la révolution non institutionnalisée[59]». Toutefois les communistes la percevaient comme une ennemie qui avait erré dans la spontanéité et refusèrent longtemps, jusqu'en 1960, de publier sa biographie et ses œuvres[60]. Les stalinistes furent particulièrement anxieux de purger la théorie de ses pensées «syphilitiques» et de ses idées hérétiques[61]. Donc, même après sa mort, elle continuait de gêner ceux qui ne partageaient pas son intégrité.

Évidemment, elle souleva la rage de ceux qui ne respectaient pas l'intégralité de la théorie marxiste. Si elle la respectait, c'était parce qu'elle était opposée à toute forme de pouvoir et recherchait sincèrement la libération de l'humanité. Si elle soutenait l'intégration de la théorie et de la pratique et appuyait la théorie de la spontanéité, c'est parce qu'elle pensait que l'humanité devrait se libérer par ses propres efforts, travailler à sa libération et non subir passivement le pouvoir de quelques-uns[62]. Un biographe l'accuse d'avoir surestimé les masses[63]. Son opposition au pouvoir s'étendait à celui exercé dans le Parti socialiste allemand par certains membres comme Plekhanov et Kautsky, dont elle défia l'autorité à plusieurs reprises. Sa notion du pouvoir est évidente dans sa rédaction du programme du mouvement Spartakus considéré comme son testament intellectuel. Ce mouvement avait été fondé par Luxemburg, Jogiches et Zetkin en réaction au revirement idéologique du Parti socialiste allemand exprimé par son vote majoritaire en faveur des subsides de guerre. Selon son texte, Spartakus «n'est pas un parti qui désire obtenir le pouvoir sur les classes travailleuses ou en se servant de celles-ci. Spartakus n'est rien d'autre que la partie consciente du prolétariat qui montre aux masses les tâches historiques à chaque pas, qui représente à chaque étape de la révolution le but final et agit dans l'intérêt de la révolution prolétaire internationale dans toutes les questions nationales[64]». C'est un mouvement qui refuse de partager le gouvernement avec les classes moyennes et qui croit en la grève générale et en la spontanéité révolutionnaire des masses. Son choix d'une interprétation fidèle de Marx la fit s'opposer particulièrement à deux contributions léninistes, celle de la théorie de l'autodétermination des nations[65], alors qu'elle développa, avant Lénine, la théorie du colonialisme et de l'impérialisme[66], et celle de son «centralisme bureaucratique[67]», qui instaurait la dictature «d'une clique» au lieu d'une classe et refusait d'établir la démocratie sociale dès la prise du pouvoir par le Parti socialiste[68]. D'autre part, elle attaqua dans une série d'articles le révisionnisme de Bernstein dont les idées, selon elle, étaient en «contradiction formelle avec celles de Marx et d'Engels» et visaient à paralyser la lutte des classes en soutenant que le capitalisme ne courait plus à sa ruine[69]. Pour elle, la véritable force de la démocratie sociale ne reposait pas sur les députés du Reichstag, mais sur le peuple, dans la rue, où la mobilisation pour la défense des droits politiques pouvait prendre place[70].

La vie même de Rosa témoigne de son désir de voir les femmes reconnues comme égales participantes dans le mouvement révolutionnaire, dans les relations entre les sexes et dans la société nouvelle à bâtir. Elle refuse d'accepter le «double standard» quand elle apprend que Jogiches l'a trahie. Elle n'hésite pas à braver les conventions en trouvant un réconfort auprès d'un homme plus jeune, le fils de Zetkin. Elle soutient Clara dans ses efforts pour obtenir des organisations et une revue séparées pour les femmes. Dans son *Introduction à l'économie politique,* elle endosse la thèse de Morgan qui montre que la famille évolue avec le mode de production et offre à la femme la possibilité d'être libre et égale dans le nouveau communisme; cette théorie réfute celle de Grosse qui voit la famille comme un esclavage continu de la femme sous toutes les formes de production[71]. Dans son discours de 1912 au Deuxième Rallye des femmes sociales-démocrates à Stuttgart, Luxemburg précise son attitude envers le suffrage des femmes. Soulignant les contributions énormes des femmes au Parti social-démocrate sans lesquelles il n'aurait pas obtenu sa victoire de juin 1912, elle déclare qu'il est temps que les femmes et les hommes luttent pour obtenir le suffrage des femmes comme un des éléments de libération de l'humanité. Elle souligne que «la monarchie et l'absence de droits des femmes sont devenus les outils les plus importants de la classe capitaliste dirigeante[72]». D'une part, les femmes pourront ainsi renforcer le vote des prolétaires, d'autre part, par leur participation à la production sociale, elles méritent des droits politiques égaux. Elle refuse, toutefois, d'invoquer une justice qui, selon elle, est inexistante à cette époque historique, ne pouvant être que la justice injuste de la classe au pouvoir. Elle cite l'idée de Charles Fourier selon laquelle le degré d'émancipation des femmes est la mesure naturelle de l'émancipation générale d'une société[73]. Il est certain que la censure de ses écrits faite par Jogiches et Zetkin après sa mort, puis celle des communistes, ont fait disparaître d'autres textes où son féminisme serait également apparu, propageant une vision tronquée de sa pensée. Par exemple, Elzbieta Ettinger, une de ses biographes, ne mentionne aucune des activités de Luxemburg au Congrès de Stuttgart. Elle la dépeint comme mal disposée envers le mouvement des femmes et ne changeant quelque peu d'opinion à cet égard qu'au moment de la guerre quand «elle comprit alors que les femmes luttaient non pas contre leur statut inférieur mais contre sa conséquence: le manque de pouvoir. Sans influence politique, elles étaient incapables de prendre des décisions pour elles, pour leurs enfants, pour leur pays[74]». D'après les écrits dont nous disposons, on peut dire que Luxemburg réclame pour les femmes le libre développement en tant qu'êtres humains, et tous les droits civils, économiques et politiques qui permettent un cheminement vers la libération de toute l'humanité. Malheureusement, être rebelle et brillante valut à Rosa Luxemburg d'être assassinée avec la complicité des siens, et de voir sa pensée et sa vie attaquées et mutilées encore longtemps après sa mort.

Malgré leur appartenance idéologique différente, on ne peut nier les affinités théoriques entre ces quatre femmes: Louise, Emma, Clara et Rosa. Toutes quatre sont opposées au pouvoir et à la hiérarchie. Toutes quatre ont foi en la conscience révolutionnaire des prolétaires et en leur capacité de décider du déroulement de la révolution. Toutes quatre vivent leurs théories et refusent d'accepter les entorses à celles-ci que l'élite masculine cherche à leur imposer. Toutes quatre visent une vraie libération et une véritable transformation de la société qui n'oublierait pas les femmes et le domaine privé.

Certainement, plusieurs points théoriques les séparent. Clara et Rosa appuient le suffrage alors que Louise et Emma le considèrent comme inutile. Cela peut s'expliquer par la réalité historique de l'Allemagne où il existait un parti socialiste important, comptant un grand nombre de femmes et ayant des chances de gagner le pouvoir. Le suffrage représentait donc plus un détour de stratégie qu'un article de foi. La position de Rosa et de Clara sur la nécessité pour les femmes de travailler au dehors pour gagner leur indépendance économique, contribuer à la production et faire partie du prolétariat révolutionnaire n'est pas si éloignée de celle des deux anarchistes. Celles-ci soutiennent que, si les femmes doivent travailler, elles méritent un salaire plus élevé, mais qu'elles devraient aussi avoir le choix et les moyens financiers de rester chez elles si elles ont une famille. Toutes quatre demandent que la libération des femmes s'opère également sur le plan privé.

Alexandra Kollontaï

Avant de se taire et de devenir une docile diplomate, Alexandra Kollontaï va montrer une continuité remarquable de ce courant de pensée. À la fin de sa vie, les circonstances l'empêchent d'observer cet accord total entre la théorie et la pratique. Née en 1872 d'une famille de noblesse terrienne, consciente très jeune de sa position privilégiée et des injustices sociales, elle s'ouvre, grâce à sa gouvernante, aux idées révolutionnaires de la *Narodnaia volia*. Elle épouse Kollontaï contre le gré de ses parents, après avoir fait connaissance des auteurs socialistes lors d'un voyage à Berlin et à Paris. Elle le quitte avec son fils après trois ans de mariage pour poursuivre ses activités politiques et ses études. Elle devient une marxiste convaincue, après avoir étudié en Suisse et en Angleterre, écrit sa thèse de doctorat sur le problème finlandais, participé au dimanche sanglant de 1905[75], et doit s'enfuir à l'étranger où elle vit en exil de 1907 à 1914. Elle vit alors littéralement sa théorie, se vouant à la cause révolutionnaire et en particulier au travail de propagande.

Elle se montre active dans la question des femmes et rencontre Rosa Luxemburg en Finlande et Clara Zetkin à plusieurs congrès socialistes dont celui de Stuttgart. Elle va s'efforcer de concilier la libération des femmes avec la praxis révolutionnaire, malgré l'incompréhension de ses camarades du parti qui l'accusent d'accorder trop d'importance aux questions de femmes[76]. Isolée, elle organise une société d'aide mutuelle d'ouvrières. Elle a le courage de ses convictions. Recherchée par la police, elle va en 1908 parler contre les suffragettes bourgeoises à un congrès de femmes panrusse et s'y fait insulter parce qu'elle trace une démarcation claire entre celles-ci et le mouvement de libération des femmes ouvrières qui recherche aussi des droits politiques pour les femmes[77]. Elle travaille pour le Parti socialiste allemand, écrit pour *Die Gleichheit* et d'autres revues socialistes, et soutient la position de Clara sur le droit de vote et la protection des travailleuses. À partir de 1910, elle représentera toujours un syndicat du textile russe aux congrès socialistes. Elle montre alors aussi ses convictions dans sa vie privée, refusant d'épouser Maslov qui ne l'accepte pas comme égale. Vers la fin de son exil, elle continue son agitation internationale en participant à des grèves de ménagères à Paris (1911), en visitant des mineurs russes en Belgique, en parlant contre le militarisme en France (1912) et en Scandinavie, en s'opposant aux suffragettes en

Angleterre (1913) et en donnant des conférences en Suisse et auprès des marins de la Baltique. Cette dernière initiative aboutit à un emprisonnement au cours duquel elle subit sa première crise cardiaque. Ses activités de propagande auprès des femmes lui valent d'être accusée par les leaders de dissiper l'énergie du parti[78]. Ceux-ci refusent de reconnaître que les femmes sont plus exploitées que les hommes et méritent des organisations spéciales et un traitement particulier. Eux-mêmes exploitent les femmes et les dénigrent[79].

Libérée, elle se rend en Suède où elle «lutte contre la guerre et pour la solidarité internationale de la classe ouvrière du monde entier[80]». Elle s'y fait arrêter et est refoulée au Danemark d'où elle émigre en Norvège. Kollontaï est antimilitariste et attirée par le menchevisme. Ses idées sont donc opposées à celles de Lénine qui ne réussira à la convaincre qu'en 1915. Kollontaï accepte alors l'idée que la guerre civile est une tactique nécessaire et passe au bolchevisme. Dès lors, elle essaye de rallier toutes les femmes à ses nouvelles convictions.

L'insurrection russe à laquelle elle put participer à son retour d'un deuxième voyage de conférences aux États-Unis lui permit d'essayer d'organiser les femmes sous le gouvernement provisoire, de devenir la seule femme membre du Soviet exécutif et de soutenir la grève des blanchisseuses. Emprisonnée à Petrograd par les ennemis des bolcheviks, elle fut libérée par le peuple et prit part à la Révolution d'octobre. Au gouvernement des Soviets, elle fut nommée commissaire (ministre) du peuple aux affaires sociales et espérait avoir le pouvoir nécessaire pour tenter d'appliquer des réformes en faveur des femmes. Faute d'argent et de bonne volonté de la part des hommes, beaucoup ne dépasseront pas le niveau d'une déclaration de principes. Elle crée un bureau de propagande parmi les femmes et organise une conférence d'ouvrières. Elle démissionne en 1918, du fait d'un «total désaccord avec la politique en cours[81]», préférant se retirer plutôt que d'être une active participante à l'assassinat de la révolution. De 1918 à 1921, elle continue cependant ses activités de propagande auprès des masses et ne cesse pas de diriger le mouvement des femmes russes, attisant l'hostilité des leaders bolcheviques qui voudraient la remplacer. Après la mort d'Inessa Armand, la maîtresse et protégée de Lénine, Alexandra dirige la section des femmes du comité central du Parti et écrit beaucoup, se préoccupant même d'essayer de toucher les femmes musulmanes russes. Lénine, choqué de son mariage avec un marin de 17 ans plus jeune qu'elle, s'arrange pour l'éloigner en Europe de l'Est. Elle voit alors avec regret le manque d'application de ses réformes et le peu d'attention que les dirigeants leur accordent. Elle rêve de susciter des manifestations et des actions spontanées de femmes pour obtenir la socialisation des tâches domestiques et des soins aux enfants.

En 1921, sa foi en la spontanéité révolutionnaire non seulement des femmes mais de la masse tout entière lui fait arrêter son travail de propagande auprès des femmes. Elle s'implique dorénavant totalement dans l'Opposition ouvrière. Ses convictions marxistes de la supériorité de la conscience prolétaire et son opposition à la subordination à une hiérarchie bureaucratique qu'elle rend publiques dans un livret sont condamnées par le Parti et Lénine. Selon elle, la révolution doit être démocratique, spontanée et anti-autoritaire. Elle est perdante dans cette lutte, le congrès du Parti choisissant les candidats de Lénine. Le courage de ses convictions, sa volonté de lier théorie et pratique lui ont fait défier Lénine qui, lui, veut la dictature du Parti. Lénine introduit en 1921 la Nouvelle Politique économique (NEP) et condamne l'Opposition ouvrière. Il déclare toute critique illégale[82]. Alexandra restera silencieuse devant les attaques sur sa vie privée et ses idées politiques. Mais elle ose encore critiquer la NEP, se faisant à nouveau attaquer par Trotsky et Boukharine. Lénine l'avise de cesser son opposition, la fait congédier de ses organisations de femmes, déclare le factionnalisme un crime méritant l'expulsion du Parti et accuse Kollontaï d'avoir été menchevique. Malgré cela, elle intercède pour essayer de sauver plusieurs victimes des purges de 1923-1924. Selon une biographe, c'est elle qui en 1921 a le courage de donner «l'avertissement le plus lucide sur la dégénérescence du régime[83]». Staline l'enverra à l'étranger où elle s'acquittera de ses tâches diplomatiques. Comment exprimer le compromis qu'elle a dû faire entre la théorie et la pratique? Sa loyauté envers le Parti l'empêchait-elle de briser des liens avec un système contraire à ses convictions ou avait-elle accepté l'idée que les conditions, en Russie, méritaient une telle dictature? Anne Vahl suggère qu'elle a choisi le silence par crainte des stalinistes[84]. Constamment surveillée par Staline, il semblerait que la terreur l'ait forcée à abandonner l'intégrité entre la théorie et le vécu, à contrecœur[85], probablement surtout pour sauver la vie de son fils, tout en refusant toujours de s'accuser de crimes qu'elle n'aurait pas commis et ainsi de «se salir aux yeux du peuple» russe[86]. Diplomate à l'étranger, ou plutôt en réalité exilée, elle meurt en 1952 d'un infarctus.

Dans son autobiographie, Kollontaï insiste précisément sur son effort volontaire d'accord total entre la théorie et le vécu et sur son intention, en décrivant sa vie, de la donner comme leçon aux autres femmes. Elle écrit: «L'exemple de ma vie peut également servir à extirper de la vie des autres femmes le vieux gnome de la morale des deux poids, deux mesures. Là se trouve le point le plus crucial de mon existence, qui, sur un plan socio-psychologique, contribue à la lutte de la libération des femmes qui travaillent[87].» Sa foi en l'égalité des femmes lui fit rejeter ce fameux deux poids, deux mesures dans la vie privée et lutter pour que les femmes soient acceptées à part entière dans le projet communiste. Elle donne comme exemple la structuration de sa vie intime qui n'a jamais laissé les joies, les souffrances ou les sentiments de l'amour prendre le dessus sur «la créativité, le travail, la lutte[88]». Elle choque le «double standard» des bolcheviks en ne cachant pas ses différentes liaisons avec des hommes bien plus jeunes et, selon eux, socialement inférieurs à elle. D'autre part, elle pense que ses succès individuels comme première femme ministre et diplomate ont ouvert le chemin aux autres et symbolisent la marche des femmes vers leur libération.

Comme Luxemburg et Zetkin, Kollontaï voulait appliquer le marxisme dans son intégralité. Comme elles, elle rejeta le révisionnisme[89]. Comme elles, elle est partisane d'une grande révolution démocratique, ce qui la lie au départ aux mencheviks. Comme elles, elle a foi dans l'unité des masses. Elle cherche à éviter les luttes intestines et les confrontations, en préférant se retirer. Devenue bolchevique, elle continue de croire à la spontanéité du mouvement de masse et à une collaboration possible entre mencheviks et bolcheviks. Quand elle fait de la propagande auprès des femmes russes, elle s'efforce de leur faire organiser elles-mêmes des garderies, des cuisines publiques, etc., qui socialiseraient les travaux domestiques et le soin des enfants. Dans son livret sur l'Opposition ouvrière[90], elle expose son indignation devant «nos dirigeants [Trotsky et Lénine] qui implantent cette foi, naïve jusqu'au ridicule, de la possibilité d'instaurer la commune par voie bureaucratique[91]». Citant Marx et Engels, elle se dit fidèle à la théorie que le communisme «sera l'œuvre des masses ouvrières seules[92]».

Son intégrité théorique lui fait embrasser la même position que Clara et Rosa concernant le suffrage des femmes. Elle s'oppose au mouvement bourgeois des suffragettes qui égare la conscience de classe, mais soutient les droits politiques égaux des femmes dans le nouveau régime révolutionnaire. Avant d'être convaincue par Lénine de la valeur stratégique de la guerre pour la révolution russe, elle est pacifiste et antimilitariste comme Clara et Rosa.

Enfin, encore plus qu'elles, à la fois en théorie et pratique, elle applique l'intégralité de la théorie marxiste en incluant les femmes et le domaine privé dans la transformation de la société. Les thèmes principaux de ses nombreuses brochures sur la question des femmes contiennent une pensée marxiste déjà présente chez Clara et Rosa et qui insiste sur la nécessité de l'indépendance économique des femmes et sur leur droit à l'emploi et au travail. Elle perçoit les femmes également comme reproductrices, chargées d'un devoir social dans la maternité, méritant pour cette raison une protection spéciale dans le travail de production. Elle développe ce point beaucoup plus que Rosa et même Clara, en indiquant les réformes à entreprendre pour vraiment libérer la femme de son fardeau «privé» et bâtir une nouvelle moralité quant aux relations entre les sexes. Elle préconise, par exemple, des congés de maternité, des hôpitaux de maternité gratuits, des sages-femmes mieux formées, des crèches et garderies d'État, des cuisines et des restaurants publics, des lavoirs centraux[93]. Elle demande le mariage civil, le divorce par consentement mutuel ainsi que l'égalité politique et légale des femmes. Le travail domestique doit être socialisé, la charge de la maternité et du soin des enfants devient la responsabilité de la société, ce qui doit permettre aux femmes de concilier maternité, travail et de jouir de leur indépendance. Elle s'oppose aux maternités forcées, demande pour les femmes la libre disposition de leur corps par une loi légalisant et rendant gratuit l'avortement, ceci sur l'initiative des sections de femmes[94]. Ses idées sont évidemment le résultat de son vécu. De plus, elle a vu la vague soudaine des femmes sur le marché du travail, souvent seules à élever leurs enfants[95].

Kollontaï soutient qu'il faut éduquer les femmes prolétaires pour les faire participer à la lutte des classes et à la révolution sexuelle. En effet, elle pense que la révolution sexuelle doit accompagner la révolution socio-économique, et se développer avec elle et non la suivre. Il s'agit là d'une contribution théorique originale à laquelle les bolcheviks masculins et en particulier Staline étaient réfractaires. Ils jugent futiles les questions pratiques qu'il faut résoudre pour les femmes, y compris celle de la désintégration de la famille sous l'impact du capitalisme. De plus, les femmes doivent, selon cette théoricienne, être prêtes à élaborer les nouvelles relations de la société à venir qui ne seront plus ancrées dans la propriété – la possession de l'autre – mais dans la liberté et la camaraderie. Son nouveau type de femme est la célibataire qui contrôle sa vie, cesse d'être un simple reflet de l'homme et jouit d'une indépendance intérieure et extérieure[96]. Dans cette perspective, elle demande, comme ses consœurs socialistes, des organisations séparées pour les femmes à l'intérieur du Parti.

De même qu'Emma, Louise, Clara et Rosa, elle attribue à la prostitution une origine économique et prévoit sa disparition avec celle des classes sociales. Cependant, elle l'attaque de façon particulière, jugeant que la prostitution enlève des prolétaires à l'armée révolutionnaire et contribue à affaiblir la solidarité socialiste. Elle met sur pied un projet d'éducation et de recherche d'emploi pour les prostituées.

Pour faire face à la question de la désintégration de la famille sous le capitalisme, elle estime nécessaire d'élaborer de nouvelles relations, de recommander des réformes et de nouvelles lois, ainsi qu'une nouvelle forme d'union. Elle met sa théorie en pratique en obtenant des lois permettant le mariage civil et le divorce sur consentement mutuel. Elle présente l'élaboration de cette nouvelle moralité comme le point culminant de la dialectique des crises sexuelles qui se sont succédé dans l'histoire [97].

Pour concilier l'individuel avec le collectif, la libération de la femme avec la libération de l'humanité, Alexandra commence par s'opposer à l'individualisme qui recherche le grand amour et la possession absolue et égoïste de l'autre. Cet individualisme, basé sur la possession de l'autre et sur l'inégalité entre les êtres, repose sur la moralité bourgeoise. Elle se conforme au marxisme en soulignant que l'idée que certains sont inégaux et doivent se soumettre à d'autres est en contradiction avec les principes de base de la camaraderie prolétarienne[98]. Elle est pour l'affection et la camaraderie, «l'union de deux membres égaux de la société communiste, tous deux libres, tous deux indépendants, tous deux travailleurs[99]».

Elle inclut ainsi la femme prolétaire dans la révolution et la sphère privée comme lieu de révolution dans la transformation totale de la société. Malgré l'orthodoxie de cette recherche d'intégralité théorique, elle se heurte aux bolcheviks qui, eux, refusent de mener «leurs théories à leur conclusion logique quand on touche aux questions des femmes, de la famille et des relations personnelles[100]». Comme ses consœurs, elle les accuse d'hypocrisie quand ils affirment que les questions sexuelles sont des affaires privées qui ne valent pas «les efforts ou l'attention du collectif[101]». Elle croit toutefois que l'implication des femmes dans la production va affaiblir ces idées, et qu'il faut rééduquer la psyché humaine pour lui inculquer des sentiments de considération, une plus grande capacité d'aimer et lui faire accepter la liberté et l'égalité dans les relations personnelles.

Dans le processus de définition de ce nouveau code, elle réconcilie aussi l'individuel avec le collectif. Élaborer ce code est nécessaire afin qu'il n'existe plus de conflits entre les intérêts de la famille sous sa nouvelle forme et ceux de la classe. L'intérêt collectif et le bonheur individuel demandent que les femmes prennent une part active au travail mais aussi à la nouvelle vie sur les bases de la camaraderie solidaire. Individuellement, la femme offre ainsi à la collectivité son travail mais aussi ses enfants. De son côté, la collectivité, qui voit la maternité comme un service social[102], nourrit, éduque et instruit les enfants, permettant à la femme de garder sa liberté et son indépendance individuelles. La femme est libérée du joug domestique par la socialisation des travaux ménagers. Kollontaï, dans une vision futuriste qui rejoint celles de Madeleine Pelletier et de Charlotte Perkins Gilman, unit théorie et pratique pour harmoniser l'indépendance individuelle dans la liberté, l'égalité, la camaraderie, l'estime de soi et le travail avec la dépendance mutuelle dans la solidarité[103].

Conclusion

Malgré leurs différentes époques, nationalités et idéologies, ces cinq femmes rebelles ont apporté des contributions originales en intégrant théorie et pratique et en s'efforçant de donner une interprétation intégrale aux courants de pensée anarchiste et socialiste. Elles se sont penchées sur le problème principal de ces théories, celui de la conciliation de l'individuel et du collectif. Elles révèlent l'existence spécifique et dynamique d'une idéologie féministe opposée au pouvoir, public comme privé, à la recherche d'une transformation totale de la société qui s'applique aussi aux femmes. Elles dévoilent la raison majeure de l'échec des révolutions ancrée dans le refus des hommes d'abandonner leur pouvoir dans la sphère privée. Capables de séparer celle-ci de la sphère publique, ils étendent cette hypocrisie schizophrénique à leurs relations entre la théorie et la pratique, toujours pour se justifier et s'accrocher au pouvoir, rendant impossible une transformation totale de la société et vouant toutes les révolutions à une faillite inévitable. Ces rebelles que l'on a appelées de tous les noms méritent d'être reconnues au premier rang des théoriciennes et théoriciens politiques pour leurs contributions originales et l'acuité de leur perception de l'origine des conflits humains. Il faudrait réviser entièrement l'histoire des idées et de la politique pour ne plus parler de Lénine, Trotsky et Staline comme de ces «trois qui ont fait la révolution[104]», mais plutôt comme de ces trois qui ont défait celle que voulaient ces cinq femmes rebelles. Elles méritent aussi, bien plus que Trotsky, le nom de prophètes[105] car elles seules ont montré la voie vers une véritable transformation de la société pour arriver à une harmonie sans violence et sans oppression entre les êtres humains, et, de façon plus saillante chez Louise Michel, entre ces êtres et la nature tout entière.

Notes

1. Probablement car il serait possible que celui qu'elle appelle son grand-père soit en fait son père.

2. En particulier les convictions religieuses et monarchiques qu'elles a gardées un certain temps avant de les abandonner quelques années avant la Commune. Sa biographe, Édith Thomas, signale que ses *Mémoires* ne mentionnent pas ses années catholiques et royalistes, dans *Louise Michel,* Montréal, Black Rose Books, 1980, p. 54.

3. Louise Michel, *Souvenirs et aventures de ma vie*, Paris, La Découverte / Maspero, 1983, p. 234.

4. Bullitt Lowry et Elizabeth Ellington Gunter, éd. et trad., *The Red Virgin. Memoirs of Louise Michel,* The University of Alabama Press, 1981, p. 20.

5. *Ibid.*, p. 31.
6. *Ibid.*, p. 24.
7. Édith Thomas, *op. cit.*, p. 88.
8. *Ibid.*, p. 125.
9. Louise Michel, *La Commune*, Paris, P.V., Stock, 1898, p. 407.
10. Louise Michel, *Souvenirs...*, *op. cit.*, p. 173.
11. *Ibid.*, p. 167.
12. *Ibid.*, p. 168.
13. Édith Thomas, *op. cit.*, p. 344.
14. *Ibid.*, p. 175.
15. *Ibid.*, p. 195.
16. *Ibid.*, p. 221.
17. *Ibid.*, p. 363.
18. Emma Goldman, «The Tragedy of Woman's Emancipation» dans *Anarchism and Other Essays*, 3e éd. rév., New York, Mother Earth Publishing Association, 1917, p. 224.
19. *Ibid.*, p. 227.
20. *My Disillusionment in Russia,* Garden City (N.Y.), Doubleday, Page & Co., 1923, publié ensuite sans coupures à la même maison d'édition et *My Further Disillusionment in Russia,* Garden City (N.Y.), Doubleday, Page & Co., 1924.
21. Cathy Bernheim et Annette Levy-Willard, «Postface» dans Emma Goldman, *L'Épopée d'une anarchiste,* Paris, Hachette, 1979, p. 305.
22. Martha Solomon, *Emma Goldman,* Boston, Twayne Publishers, 1987, p. 154-155.
23. Hippolyte Havel, «Emma Goldman» dans Emma Goldman, *Anarchism and Other Essays, op. cit.*, p. 43.
24. «The Traffic in Women», *ibid.*, p. 190.
25. «Woman Suffrage», *ibid.*, p. 204.
26. *Ibid.*, p. 202.
27. *Ibid.*, p. 217.
28. *Ibid.*

29. Emma Goldman, «The Tragedy...», *ibid.,* p. 230.

30. Martha Solomon, *op. cit.,* p. 40-43.

31. Il écrit un article à ce sujet auquel elle se réfère dans une lettre, voir Candace Serena Falk, *Love, Anarchy and Emma Goldman. A Biography,* New Brunswick / Londres, Rutgers University Press, 1984, p. 204.

32. Emma Goldman, «The Tragedy...», *op. cit.,* p. 220.

33. *Ibid.,* p. 222-223.

34. Philip S. Foner (dir.), *Clara Zetkin. Selected Writings,* New York, International Publishers, 1984, p. 23.

35. Clara Zetkin, «For the Liberation of Women», *ibid.,* p. 47 (trad.).

36. Clara Zetkin, «Women's Work & the Trade Unions», *ibid.,* p. 56.

37. *Ibid.,* p. 58.

38. Friedrich Engels, *L'Origine de la famille, de la propriété et de l'État,* Paris, Éd. Sociales, 1983.

39. Gilbert Badia, «Clara Zetkin et ses luttes pour l'émancipation des femmes», CERM, *La Condition féminine*, Paris, Éd. Sociales, 1978, p. 333.

40. *Ibid.,* p. 339.

41. Richard J. Evans, «Bourgeois Feminists & Women Socialists in Germany (1894-1914): Lost Opportunity or Inevitable Conflict?», *Women's Studies International Quarterly,* 1980, vol. III, n° 4, p. 370.

42. Gilbert Badia, «Clara Zetkin et ses luttes...», *op. cit.,* p. 339.

43. Clara Zetkin, «Only in Conjunction with the Proletarian Woman» dans Philip S. Foner, *op. cit.,* p. 83.

44. Gilbert Badia, «Clara Zetkin et ses luttes...», *op. cit.,* p. 339.

45. Philip S. Foner, *op. cit.,* p. 33-34.

46. *Ibid.,* p. 39.

47. *Ibid.,* p. 30-31.

48. Raya Dunayevskaya, *Rosa Luxemburg, Women's Liberation, & Marx's Philosophy of Revolution,* New Jersey, Humanities Press, 1982, p. 13.

49. *Ibid.,* p. 13.

50. *Ibid.,* p. 4.

51. *Ibid.,* p. 6-7.

52. Philip S. Foner, *op. cit.*, p. 35-36.

53. *Ibid.*, p. 37-38.

54. *Ibid.*, p. 41.

55. Raya Dunayevskaya, *op. cit.*, p. 27.

56. *Ibid.*, p. 27. (Voir August Bebel, *La Femme et le Socialisme*, Gand, Imprimerie coopérative Volksdruckerei, 1911.) Le terme féministe est employé ici de façon anachronique, car, du temps de Bebel, il n'était employé par les socialistes que de façon péjorative pour désigner les femmes impliquées dans les mouvements bourgeois de femmes.

57. Paul Frolich, *Rosa Luxemburg. Her Life and Work*, trad. par Edward Fitzgerald, Londres, Victor Callancz, 1940, p. 57.

58. Voir J. P. Nettl, «Preface», *Rosa Luxemburg*, New York, Schocken Books, 1969, p. xli; Raya Dunayevskaya, *op. cit.*, p. 28, et C. Wright Mills, *The Marxists*, New York, Dell Publishing, 1966, p. 149.

59. J. P. Nettl, *op. cit.*, p. xxxix.

60. *Ibid.*, p. 6.

61. Carlo Rossi, introduction de *Rosa Luxemburg, L'État bourgeois et la Révolution*, Paris, Éd. La Brèche, 1978, p. 5.

62. J. P. Nettl, *op. cit.*, p. 7.

63. Paul Frolich, *op. cit.*, p. 168.

64. J. P. Nettl, *op. cit.*, p. 469 (trad.).

65. *Ibid.*, p. 516.

66. Paul Frolich, *op. cit.*, p. 183.

67. Rosa Luxemburg, document 8, «Lénine. Bureaucratisme et organisation» dans Daniel Guérin, *Rosa Luxemburg et la spontanéité révolutionnaire*, Paris, Flammarion, 1971, p. 115.

68. Rosa Luxemburg, «Democracy & Dictatorship» dans C. Wright Mills, *The Marxists, op. cit.*, p. 307. Voir aussi «The Problem of Dictatorship» dans Rosa Luxemburg, *The Russian Revolution and Leninism or Marxism*, Westport (Conn.), Greenwood Press, 1981, p. 68-72.

69. Rosa Luxemburg, «Reform or Revolution», *ibid.*, p. 199.

70. Rosa Luxemburg, «Social-démocratie et parlementarisme» dans Carlo Rossi, *op. cit.*, p. 33.

71. Rosa Luxemburg, *Introduction à l'économie politique,* Paris, Éd. Anthropos, 1971, p. 133.

72. Rosa Luxemburg, «Women's Suffrage and Class Struggle» dans *Selected Political Writings of Rosa Luxemburg,* Dick Howard (dir.), New York, Monthly Review Press, 1971, p. 219.

73. *Ibid.,* p. 222.

74. Elzbieta Ettinger, *Rosa Luxemburg. Une vie,* Paris, Pierre Belfond, 1986, p. 228.

75. Il s'agit du jour où l'armée russe tira sur un cortège pacifique d'ouvriers qui venaient, avec femmes, enfants et icônes, et, en tête, le père Gabone, demander au tsar de les aider dans leur misère.

76. Alexandra Kollontaï, *Autobiographie,* suivie du roman *Les Amours des abeilles travailleuses,* Paris, Berg-Belibaste, 1976, p. 25.

77. *Ibid.,* p. 26-27.

78. Barbara Evans Clements, *The Life of Aleksandra Kollontaï, Bolshevik Feminist,* Bloomington / Londres, Indiana University Press, 1979, p. 53-55.

79. *Ibid.,* p. 55. (Clements mentionne particulièrement Marx, Engels et Bebel.)

80. Alexandra Kollontaï, *Autobiographie, op. cit.,* p. 35.

81. *Ibid.,* p. 48.

82. Barbara Evans Clements, *op. cit.,* p. 199.

83. Anne Vahl, «Des "gentilhommes repentants" aux "apparatchiki" . Féminisme et révolution» dans Alexandra Kollontaï, *L'Opposition ouvrière,* trad. Pierre Pascal, Paris, Éd. du Seuil, 1974, p. 171.

84. *Ibid.*, p. 165. Elle aurait dit en 1929: «On ne peut aller contre l'appareil. Pour ma part, j'ai mis dans un coin de ma conscience mes principes et je fais aussi bien que possible la politique qu'on me dicte.» (*ibid.*, p. 166) Elle ne réagit pas non plus aux articles que le Parti fait publier sous ses initiales et qui contredisent sa pensée.

85. On le note dans son autobiographie (du reste censurée dans plusieurs versions) où elle fait comprendre qu'elle doit s'autocensurer quant à, par exemple, ses raisons de démissionner en 1918 de son poste de ministre.

86. Anne Vahl, *op. cit.,* p. 145.

87. Alexandra Kollontaï, *Autobiographie, op. cit.,* p. 20.

88. *Ibid.,* p. 18.

89. Barbara Evans Clements, *op. cit.*, p. 32.
90. Alexandra Kollontaï, *L'Opposition ouvrière*, *op. cit.*
91. *Ibid.*, p. 55.
92. *Ibid.*, p. 93.
93. Alexandra Kollontaï, *La Famille et l'État communiste*, 2e éd., Paris, Éd. de la Bibliothèque communiste, 1920, p. 14.
94. Alexandra Kollontaï, *L'Ouvrière et la Paysanne dans la République soviétique*, Paris, Librairie de l'humanité, 1921, p. 9.
95. Alix Holt, trad., «Introduction» dans Alexandra Kollontaï, *Sexual Relations and the Class Struggle,* New York, Falling Wall Press, 1971, p. iii.
96. «Love and the New Morality» dans *ibid.*, p. 26. (Voir aussi «Femmes célibataires» dans Alexandra Kollontaï, *Marxisme et révolution sexuelle*, Paris, François Maspero, 1975, p. 102.)
97. Alexandra Kollontaï, *La Famille et l'État communiste, op. cit.*, p. 6.
98. Alexandra Kollontaï, *Sexual relations..., op. cit.*, p. 12.
99. Alexandra Kollontaï, *La Famille et l'État communiste, op. cit.*, p. 21.
100. Alix Holt, trad., «Introduction» dans Alexandra Kollontaï, *op. cit.*, p. iv.
101. *Sexual Relations and the Class Struggle, op. cit.*, p. 3. (trad.).
102. Barbara Evans Clements, *op. cit.*, p. 129.
103. *Ibid.*, p. 34.
104. C'est une allusion au livre célèbre de Bertram D. Wolfe, *Three Who Made a Revolution,* New York, Dell Publishing, 1964.
105. Une allusion aux deux volumes d'Isaac Deutscher sur Trotsky, *The Prophet Armed. Trotsky (1879-1921),* vol. I, New York, Vintage Books, 1954, et *The Prophet Unarmed. Trotsky (1921-1929),* vol. II, New York, Vintage Books, 1959.

Bibliographie

Louise Michel

MICHEL, Louise. *La Commune*, Paris, Éd. Stock, 1898.

————. *Souvenirs et aventures de ma vie*, Paris, Éd. La Découverte, 1983.

LOWRY, Bullit et Elizabeth ELLINGTON GUNTER, éd. et trad. *The Red Virgin. Memoirs of Louise Michel*, The University of Alabama Press, 1981.

THOMAS, Édith. *Louise Michel*, Montréal, Black Rose Books, 1980.

Emma Goldman

GOLDMAN, Emma. *My Disillusionment in Russia*, Garden City (N.Y.) Doubleday, Page & Co, 1923.

————. *My Further Disillusionment in Russia*, Garden City (N.Y.), Doubleday, Page & Co, 1924.

————. *L'Épopée d'une anarchiste*, Paris, Éd. Hachette, 1979.

————. «The Tragedy of Women's Emancipation» dans *Anarchism and Other Essays*, 3e éd., New York, Mother Earth Publishing Association, 1917.

BERNHEIM, Cathy et Annette LEVY-WILLARD. «Postface» dans Emma Goldman, *L'Épopée d'une anarchiste*, Paris, Éd. Hachette, 1979.

FALCK, Candace Serena. *Love, Anarchy and Emma Goldman. A Biography*, New Brunswick et Londres, Rutgers University Press, 1984.

HAVEL, Hippolyte. «Emma Goldman» dans *Anarchism and Other Essays*, New York, Mother Earth Publishing Association, 1917.

SOLOMON, Martha. *Emma Goldman*, Boston, Twayne Publishers, 1987.

Rosa Luxemburg

LUXEMBURG, Rosa. «Lénine. Bureaucratisme et organisation» dans Daniel Guérin, *Rosa Luxemburg et la spontanéité révolutionnaire*, Paris, Éd. Flammarion, 1971.

————. *Introduction à l'économie politique*, Paris, Éd. Anthropos, 1971.

————. *The Russian Revolution and Leninism or Marxism*, Westport (Conn.), Greenwood Press, 1981.

HOWARD, Dick (dir.). *Selected Political Writings of Rosa Luxemburg*, New York, Monthly Review Press, 1971.

DUNAYEVSKAYA, Raya. *Rosa Luxemburg, Women's Liberation, & Marx's Philosophy of Revolution*, New Jersey, Humanities Press, 1982.

ETTINGER, Elzbieta. *Rosa Luxemburg, une vie*, Paris, Éd. Pierre Belfond, 1986.

FROLICH, Paul. *Rosa Luxemburg. Her Life and Work*, trad. de l'allemand par Edward Fitzgerald, Londres, Victor Callancz, 1940.

GUÉRIN, Daniel. *Rosa Luxemburg et la spontanéité révolutionnaire*, Paris, Éd. Flammarion, 1971.

NETTL, J. P. *Rosa Luxemburg*, New York, Schocken Books, 1969.

ROSSI, Carlo. *Rosa Luxemburg, l'État bourgeois et la Révolution*, Paris, Éd. La Brèche, 1978.

Clara Zetkin

FONER, Philip S. (dir.). *Clara Zetkin. Selected Writings*, New York, International Publishers, 1984.

BADIA, Gilbert. «Clara Zetkin et ses luttes pour l'émancipation des femmes» dans CERM, *La Condition féminine*, Paris, Éd. Sociales, 1978.

Alexandra Kollontaï

KOLLONTAÏ, Alexandra. *Autobiographie*, Paris, Éd. de la Bibliothèque communiste, 1920.

————. *La Famille et l'État communiste*, Paris, Éd. de la Bibliothèque communiste, 1920.

————. *Marxisme et révolution sexuelle*, Paris, Éd. Maspero, 1975.

————. *L'Opposition ouvrière,* trad. Pierre Pascal, Paris, Éd. du Seuil, 1974.

————. *L'Ouvrière et la Paysanne dans la République soviétique*, Paris, Librairie de l'humanité, 1921.

————. *Sexual Relations and the Class Struggle*, trad. Alix Holt, Bristol, Fallingwall Press, 1972.

CLEMENTS, Barbara Evans. *The Life of Aleksandra Kollontaï, Bolshevic Feminist*, Bloomington, Indiana University Press, 1979.

Ouvrages généraux

BEBEL, August. *Women and Socialism*, New York, Socialist Literature, 1910. *La Femme et le Socialisme*, Gand, Imprimerie coopérative Volksdruckerei, 1911.

ENGELS, Friedrich. *The Origin of the Family, Private Property and the State*, New York, Internatinal Publishers, 1970. *L'Origine de la famille, de la propriété privée et de l'État,* Paris, Éd. Sociales, 1983.

EVANS, Richard J. «Bourgeois Feminists & Women Socialists in Germany (1894-1914); Lost Opportunity or Inevitable Conflict?» dans *Women's Studies Quarterly*, 1980, vol. III.

MILLS, C. Wright. *The Marxists*, New York, Dell Publishing, 1966.

Lucie Lequin
Institut Simone de Beauvoir
Université Concordia (Montréal)

Les Québécoises, une autre révolution ?

Malgré l'essor considérable de l'histoire des femmes comme champ d'étude et le succès de librairie de *L'Histoire des femmes au Québec*, les clichés historiques sur les Québécoises abondent toujours et beaucoup sont enclins à croire que le féminisme est récent ici, alors qu'il a plus d'un siècle d'existence et s'inscrit dans la foulée du mouvement des femmes et des luttes féministes des autres pays occidentaux.

Le rôle de «conservatrices» auquel, en principe, les femmes ont dû se soumettre pendant des siècles n'a facilité ni les audaces ni les transgressions. La tradition clérico-nationaliste, en grande partie issue de l'échec de l'insurrection de 1837, a assigné aux femmes francophones du Québec une tâche bien lourde, celle de gardiennes de la foi catholique, de la langue et de la race françaises en Amérique du Nord. Puis, au fil des ans et grâce à l'emprise du pouvoir religieux, s'est dessiné un portrait monolithique de la Québécoise: bonne mère de famille, nombreuse cela va de soi, dépendant de son mari et ne participant ni à la vie politique ni à la vie publique, deux choses encore bien distinctes. On la dit alors peu apte au développement intellectuel et très soumise aux attentes que l'idéologie conservatrice exprime pour elle, sans elle. Dans un tel contexte, toute transgression devient anomalie et la prudence est de rigueur.

Bien que ce portrait des femmes canadiennes-françaises domine le début du XXe siècle, certaines femmes luttent pour l'obtention des droits politiques, pour l'égalité des sexes. En effet, le vécu des femmes d'alors n'est marqué ni par leur soumission complète à un discours imposé ni par une résistance ouverte. Celles qui luttent cherchent plutôt à adopter des positions intermédiaires qui leur permettraient d'évoluer. Les premières féministes québécoises francophones évitent ainsi les confrontations bruyantes, les textes percutants. Leurs revendications discrètes sont fort semblables à celles des féministes américaines, britanniques ou françaises de la même époque.

Avant de parler du mouvement des femmes au début du siècle, il importe de tracer un portrait, certes partiel, des Canadiennes – terme que les Canadiennes françaises de l'époque utilisaient pour se définir – d'avant la conquête, d'avant l'insurrection de 1837. C'est un champ d'étude encore en exploration, mais le portrait qui transparaît est imprégné de dynamisme.

Un texte du père François-Xavier de Charlevoix datant de 1721 décrit ainsi nos ancêtres:

> Ils ont beaucoup d'esprit, surtout les Personnes du Sexe, qui l'ont fort brillant, aisé, fécond en ressources, courageux & capable de conduire les plus grandes[1].

Jacques Boucher, Micheline Dumont et Jan Noël soulignent le caractère non traditionnel de l'activité économique des femmes sous le régime français en Nouvelle-France. Ils constatent aussi que la condition juridique des femmes est plus large que ce que prévoit la Coutume de Paris alors en vigueur et qui le reste jusqu'en 1866. Nos aïeules étaient donc des femmes, d'une part capables d'initiatives et d'autre part, favorisées par rapport aux Françaises de leur époque[2].

Quant à la vie politique, la correspondance de certaines femmes, notamment celle d'Élisabeth Bégon au XVIIIe siècle et, à la fin du XIXe et au début du XXe siècle, celle des filles Lacoste – Thaïs Lacoste-Frémont, Marie Lacoste Gérin-Lajoie – et de leur mère,

Marie-Louise Globenski, montre qu'elles suivent de près les enjeux politiques[3] de leur époque respective, qu'elles comprennent les luttes de pouvoir et interviennent de façon ponctuelle auprès des autorités politiques pour elles-mêmes, pour les femmes ou encore intercèdent pour d'autres. De 1791 à 1834, des femmes propriétaires ont le droit de vote et l'exercent, ce qui ne va pas sans protestations. Aux élections de 1828, des votes de femmes sont refusés. Les défenseurs du droit de vote pour les femmes propriétaires adressent alors à la Chambre une pétition en faveur de la reconnaissance factuelle de ce droit. Après plusieurs interventions de part et d'autre, le droit de vote est retiré aux femmes en 1849.

Ce portrait contredit le portrait tout traditionnel dans lequel l'élite clérico-nationaliste tente d'enfermer les femmes au tournant du siècle. D'autant plus que les premières féministes connaissent la vie de leurs aïeules, comme en témoignent plusieurs de leurs discours, notamment l'un d'Idola Saint-Jean, une suffragette qui se sert du passé des femmes canadiennes pour réclamer le suffrage des femmes[4].

De la fin du XIXe siècle jusque vers 1940, le mouvement des femmes québécoises francophones blanches est surtout marqué par la revendication et la conquête des droits fondamentaux. Tributaire du mouvement des femmes dans le monde occidental et ailleurs au Canada, «le mouvement des femmes québécoises commence à Montréal et articule ses buts autour de la réorganisation du travail philanthropique, de la défense de l'égalité des femmes au travail et de la promotion de leurs droits[5]». Les universitaires qualifient souvent le féminisme d'alors de «maternel» et de «revendicateur». Au début du mouvement des femmes, les Québécoises francophones blanches se joindront aux anglophones blanches pour militer au sein du Montreal Local Council of Women (MLCW), filiale montréalaise du National Council of Women fondé en 1893. Quant aux Québécoises noires, elles fonderont, en 1902, leur propre association, The Coloured Women's Club of Montreal, et œuvreront dans les mêmes domaines que les femmes blanches. Il s'agit du premier regroupement des femmes noires au Canada[6]. L'on s'étonne de ce que, dans les études sur le mouvement des femmes tant en anglais qu'en français, cette association ne soit presque jamais mentionnée, comme si les revendications des femmes ne touchaient que les Blanches.

Des militantes canadiennes-françaises comme Marie Thibaudeau, Joséphine Marchand-Dandurand, Marie Lacoste Gérin-Lajoie, Caroline Béique deviennent membres du Conseil local et, peu à peu, y cumulent des fonctions importantes malgré l'hostilité du clergé qui ne tolère que l'adhésion individuelle et refuse l'affiliation d'associations catholiques laïques.

Tant du côté anglophone que francophone, la naissance du MLCW soulève une tempête d'indignation et de protestations qui le force maintes et maintes fois à se justifier. Du côté canadien-français, les affrontements sont plus brutaux; les milieux cléricaux et nationalistes qualifient cette initiative de calamité.

Néanmoins, le Conseil s'engage dans la lutte. La question sociale et la question juridique unissent les anglophones et les francophones blanches, mais ces dernières, en partie à cause des pressions du clergé et des nationalistes, s'interrogent sur leur place au sein du Conseil local. Aussi, en 1907, afin d'associer la revendication des droits des femmes à la religion catholique et de se faire entendre dans leur propre communauté, les francophones, ayant à leur tête Caroline Béique et Marie Lacoste Gérin-Lajoie, fondent la Fédération nationale Saint-Jean-Baptiste.

Cette séparation officielle d'avec les anglophones ne les empêche pas de maintenir des liens. La Fédération est en fait la sœur jumelle catholique du MLCW, du moins dans ses premières années.

Le féminisme social peut difficilement être considéré comme révolutionnaire, ni même comme audacieux. Pourtant, les autorités clérico-nationalistes craignaient les féministes, refusaient de les écouter et déclaraient toutes leurs demandes irrecevables. Dans un tel carcan idéologique, réclamer la dignité humaine pour l'ensemble des femmes participe malgré tout de l'insoumission, car, selon la féministe américaine Zillah Eisenstein, le simple fait pour les femmes de reconnaître qu'elles ont en commun une condition d'opprimée, des intérêts particuliers à leur sexe, à leur groupe, et qu'elles éprouvent le besoin de s'associer pour mieux revendiquer leurs droits et leur place dans la société, est déjà un geste déviant, voire révolutionnaire[7]. L'histoire du mouvement des femmes francophones du Québec à la fin du XIXe et au début du XXe siècle, c'est donc l'histoire d'insoumises; certaines nous ont laissé leurs noms, d'autres demeureront à jamais anonymes.

Femmes activistes

Œuvres sociales

Dans le domaine des œuvres sociales, de nombreuses femmes laïques sont à l'origine d'institutions importantes. Par exemple, l'hôpital Notre-Dame de Montréal a été fondé par Marie Lamothe-Thibaudeau et l'hôpital Sainte-Justine (1907) par Justine Lacoste-Beaubien et la docteure Irma Levasseur.

Il n'y a là rien de révolutionnaire, néanmoins ces femmes francophones ont dû lutter même pour fonder des œuvres de bienfaisance et en garder le contrôle: Marie Lamothe-Thibaudeau n'avait pas l'approbation de l'évêque, Justine Lacoste-Beaubien a dû demander d'être libérée de son incapacité juridique afin de pouvoir gérer les fonds de l'hôpital. Quant à la docteure Levasseur, la première francophone à pratiquer la médecine, elle fit ses études aux États-Unis et il fallut un bill privé pour qu'elle puisse exercer légalement sa profession au Québec. Si ces femmes ne sont pas vraiment révolutionnaires, elles sont, compte tenu du contexte clérico-nationaliste, des insoumises qui s'affichent en affrontant les pouvoirs religieux et politiques.

Conquête des droits civils et politiques

Au début du siècle, dans le domaine juridique, le mariage signifie la mort légale pour l'ensemble des Québécoises. Les femmes activistes, humiliées par cette infériorisation, luttent ardemment pour la réforme du Code civil. Marie Gérin-Lajoie, née Lacoste, une juriste autodidacte, avec la complicité de son père et, plus tard, de son mari, devient rapidement la spécialiste féministe des questions juridiques. Elle sera même chargée de cours à la faculté de droit de l'Université Laval à Montréal, alors que les femmes ne pouvaient pas être avocates. Elle avait posé comme condition à son mariage la liberté de poursuivre ses projets d'engagement social. À côté de la salle de jeu de ses enfants, elle s'aménagea donc un petit bureau, une «chambre à soi», où elle s'isolait afin de travailler. En 1902, elle publie un *Traité de droit usuel,* vulgarisation et simplification du droit civil et constitutionnel qui sera traduit en anglais et figurera au programme du cours primaire supérieur des écoles anglaises du Québec, ainsi que des classes terminales du primaire des écoles de langue française[8].

Dès le début, la Fédération inscrit à son programme la réforme du Code civil. Mais malgré une campagne de prise de conscience bien soutenue tant par les anglophones que les francophones, la situation juridique des femmes au Québec demeure anachronique. À la fin des années vingt, le gouvernement Taschereau institue la Commission Dorion pour étudier la réforme du Code civil. Cependant, comme le souligne le Collectif Clio, il s'agit surtout d'occuper les féministes pour les faire taire. Le rapport de la Commission recommande le *statu quo* et ne touche pas au principe de l'autorité maritale[9]. Pour une réforme importante du Code civil, il faudra attendre 1964. La juriste Marie Gérin-Lajoie fait elle aussi partie de ces insoumises. Un combat de trente ans, dans tous les domaines qui touchent les femmes de son époque, l'a épuisée, comme tant de ses consœurs.

Une autre grande bataille des premières féministes fut le suffrage des femmes. Après l'obtention du droit de vote au fédéral, en

1918, on assiste à une certaine démobilisation parce que les femmes croyaient que le gouvernement provincial allait suivre l'exemple. Mais les forces antiféministes virulentes s'y opposèrent. Contrairement aux autres Canadiennes, les femmes québécoises n'obtiendront le droit de vote au niveau provincial qu'en 1940, après vingt ans de lutte et toujours malgré l'opposition du clergé. Pendant deux décennies, les éléments conservateurs, souvent misogynes, ont ridiculisé la démarche des femmes, mais à force de patience, de luttes organisées, le nombre des adeptes de l'obtention du droit de vote s'est multiplié. En 1930, Idola Saint-Jean se présente aux élections fédérales et obtient 3 000 voix dans le comté de Dorion-Saint-Denis, un comté de travailleurs.

À l'égard de la lutte pour l'obtention du droit de vote, l'on pourrait dresser une longue liste d'insoumises. Cependant, Idola nous semble particulièrement intéressante, car elle multiplie les atypies. Contrairement à une Thérèse Casgrain ou une Marie Gérin-Lajoie, Idola est célibataire. Elle doit gagner sa vie. Elle va étudier à Paris ; au retour, elle enseigne la diction et la littérature française dans différentes institutions. À la fin de sa vie, elle est professeure à l'Université McGill, chez les protestants. Durant l'épidémie de grippe espagnole (1914-1918), elle dirige un comité de secours. Elle adoptera alors une fillette noire orpheline. Célibataire, mère adoptive, travailleuse, indépendante et financièrement autonome, militante féministe, intellectuelle, voilà un cumul de déviances qui dérange.

Très tôt, Idola a milité dans le Comité provincial pour le suffrage féminin, un organisme essentiellement bourgeois. Toutefois, en 1927, à la demande des ouvrières qui se sentent peu à l'aise avec les bourgeoises, Idola Saint-Jean fonde l'Alliance canadienne pour le vote des femmes au Québec. Son féminisme est fort et audacieux, car il ne s'agit pas, pour elle, d'une simple lutte pour l'obtention de droits : elle veut améliorer et transformer le quotidien des femmes, voire la société. Avant même la naissance des centres de femmes des dernières décennies, elle comprend l'importance d'un lieu-femme : l'Alliance fonde un bureau de consultation juridique et domestique. Elle monte aussi une bibliothèque circulante afin de mettre à la portée des femmes des ouvrages féministes[10]. Idola Saint-Jean, par ses déviances, son audace, a fait avancer les femmes vers une plus grande autonomie, vers l'insoumission au rôle prédéterminé.

Conquête du droit aux études

L'histoire de la lutte pour le droit de vote illustre un moment important du féminisme de l'époque, mais cette bataille ne doit pas estomper les autres. Les premières féministes travailleront aussi pour l'accession à l'enseignement supérieur, combat qui sera plus difficile chez les francophones, alors que les anglophones sont admises à la faculté des lettres de McGill en 1884. Sous la pression des féministes, des étudiantes et de certains professeurs masculins et féminins, des écoles professionnelles de McGill admettent des femmes: en 1911, le droit (qu'on ne pourra pratiquer qu'à partir de 1942), en 1918, la médecine, en 1922, la médecine dentaire. Les francophones, elles, ne peuvent accéder aux diplômes universitaires. En fait, après le cours élémentaire, c'est grâce aux communautés religieuses et à leurs écoles privées que des jeunes filles peuvent poursuivre leurs études, ce qui signifie que seules les filles de l'élite peuvent se faire instruire. Dès 1883, sœur Sainte-Anne-Marie, religieuse de la Congrégation de Notre-Dame, veut instaurer le cours classique pour filles, le seul programme qui conduise à l'université. Elle entame de longues négociations qui sont couronnées de succès en 1908; encore a-t-il fallu l'annonce de l'ouverture d'un lycée laïque pour que l'évêque donne son accord. La première diplômée de cette École d'enseignement supérieur sera Marie Gérin-Lajoie, la fille de Marie Lacoste Gérin-Lajoie, une des féministes de la première heure. Cette jeune femme obtient la première place lors des examens de baccalauréat, se classant ainsi devant les garçons. Cependant, son succès sera occulté afin de préserver l'orgueil masculin.

Il faut ici ouvrir une parenthèse et parler du front uni des femmes religieuses et laïques. Par exemple, plusieurs associations affiliées à la Fédération sont dirigées par des religieuses. Sur une base individuelle, des sœurs contribuent à l'œuvre de la Fédération et la fondation de l'École d'enseignement supérieur traduit éloquemment cette connivence des religieuses et des féministes qui ensemble ont exercé des pressions sur les prêtres et les politiciens. Certes, comme chez les laïques, toutes les religieuses ne sont pas féministes, mais l'unité d'action des deux groupes marque les débuts du féminisme au Québec ainsi que l'a montré l'historienne Marta Danylewycz[11].

On peut même dire que l'Institut Notre-Dame-du-Bon-Conseil, fondé en 1923, est né de cette relation entre religieuses et laïques. La fondatrice, Marie Gérin-Lajoie fille, rappelle que le but de l'Institut est de soutenir les laïques dans le travail social et non de les remplacer. C'est auprès de sa mère et de ses amies féministes que Marie a découvert l'ampleur du travail social à accomplir. Devenue religieuse, Marie continuera, avec d'autres religieuses, de travailler dans la Fédération et de collaborer à *La Bonne Parole*[12]. Il est vrai que cette revue devient de moins en moins féministe ; par ailleurs, Marie a une communauté à gérer et, avec la crise économique d'après 1929, un travail social de plus en plus pressant à accomplir.

Sœur Sainte-Anne-Marie, sœur Marie Gérin-Lajoie, sœur Marie-Stéphane (fondatrice de l'École de musique Vincent d'Indy) et d'autres sont aussi des femmes qui, même au sein de communautés religieuses, ont refusé la facilité de l'obéissance et ont, à leur façon, infléchi le rôle féminin traditionnel et contribué à augmenter la présence publique et sociale des femmes.

Engagement syndical

Dans le domaine du travail rémunéré, c'est du côté des syndicats et non de la Fédération qu'il faut se tourner pour trouver des femmes rebelles. À l'heure de l'étouffement idéologique des choix moraux et politiques, des femmes comme Léa Roback, Laure Gaudreault, ont transgressé les normes. Laure Gaudreault est à l'origine de la Fédération catholique des enseignantes rurales (1937); elle cherche à améliorer les conditions de travail des enseignantes et à réduire l'écart de salaire entre les femmes et les hommes. Léa Roback, elle, devient membre du Parti communiste, dirige une librairie marxiste et s'engage ensuite dans l'organisation des ouvrières de la robe (1936). Plus tard, elle travaille à la R.C.A. (1942), afin d'y créer un syndicat. Dès les années 30, elle se préoccupe de la contraception, de l'avortement, de la violence faite aux femmes. Laure Gaudreault, Léa Roback, Madeleine Parent plus tard, et d'autres encore, font partie des insoumises, des insolentes, qui ont agi pour améliorer la vie des femmes à une époque où le militantisme syndical était synonyme de subversion et où les syndicats eux-mêmes étaient coupables de discrimination sexuelle.

Productions journalistiques

L'on ne saurait parler de cette première période du féminisme québécois sans mentionner la presse féminine de cette époque, car l'écriture journalistique a permis à des femmes, à la fois, d'avoir accès à une profession jusqu'alors masculine et à certaines d'entre elles, écrivaines de fiction, de pouvoir gagner leur vie tout en continuant leur œuvre de création. C'est le cas de Gaëtane de Montreuil, pseudonyme de Georgina Bélanger, de Medjé Vézina, de Robertine Barry, d'Adrienne Choquette, d'Henriette Dessaulles et d'autres.

Des journaux tels que *Le Coin du feu*, (1893-1896), *Le Journal de Françoise* (1902-1909), *Le Foyer*, (1903-1926), *Pour vous Mes Dames* (1913-1915) et *La Bonne Parole* (1913-1957) marquent le début du journalisme féminin francophone. Ces journaux tiennent souvent un discours contradictoire. Dans certains domaines, tels le travail et l'éducation surtout, les thèses libérales l'emportent nettement alors que dans d'autres, tel celui de la famille, les idées conservatrices dominent. En politique, par ailleurs, les deux tendances s'exercent à tour de rôle. Pour Nadia Fahmy-Eid, cette ambivalence de la pratique des femmes dans l'écriture de presse découle de la situation socio-culturelle des Québécoises d'alors[13]. Il faudrait aussi dire que cette ambiguïté, plus ou moins volontaire, force la lectrice à décider par elle-même, à repenser sa condition de femme et la situation des femmes en général.

À titre d'exemple, rappelons la carrière de Françoise, le pseudonyme de Robertine Barry (1863-1910). Françoise a été journaliste à *La Patrie* (1891-1900), le journal le plus libéral et radical de la province, et a aussi fondé son propre journal: *Le Journal de Françoise* (1902-1909). D'emblée, Françoise réclame l'éducation supérieure pour les jeunes filles, elle s'en prend aux préjugés contre les femmes, elle ne craint pas de critiquer la logique masculine, la foi dans le bonheur infaillible du mariage; elle connaît l'histoire des Françaises. Bref, elle est audacieuse, indépendante et le montre; elle parle même de la supériorité des femmes[14].

Ainsi que le montre Anne Carrier dans son étude sur cette pionnière, Robertine Barry possède une écriture empreinte d'une «curieuse ambivalence [...] entre ses propos déprimants sur l'amour et sa conception avant-gardiste du célibat[15]». Ici et là, Robertine Barry laisse entendre la difficulté de son célibat. Le féminisme de Barry a aussi les limites de son époque, car il ne s'ouvre pas aux discriminations autres que celles du sexe. Elle tient parfois des propos teintés de préjugés raciaux ou ethniques. Insoumise lorsqu'elle pense à l'avancement des femmes, elle est soumise face aux droits des minorités ethniques. À cet égard, Robertine Barry semble assez représentative des autres féministes de son époque qui parlent essentiellement des femmes de leur propre groupe linguistique ou de leur propre classe.

Femmes rurales

Mais ces gestes d'activistes, de militantes qui dérangent l'ordre établi et les idées préconçues touchent surtout les femmes urbaines alors qu'au tournant du siècle, le Québec est encore en majorité rural. Lorsqu'on pense aux femmes rurales, l'on parle souvent des Cercles des fermières fondés en 1915 et on les qualifie d'ultraconservateurs. Dans l'histoire du féminisme québécois, l'on souligne surtout le manque de participation des femmes rurales. Pourtant, les fermières se perçoivent comme des professionnelles. Par des cours offerts au sein des Cercles, elles tentent d'améliorer leur formation. Elles valorisent leur rôle de femmes collaboratrices et élaborent de nouveaux modèles de la femme moderne[16].

Les Cercles des fermières s'inscrivent dans le vaste mouvement des femmes, car plusieurs de leurs actions relèvent du féminisme social. Ghislaine Desjardins, dans son article «Les Cercles des fermières et l'action féminine en milieu rural, 1915-1944[17]», rappelle qu'il faut analyser d'une part l'écart entre l'idéologie des dirigeants du mouvement et la pratique des membres; d'autre part, l'attitude des fermières qui, conscientes de l'importance de leurs tâches et de leurs rôles, ont préféré s'engager dans un champ social qui ne les mettait pas en contradiction avec leur condition. Leurs réactions participent davantage de l'autodéfense que de l'immobilisme. De plus, les luttes féministes urbaines leur parviennent à travers l'écho déformé par la propagande officielle qui établit une équation automatique entre féminisme et abolition de la famille, institution qui constitue le cadre et le lieu même de leur travail. En somme, les fermières veulent participer au mouvement social, mais dans leur sphère d'influence.

Le fait qu'en 1944, l'Église tente de briser les Cercles des fermières en lançant sa propre organisation l'Union catholique des fermières sous-entend une indocilité certaine de la part de femmes rurales; on estime que seulement une adhérente des Cercles sur cinq les ont quittés pour cette nouvelle organisation. Ainsi que le souligne Micheline Dumont, les discussions au sein de associations féminines «ont dû jouer un rôle plus déterminant[18]» qu'on ne le croit. Dans leurs réunions, les femmes pouvaient confronter leur vécu au discours culturel; ce genre d'affrontement a largement contribué à l'élaboration d'un discours plus autonome au sujet des femmes, par les femmes. Yolande Cohen dans *Femmes de parole* situe les Cercles des fermières dans le contre-pouvoir efficace[19]. Elle rappelle l'importance des Cercles comme lieux de socialisation et facteurs d'intégration sociale. Au lieu d'opposer les termes féminin et féministe, Cohen met en lumière leurs ramifications et montre que, malgré des stratégies et des discours divergents, les fermières et les féministes désirent la participation des femmes à tous les paliers de la société: «Pour les féministes, c'est à parts égales, pour les fermières, c'est là où elles se trouvent[20].»

On peut conclure que la première période 1893-1940 est dominée par le désir de certaines femmes de déborder leur zone d'influence. Leurs gestes qui, aujourd'hui, ne nous semblent pas révolutionnaires étaient pourtant parfois perçus comme tels ou du moins comme trop audacieux, trop osés. Les activistes féministes du début du siècle connaissaient l'importance de se regrouper entre femmes pour prendre la parole et créer de nouveaux modèles pour elles-mêmes.

Même si, dès 1933, la Fédération Saint-Jean-Baptiste se réfugie dans le conservatisme et que l'obtention du droit de vote, en 1940, marque un temps d'arrêt du féminisme organisé, les valeurs traditionnelles du patriarcat sont ébranlées. De plus, les luttes se poursuivent ailleurs que dans le féminisme organisé, dans le syndicalisme, par exemple, et dans les productions littéraires.

Femmes écrivaines

Dans le contexte de l'histoire des femmes des dernières décennies, l'on associe spontanément des noms d'écrivaines, Brossard, Gagnon, Théoret aux luttes féministes; pour la fin du XIXe et le début du XXe siècle, parce que les écrivaines ne sont pas militantes féministes, on considère plutôt séparément le mouvement des femmes et l'écriture des femmes. Pourtant, si les militantes se sont démarquées par leurs gestes audacieux, les premières écrivaines portent souvent, comme leurs descendantes, les paroles de la transgression.

Par exemple, Henriette Dessaulles (1860-1946), journaliste, conteuse, essayiste et graphologue a laissé de nombreuses productions écrites, souvent signées d'un pseudonyme masculin. Plusieurs de ses articles traduisent ses préoccupations face à la condition des femmes; elle se soucie particulièrement de l'éducation supérieure des femmes, mais c'est surtout en tant que diariste qu'on la connaît; elle nous a laissé son journal d'adolescente[21]. Ce *Journal* rédigé entre 1874-1880 traduit le dilemme des jeunes femmes de son époque. Lucidement, la jeune Henriette remet en question les carcans imposés aux jeunes filles par la famille, la religion, le couvent. Toutefois, compte tenu de la force de l'idéologie dominante, un écart s'établit entre la pensée et le vécu d'Henriette. Elle est souvent forcée à la duplicité, à la soumission extérieure, car, hors de la famille, il n'y a aucune place pour elle. Elle n'a que quatorze ans au début de la rédaction et ses transgressions se limitent à la pensée, une pensée critique, le prérequis nécessaire aux transgressions visibles. Son *Journal* relate l'intime, le sien, mais par ce biais, elle jette aussi une lumière particulière sur la vie des jeunes filles de son milieu; pour l'histoire des femmes, il représente un document authentique qui annonce déjà le XXe siècle.

Une même conscience de l'enfermement des femmes transparaît dans l'œuvre de Laure Conan; notamment, dans *Si les Canadiennes le voulaient* (1886) où l'écrivaine explique, avec une lucidité douce et ironique, la contradiction entre le devoir patriotique que l'on attribue aux femmes et leur absence de droits. C'est ce même regard féminin critique qu'elle affinera dans ses œuvres ultérieures; à travers son œuvre, Laure Conan a marqué la place que l'univers masculin réserve aux femmes. Déjà, elle sait se situer en périphérie du monde des hommes, elle le regarde et le critique de l'extérieur[22].

Ce conformisme apparent marque l'œuvre d'un grand nombre d'écrivaines du début du siècle: Blanche Lamontagne, Simone Routier, Alice Lemieux et d'autres. Leurs œuvres sont peu lues et véhiculent, selon nos critiques, le conservatisme, les idées religieuses et/ou la tradition. Pourtant, une lecture qui veut décanter ces œuvres dites vieillies révèle la solitude de la femme, son incapacité à vivre pleinement dans son monde et, malgré son malaise, le goût de vivre. Le mysticisme y est souvent teinté de sensualité et traduit fréquemment un rêve d'un ailleurs ouvert. Leurs écritures variées expriment, en écho, la peur du risque, l'obligation de se déguiser afin d'éviter la censure et souvent une grande solitude. Ce sont des écritures retenues.

David Lonergan s'est intéressé à Blanche Lamontagne-Beauregard[23], une de ces écrivaines occultées. Écrivaine régionaliste, mais d'après le chercheur, des critiques reconnaissent maintenant qu'elle est moins servile que les autres écrivains régionalistes; sa vision est différente. Elle se limite à la Gaspésie, son coin de pays et elle porte un regard de femme sur la vie rurale. Elle sera très demandée par les groupes de femmes. Elle négocie même ses collaborations car, pour elle, l'argent qu'elle peut gagner par son écriture lui assure une certaine autonomie financière au sein de sa famille.

Si ses premiers recueils sont édités au Devoir, Blanche se brouillera en 1918 avec Henri Bourassa qui a pris position contre le vote des femmes. Par principe, elle fera publier ses œuvres ailleurs. Blanche n'est pas une militante féministe; elle est cependant une grande amie de Marie Gérin-Lajoie, fille, et de Georgette LeMoyne, toutes deux féministes militantes. Elle soutient l'idéologie féministe de son époque, mais son action, celle qui lui tient à cœur, c'est l'écriture. Dans un article du *Devoir* paru le 23 mars 1917, Marie Gérin-Lajoie, fille, parlera du féminisme littéraire de son amie[24]. En effet, les idées de Blanche sur la vie, l'amour, le mariage, la maternité, la vieillesse relèvent du féminisme maternel[25]: à cause de ses qualités maternelles, la femme a le droit de participer à la vie publique, elle se doit d'influer sur la société et d'exprimer ses opinions. La poète imagine une femme forte, au cœur «fier et libre[26]», pleine de vigueur, de rêves et capable de s'épanouir en tant qu'amoureuse, épouse et mère sans renoncer à elle-même, à son individualité. Elle ne dessine cependant pas une femme s'éloignant volontairement de la maternité. Pour elle, la famille demeure le premier lieu d'action de la femme.

Il est intéressant de noter que Blanche parle de l'amour au masculin comme au féminin. Une lecture moderne de ses poèmes d'amour trace un homme amoureux sensible, hors de l'autorité patriarcale et une femme amoureuse charnelle, très habitée par l'amour, mais non soumise. C'est une œuvre à relire. De façon générale, l'écriture de Blanche n'est pas révolutionnaire, mais le simple geste d'écrire et de vouloir y consacrer sa vie le devient. Son insoumission réside dans le fait qu'elle a choisi la création.

Par ailleurs, au même moment, d'autres écrivaines ont abattu les garde-fous, les garde-délire et ont écrit la transgression. Durant les années 30, ces années où la Fédération Saint-Jean-Baptiste se tourne vers la droite, des écrivaines manifestent ouvertement leur insoumission et, à notre avis, dépassent les revendications des féministes activistes des décennies précédentes, car elles réclament davantage que des droits. Elles critiquent l'enfermement moral, et parfois physique, des femmes de leur époque et veulent transformer les rapports entre les sexes.

Nous pensons ici à des femmes comme Jovette Bernier, Medjé Vézina, Éva Sénécal qui réclament le droit des femmes au désir, à la chair, à l'amour. Elles ne veulent plus confondre amour sensuel et procréation; elles refusent le masochisme que l'idéologie conservatrice leur impose; la souffrance inutile est repoussée, rejetée avec force ou acceptée difficilement, par devoir. Elles savent aussi que l'amour est fragile, souvent éphémère. Toutes trois veulent briser la forme étroite de leur vie[27].

C'est cette écriture biophile[28] du désir qui fait dire à Medjé Vézina que «regretter est un blasphème[29]». Refuser la volupté, c'est contrecarrer la nature: «Mon Dieu, c'est toi qui mets dans notre chair, hélas! / L'ardent désir que tu ne permets pas[30].» Au fond, c'est l'illogisme de l'Église, responsable du tabou de la chair, qu'elle dénonce. Pour avoir réclamé, en 1934, le droit à la sensualité, à l'Éros, Medjé Vézina est qualifiée par certains de blasphématoire.

Éva Sénécal, pour son roman *Dans les ombres*[31] (1931), est aussi jugée immorale parce qu'elle met en scène une jeune femme mariée infidèle qui, pourtant, se soumettra par devoir ; elle restera auprès de son mari qu'elle n'aime plus. Bien avant la dénonciation de la violence faite aux femmes, cette écrivaine décrit dans *Lui, le guenilleux*[32] comment la société force la femme violentée au silence ; le violeur-guenilleux sait que sa victime se taira ; après son crime, il peut tranquillement reprendre sa vie quotidienne. Elle n'enferme cependant pas tous les hommes dans la violence et la haine. Comme Blanche Lamontagne, elle imagine un bûcheron capable d'amour, de tendresse et de douceur. C'est d'ailleurs à la première personne masculine que cet homme aimant se raconte[33] et raconte son retour vers sa bien-aimée et leurs enfants.

Jovette Bernier fera scandale avec *La Chair décevante*[34] (1931). Ce roman relate la vie d'une mère célibataire qui, malgré un sursis d'une quinzaine d'années, le temps de son mariage avec Lucien d'Auteuil, est rejointe par sa « faute » de jeunesse et sombre dans la folie. Derrière le drame de Didi se profile une critique importante dénonçant le pharisaïsme des règles sociales qui condamne la femme déviante et excuse l'homme faible. Ce roman intimiste fait aussi état du dilemme d'une femme insoumise qui ne peut l'être que dans le privé, voire dans le secret. Dès que la « faute » de Didi devient publique, elle est repoussée comme une paria et son fils aimé porte la balafre de la mère. Son seul refuge est la folie. Ces écrivaines savent déjà que le privé est politique.

Cette grande place réservée à la sensualité, ce grand coup donné à la société bien pensante dans les œuvres de fiction de ces femmes insoumises prolongent le débat sur la condition des femmes amorcé par les activistes et les syndicalistes. Medjé Vézina, Jovette Bernier, Éva Sénécal osent dire ce que bien des femmes pensent.

Les insoumises ont de manière visible balisé le chemin de l'autonomie des femmes. Derrière ou à côté d'elles, il y a évidemment toutes ces femmes dont on ne connaît ni les paroles ni les gestes d'insoumission. Sans doute peut-on voir comme un geste d'insoumission des femmes la réduction des naissances au Québec ; à partir des années 1860, la moyenne d'enfants par famille décroît de façon constante pour atteindre trois enfants par famille vers 1940 et l'histoire orale indique qu'un certain nombre de femmes, jeunes vers 1920 ou après, s'étaient arrogé le contrôle de leur fertilité.

Notes

1. François-Xavier de Charlevoix, *Histoire et Description générale de la Nouvelle-France, avec le Journal historique d'un voyage fait par ordre du Roi dans l'Amérique septentrionale,* Paris, Nyon, 1744, lettre X.

2. Marie Lavigne et Yolande Pinard, *Travailleuses et féministes. Les femmes dans la société québécoise,* Montréal, Éd. Boréal, 1983, p. 14-17.

3. À titre d'exemple, voir la correspondance d'Élisabeth Bégon, *Lettres au cher fils. Correspondance d'Élisabeth Bégon avec son gendre (1748-1753),* Montréal, Hurtubise HMH [1972], 314 p. Voir aussi Gabrielle Frémont, « Traces d'elles, essai de fil*l*iation » dans *La Gynocritique/ Gynocritics,* Barbara Godard (dir.), Montréal, Éd. ECW, 1987, p. 85-95.

4. Discours d'Idola Saint-Jean dans Michèle Jean, *Québécoises du 20e siècle,* Montréal, Éd. Quinze, 1977, p. 221.

5. Le Collectif Clio, *L'Histoire des femmes au Québec depuis quatre siècles,* Montréal, Éd. Quinze, 1982, p. 325.

6. Dorothy W. Williams, *Blacks in Montreal, 1628-1986 : An Urban Demography,* Montréal, Yvon Blais, 1989.

7. Zillah Eisenstein, *The Radical Future of Liberal Feminism,* Boston, Northeastern University Press, 1986.

8. Hélène Pelletier-Baillargeon, *Marie Gérin-Lajoie. De mère en fille, la cause des femmes,* Montréal, Éd. Boréal, 1985, p. 76.

9. Le Collectif Clio, *op. cit.,* p. 333-337.

10. Michèle Jean, «Idola Saint-Jean, féministe (1880-1945)» dans *Mon héroïne. Les lundis de l'histoire des femmes: an 1,* Montréal, Éd.du remue-ménage, 1981, p. 131.

11. Marta Danylewycz «Une nouvelle complicité: féministes et religieuses à Montréal, 1890-1925» dans *Travailleuses et féministes, op. cit.,* p. 245-269.

12. Hélène Pelletier-Baillargeon, *op. cit.,* p. 330.

13. Nadia Fahmy-Eid, «La presse féminine au Québec (1890-1920): une pratique culturelle et politique ambivalente» dans Yolande Cohen (dir.), *Femmes et Politique,* Montréal, Éd. du Jour, 1981.

14. Voir Anne Carrier, *Une pionnière du journalisme féministe québécois: Françoise, pseudonyme de Robertine Barry,* Québec, Université Laval, Les Cahiers de recherche du GREMF, n° 16, p. 86.

15. *Ibid.,* p. 19.

16. Yolande Cohen, *Femmes de parole. L'histoire des Cercles des fermières du Québec (1915-1990),* Montréal, Éd. du Jour, 1990.

17. Ghislaine Desjardins, «Les Cercles des fermières et l'action féminine en milieu rural (1915-1944)» dans Marie Lavigne et Yolande Pinard, *Travailleuses et féministes, op. cit.,* p. 217-244.

18. Micheline Dumont, «La parole des femmes. Les revues féminines (1938-1968)» dans *Idéologies au Canada français (1940-1976).* T. II. *Les Mouvements sociaux. Les Syndicats,* Fernand Dumont, Jean Hamelin et Jean-Paul Montminy (dir.), Québec, Les Presses de l'Université Laval, 1981, p. 37.

19. Yolande Cohen, *op. cit.,* p. 275.

20. *Ibid.,* p. 259.

21. Henriette Dessaulles, *Journal,* Montréal, Les Presses de l'Université de Montréal, coll. La Bibliothèque du Nouveau Monde, 1989.

22. À cet égard, voir Patricia Smart, *Écrire dans la maison du père,* Montréal, Éd. Québec/Amérique, 1988; Lucie Robert, «La naissance d'une parole féminine autonome dans la littérature québécoise», *Études françaises,* vol. XX, n° 1, printemps-été 1987, p. 99-110; Maïr Verthuy, «Femmes et patrie dans l'œuvre romanesque de Laure Conan» dans *Solitude rompue,* textes réunis par Cécile Cloutier-Wojciechowska et Réjean Robidoux, Ottawa, Presses de l'Université d'Ottawa, 1986, p. 396-404.

23. David Lonergan, *Anthologie de Blanche Lamontagne-Beauregard,* Montréal, Guérin, 1989.

24. *Ibid.*, p. 381-388.

25. Pour une définition du féminisme maternel, voir Micheline Dumont, *Le Mouvement des femmes, hier et aujourd'hui,* Ottawa, ICREF, Perspectives féministes, n° 5a, 1986, p. 13.

26. David Lonergan, *op. cit.*, p. 161.

27. *Ibid.*, p. 25.

28. Mary Daly, *Gyn/Ecology. The Metaethics of Radical Feminism,* Londres, The Women's Press, 1984, p. 10. Daly définit ce mot par l'amour de la vie (life-loving) et l'oppose à nécrophilie, l'amour de la mort.

29. Medjé Vézina, *Le Choix de Jacqueline Vézina dans l'œuvre de Medjé Vézina,* Charlesbourg, Les Presses Laurentiennes, 1984, p. 59.

30. *Ibid.*, p. 25.

31. Éva Sénécal, *Dans les ombres,* Montréal, Albert Lévesque, 1931.

32. Éva Sénécal, *Le Choix d'Éva Sénécal dans l'œuvre d'Éva Sénécal,* Charlesbourg, Les Presses Laurentiennes, 1987, p. 62-67.

33. *Ibid.*, voir entre autres «Les confidences de Jos Lebeau», p. 47-49.

34. Jovette Bernier, *La Chair décevante,* Montréal, Éd. Fides, 1982.

Bibliographie

BÉGON, Élisabeth. *Lettres au cher fils. Correspondance d'Élisabeth Bégon avec son gendre (1748-1753),* Montréal, Hurtubise HMH [1972].

BERNIER, Jovette. *La Chair décevante,* Montréal, Éd. Fides, 1982.

CARRIER, Anne. *Une pionnière du journalisme féministe québécois: Françoise, pseudonyme de Robertine Barry,* Québec, Les Cahiers de recherche du GREMF n° 16, 1988.

CHARLEVOIX, François-Xavier DE. *Histoire et Description générale de la Nouvelle-France, avec le Journal historique d'un voyage fait par ordre du Roi dans l'Amérique septentrionale,* Paris, Nyon fils, 1744, lettre X.

COLLECTIF CLIO. *L'Histoire des femmes au Québec depuis quatre siècles,* Montréal, Éd. Quinze, 1982.

COHEN, Yolande. *Femmes de parole. L'histoire des Cercles des fermières du Québec, (1915-1990)*, Montréal, Éd. du Jour, 1990.

DALY, Mary. *Gyn/Ecology. The Metaethics of Radical Feminism,* Londres, The Women's Press, 1984.

DANYLEWYCZ, Marta. *Profession: religieuse. Un choix pour les Québécoises, 1840-1920.* Montréal, Éd. Boréal, 1988.

————. «Une nouvelle complicité: féministes et religieuses à Montréal, 1890-1925» dans Marie Lavigne et Yolande Pinard, *Travailleuses et féministes. Les femmes dans la société québécoise,* Montréal, Éd. Boréal, 1983, p. 245-269.

DESJARDINS, Ghislaine. «Les cercles des fermières et l'action féminine en milieu rural (1915-1944)» dans Marie Lavigne et Yolande Pinard, *Travailleuses et féministes. Les femmes dans la société québécoise,* Montréal, Éd. Boréal, 1983, p. 217-244.

DESSAULLES, Henriette. *Journal,* Éd. crit. par Jean-Louis Major, Montréal, Les Presses de l'Université de Montréal, coll. La Bibliothèque du Nouveau Monde, 1989.

DUMONT, Micheline. *Le Mouvement des femmes, hier et aujourd'hui,* Ottawa, ICREF, Perspectives féministes, n° 5a, 1986.

————. «La parole des femmes. Les revues féminines, 1938-1968» dans *Idéologies au Canada français (1940-1976).* T. II. *Les Mouvements sociaux. Les Syndicats,* Fernand DUMONT, Jean HAMELIN et Jean-Paul MONTMINY (dir.), Québec, Les Presses de l'Université Laval, 1981, p. 5-45.

EISENSTEIN, Zillah. *The Radical Future of Liberal Feminism,* Boston, Northeastern University Press, 1986.

FAHMY-EID, Nadia. «La presse féminine au Québec (1890-1920): une pratique culturelle et politique ambivalente» dans *Femmes et Politique,* Yolande COHEN (dir.), Montréal, Éd. du Jour, 1981, p. 101-115.

FRÉMONT, Gabrielle. «Traces d'elles, essai de fi*ll*iation» dans *La Gynocritique/Gynocritics,* Barbara Godard (dir.), Montréal, Éd. ECW, 1987, p. 85-95.

JEAN, Michèle. *Québécoises du 20e siècle*, Montréal, Éd. Quinze, 1977.

LAVIGNE, Marie et Yolande Pinard, *Travailleuses et féministes. Les femmes dans la société québécoise,* Montréal, Éd. Boréal, 1983.

LONERGAN, David. *Anthologie de Blanche Lamontagne-Beauregard,* Montréal, Guérin, 1989.

————. *Blanche*, Montréal, Guérin, 1989.

MON HÉROÏNE. LES LUNDIS DE L'HISTOIRE DES FEMMES: AN 1. Conférences du théâtre expérimental des femmes. Montréal, Éd. du remue-ménage, 1981.

PELLETIER-BAILLARGEON, Hélène. *Marie Gérin-Lajoie. De mère en fille, la cause des femmes,* Montréal, Éd. Boréal, 1985.

ROBERT, Lucie. «La naissance d'une parole féminine autonome dans la littérature québécoise» dans *Études françaises,* vol. XX, n° 1, printemps-été 1987, p. 99-110.

SÉNÉCAL, Éva. *Dans les ombres,* Montréal, Éd. Albert Lévesque, 1931.

————. *Le Choix d'Éva Sénécal dans l'œuvre d'Éva Sénécal,* Charlesbourg, Les Presses Laurentiennes, 1987.

SMART, Patricia. *Écrire dans la maison du père,* Montréal, Éd.Québec/Amérique, 1988.

VERTHUY, Maïr. «Femmes et patrie dans l'œuvre romanesque de Laure Conan» dans *Solitude rompue*, textes réunis par Cécile Cloutier-Wojciechowska et Réjean Robidoux, Ottawa, Presses de l'Université d'Ottawa, 1986, p. 396-404.

VÉZINA, Medjé. *Le Choix de Jacqueline Vézina dans l'œuvre de Medjé Vézina,* Charlesbourg, Les Presses Laurentiennes, 1984.

WILLIAMS, Dorothy. *Blacks in Montreal: An Urban Demography,* Montréal, Yvon Blais, 1989.

Maïr Verthuy
Institut Simone de Beauvoir
Université Concordia (Montréal)

De la Révolution algérienne à la révolution des Algériennes: Assia Djebar[1]

> L'avenir de l'homme est la femme
> Elle est la couleur de son âme
> Elle est sa rumeur et son bruit
> Et sans elle il n'est que blasphème
> Il n'est qu'un noyau sans le fruit...
>
> *Louis Aragon*[2]

> J'ai peur que toutes deux, que toutes trois, que toutes – excepté les accoucheuses, les mères gardiennes, les aïeules nécrophores –, nous nous retrouvions entravées là, dans «cet occident de l'Orient», ce lieu de la terre où si lentement l'aurore a brillé pour nous que déjà, de toutes parts, le crépuscule vient nous cerner.
>
> *Assia Djebar*[3]

Assia Djebar, auteure algérienne. Dire qu'elle est auteure ou écrivaine, c'est dire que l'outil qu'elle privilégie, qui lui est essentiel, c'est la langue, en l'occurrence, pour des raisons d'ordre historique, la langue française. Toute remise en question, tout réagencement du monde, passent d'abord par les mots. Dire de cette femme dans la cinquantaine qu'elle est Algérienne, c'est dire aussi qu'elle a vécu d'abord la colonisation française, ensuite la guerre de libération, et depuis bientôt trente ans la reconstruction de la société algérienne postcoloniale. Ces trois volets (ou plutôt leur mise en forme) font la matière même de son œuvre. La lire, c'est donc lire l'histoire récente – et même moins récente – de l'Algérie par ses yeux et, pour détourner un peu la figure, par sa plume.

Cette étude porte sur l'œuvre même d'Assia Djebar. Il demeure toujours extrêmement difficile d'aborder les écrits d'une personne dont la culture et la tradition sont profondément différentes de celles que l'on connaît soi-même de l'intérieur. Surtout quand anime l'étude que l'on entreprend une solidarité féministe qui se veut écoute du même comme de la différence. La tâche exige, ce me semble, beaucoup de précaution, beaucoup de respect et une bonne dose d'humilité. C'est pourquoi le texte qui suit évite dans la mesure du possible tout commentaire sur la société algérienne dont est issue Assia Djebar autre que celui qui se dégage du dire même de l'auteure. N'intéresse ici que le cheminement d'une femme déchirée dans sa douloureuse quête de l'être-écrivaine-algérienne. Suit en annexe certes, à l'intention des lectrices et des lecteurs qui ne connaîtraient pas le contexte sociohistorique de l'Algérie, et tout particulièrement celui des femmes, une bibliographie sommaire, ainsi qu'une liste d'adresses utiles; faisons remarquer cependant qu'elles font souvent double emploi avec les romans/nouvelles à l'étude!

Assia Djebar (pseudonyme), née en Algérie, partageant son temps entre la France et son pays natal, est historienne de formation. Première Algérienne à être admise à l'École normale supérieure de Sèvres, ayant enseigné pendant plusieurs années à l'Université d'Alger mais aujourd'hui détachée, elle œuvre actuellement au Centre culturel algérien à Paris. Elle a participé dans les années 50 et au début des années 60 à la guerre de libération algérienne.

Auteure de plusieurs romans et d'un recueil de nouvelles[4], elle s'est également distinguée au cinéma, tournant des films tels que *La Nouba des femmes du Mont Chenoua* où elle renoue avec la tradition maternelle. Dans toute son œuvre, aux formes si diverses, voire expérimentales, Djebar s'est attachée à faire sortir du silence la voix multiple des femmes algériennes, à révéler comment les femmes ont vécu, vivent, l'histoire mouvementée de leur pays.

La difficulté à laquelle elle a dû faire face est au moins double. Auteure algérienne de langue française, arabophone mais d'origine berbère, écrivant dans la langue de l'Autre, elle s'est vu imposer le français, langue de l'oppresseur et entachée de sang, comme langue de l'instruction et du savoir. Première ambiguïté. Fille et femme musulmane d'Algérie à une époque où presque la totalité des femmes étaient voilées et cloîtrées à partir de l'âge de dix ans jusqu'à l'âge dit canonique, Assia Djebar s'est vue propulsée par son père, par le biais de l'école (française), dans un monde extérieur, masculin, ouvert, et expulsée ainsi, en grande partie du moins, de l'univers intime, féminin, fermé, qui aurait dû être le sien. Deuxième ambiguïté.

Comment vivre de telles déchirures? Comment réclamer la part cachée de soi-même, la réconcilier avec ce qui lui est si hostile, le public, la Cité? Comment écrire ce qui a toujours été parole étouffée? Ces ambiguïtés, et naturellement, d'autres encore, traversent son œuvre.

L'on entend souvent qu'il y a plusieurs moyens de partager le monde en deux. Pour les besoins de cet article, qu'il nous soit permis de partager en deux l'univers romanesque d'Assia Djebar. Effectivement, si notre auteure a toujours eu à réconcilier, à équilibrer, à travers la langue française, ce qu'il y a en elle d'algérien et ce qu'il y a de femme, il semble que ce soit la part algérienne qui domine dans les premiers romans, alors que la part femme dominerait dans les derniers. Cette coupure ou ce changement entre les deux correspondent, du moins c'est ce que nous croyons, à la fin de la guerre d'Algérie ou plus exactement à l'époque où elle arrive à établir une distance entre elle-même et cette guerre qui a, comme elle le signale dans *L'Amour, la fantasia*, commencé en 1830 pour s'achever en 1962[5], date à laquelle le gouvernement français a enfin reconnu l'Algérie comme pays indépendant. Le livre qui laisserait deviner cette rupture encore à venir serait *Femmes d'Alger dans leur appartement*[6] (1980), livre publié après un silence, en ce qui concerne le roman[7], de treize ans. La brèche s'élargit avec *L'Amour, la fantasia* (1985), et la rupture se consomme avec *Ombre sultane* (1987)[8]. C'est ainsi que Djebar passe du roman colonial au roman maghrébin, de la Révolution algérienne à la révolution des Algériennes, toujours, il faut le souligner, à partir de cette langue française qu'elle retourne comme une arme d'abord contre la France ensuite contre l'Algérie patriarcale.

La division ici proposée peut paraître arbitraire; d'autres ont souligné au contraire la continuité qui se dégage d'un livre à l'autre[9]. Il nous semble cependant que le long silence dont il a été fait mention plus haut traduit un changement d'optique radical chez notre auteure. Il sera alors surtout question ici de ce qui constitue la différence entre les deux parties de ce diptyque; seront abordés en conclusion les rapports entre cette différence et la langue dans laquelle Djebar s'exprime.

Les quatre premiers romans: *La Soif* (1957)[10], *Les Impatients* (1958), *Les Enfants du nouveau monde* (1965) et *Les Alouettes naïves* (1967), traduisent de façon très claire la situation que vit l'Algérie des dernières années coloniales, celles qui vont de la fin de la Deuxième Guerre mondiale aux accords d'Évian, signés en 1962. Les deux premiers – puisque ce groupe aussi se laisse diviser! – traitent du retentissement de la culture, des valeurs importées en Algérie par le conquérant, avec toute la séduction qu'implique ce rapport de pouvoir. Les deux suivants nous font assister en revanche au dernier avatar, très âpre et très sanglant, de la longue lutte qui longtemps opposa l'Algérie à la France. C'est-à-dire que, malgré la présence au centre de tous ces livres de toute une population algérienne musulmane et la quasi-absence de toute présence française charnelle ou concrète, ce sont la France et les rapports de l'Algérie à la France qui demeurent la préoccupation principale de l'auteure, comme ils l'ont été de ses compatriotes, quel qu'ait pu être leur choix politique, ce qui est normal pour ceux ou celles qui subissent la colonisation.

Effectivement, les personnages de *La Soif* et des *Impatients,* en particulier mais pas exclusivement les deux héroïnes, Nadia et Dalila, sont déchirés entre les traditions de leur pays et cette culture européenne importée. Nadia dans *La Soif* est elle-même le fruit d'une union mixte et le désarroi qu'elle manifeste est imputable en grande partie à la confusion qui s'ensuit entre les deux systèmes de valeurs, l'un qui paraît dynamique, tourné vers l'avenir, l'autre empêtré dans les traditions anciennes qui seules semblent permettre de résister à l'envahisseur, de résister à l'assimilation. Dotée d'une grande liberté de mouvement au commencement du livre, grâce à son ascendance européenne, Nadia se révélera par la suite incapable de l'assumer et finit par la perdre dans les confins d'un mariage traditionnel, celui-ci étant clairement perçu et présenté par Djebar comme une dégradation.

Dans *Les Impatients,* Dalila emprunte le chemin inverse. Fuyant l'emprise familiale, en particulier celle du frère aîné, gardien des mœurs des femmes de la famille, elle cherchera la liberté en France, à Paris, symbole pour toute une génération d'intellectuels et d'intellectuelles d'une modernité de bon aloi. À Paris, cependant, le fiancé, Salim, veut établir sur elle la mainmise traditionnelle, mais Dalila y oppose une résistance farouche. Le fiancé meurt, Dalila reste seule mais libre. Elle s'est affirmée, l'auteure y voit certes une valorisation plutôt qu'une dégradation, mais s'attache aussi à faire ressortir la solitude qui caractérise dorénavant la situation de Dalila, coupée de sa famille, de ses racines, sans compagnon, étrangère dans la société métropolitaine. Le choix entre les deux cultures n'est pas si facile ni pour les femmes ni, il faut l'ajouter, pour les hommes. Salim est là pour en témoigner.

Dans les deux cas, tout en demeurant, en tant que pouvoir colonial et colonisateur, l'ennemi, la France constitue en même temps un sérieux pôle d'attraction. Les nombreuses tentatives de soulèvement, à commencer par celle de Sétif en 1944, constituent la preuve du refus du statut colonial de l'Algérie. La présence en même temps de tant de jeunes, dont l'auteure elle-même, dans les universités et autres institutions du haut savoir françaises témoignent de leur désir sinon de devenir Français, au moins de dépasser l'immobilisme qui frappe toute culture freinée par le colonialisme. Comme une espèce de miroir aux alouettes, la France représente à la fois la contrainte et le progrès: contrainte parce qu'elle cherche à étouffer toute velléité de développement autochtone, progrès parce qu'elle permet à ceux et à celles qui s'identifient au conquérant d'accéder à une certaine modernité. La crise d'identité est profonde.

Ici comme ailleurs, Assia Djebar nous en montre surtout le versant féminin. Si la chaleur, l'appartenance, l'affectivité sont le fait de la tradition, du cocon familial, et de ce qu'il faut bien appeler l'enfermement, la libre circulation des femmes est associée en revanche à l'apprentissage du français, à l'école française, à la présence française, à l'espace français. La France pèse sur les consciences algériennes, un peu comme, durant la IIIe République, l'Église en France pesa autant sinon plus sur la conscience des anticléricaux que sur celles des fidèles.

Les deux romans qui suivent: *Les Enfants du nouveau monde* et *Les Alouettes naïves* sont à prime abord très différents, car l'action se déroule pendant la guerre d'Algérie. Dans un sens alors, lecteurs et lectrices se trouvent loin des préoccupations des deux premières héroïnes qui évoluent dans une situation de paix apparente[11], quoique l'auteure continue d'attacher ici une extrême importance aux rapports entre les individus, entre les hommes et les femmes. En même temps, l'on constate que le conflit moral des romans précédents, conflit qui oppose deux systèmes de valeurs, se transforme ici en un conflit «réel», mettant en face l'un de l'autre non deux «systèmes» mais plutôt deux peuples armés. Par là même, l'Algérie aussi se transforme; avec de jeunes chefs, souvent formés à l'école française, rompus aux idées marxistes, elle ne représente plus l'immobilisme face au progrès, mais, à ses propres yeux au moins, un nouveau monde face à l'ancien, la lutte pour la libération s'appuyant sur des projets de constitution laïque, qui garantirait l'égalité de tous les citoyens – et citoyennes ! L'on rejette apparemment à la fois le colonialisme et le traditionnalisme.

Ainsi, dans *Les Enfants du nouveau monde,* les femmes qui sont au cœur du livre sont concernées avant tout par la guerre qui fait rage autour d'elles et à laquelle elles participent, chacune à sa façon, comme dans les années 1830 les aïeules dont parle Djebar dans *L'Amour, la fantasia* . Le roman s'ouvre sur une scène où des voisines accroupies dans la cour écoutent avec angoisse le bruit des bombardements français et celui des «nôtres» qui y répondent. Ce sont des femmes «cloîtrées»; elles ne sont pas pour autant passives. Cette guerre leur offre l'occasion de s'affirmer. L'une d'entre elles, exerçant une option politique personnelle, ment pour la première fois à son mari, policier, pour protéger la vie d'un voisin, membre du FLN ; la femme de celui-ci ose sortir seule dans la ville pour la première fois afin de le prévenir du danger, poussant le courage jusqu'à délaisser les ruelles discrètes et passer, non sans difficulté, dans une artère principale devant un café maure :

> Quand une femme doit sortir – elle ne sort que pour aller au bain ou pour des cérémonies exceptionnelles, fêtes ou deuils – l'époux qui la guide, marche devant elle et la mène ainsi par des chemins détournés jusqu'au lieu fixé ; lorsqu'il doit la conduire de l'autre côté de la ville, là où, derrière la prison neuve, s'étend un quartier de villas entourés de jardins, il lui fait faire un très large détour en longeant le fleuve, pour ne pas avoir ainsi à passer par le centre.
>
> Chérifa [...] dont le cœur bat de hâte, de honte, s'avance, pour la première fois dans cette rue longue dont elle fixe le bout comme s'il était celui de la délivrance. (p. 140)

Ailleurs dans le roman, une toute jeune femme part pour le maquis ; sur une note plus sombre, une deuxième jeune fille est assassinée par son frère pour avoir fréquenté des soldats français. J'en passe... Si l'on peut constater que non seulement la France demeure présente, quoique largement invisible, mais qu'elle est le point de mire des personnages, un peu comme Godot[12] dans la célèbre pièce de Beckett, l'on doit aussi reconnaître le souci de l'auteure de «dire» le vécu des femmes, de montrer la face féminine de cette guerre d'indépendance. Nous vivons la détermination nouvelle de la femme qui ment à son mari; nous partageons les angoisses et le courage de Chérifa, s'aventurant seule dans les rues; nous nous indignons de la mort brutale de la jeune fille qui ne voulait que s'amuser[13] quoiqu'elle soit «objectivement» traître. Cette préoccupation du dire féminin, la sympathie qu'elle éveille chez les lectrices et des lecteurs servent aussi à mettre en valeur la nature «progressiste» de la lutte algérienne. Pour une jeune fille qui meurt à cause des idées rétrogrades des hommes de sa famille[14] (et, guerre exigeant, il n'est pas sûr que cette mort ait paru si injustifiée à l'époque de la rédaction du roman), nombreuses sont celles qui sortent de l'ombre, osent qui un petit pas, qui un grand, vers leur autonomie. «Des lendemains qui chantent» se préparent.

La situation n'est pas autre dans *Les Alouettes naïves* où de nouveau les femmes sont solidaires, chacune à sa manière, de la guerre de libération:

> Nos femmes dans les rues de chaque ville! Nos femmes chantant devant la mitraille! Le roucoulement qui tant de fois perçait en vrille nos cœurs d'hier dans les noces – «you-you» traduisaient les Français – je l'entends, tout en allant et venant le long de la frontière [...] j'entends la voix anonyme de nos mères, de nos grands-mères [...] entonner le premier mot, le projeter du fond de la gorge en plein ciel, le poursuivre en note grave d'abord puis déchirante de plus en plus avant de l'épuiser, reprendre dans un nouveau souffle la deuxième syllabe identique, l'allonger en plainte haute, résolument, sur le mode aigu [...] enfin le chant se termine, et pourtant il demeure suspendu... là, parmi nous, dans chaque ville de chez nous où la première femme qui tient le drapeau tombe... (p. 229)

Ce roman écrit en grande partie à la première personne et, chose étonnante, au narrateur masculin, met en scène un trio de jeunes révolutionnaires: Omar, le narrateur; son ami d'enfance, Rachid; Nfissa, une lointaine parente qui se marie au cours du roman avec Rachid. Autour d'eux gravitent de nombreux autres personnages, paysans, prostituées, chanteuses, avocats, médecins, simples d'esprit, intellectuels et intellectuelles. De leur mémoire surgissent de nombreux épisodes du passé individuel ou collectif, des souvenirs de famille, les histoires racontées par les aïeules et aïeux, les tensions entre l'école française et les mœurs domestiques et ainsi de suite. À travers ces trois vies, c'est l'Algérie qui parle. Ici aussi l'avenir se dresse radieux. Ainsi, lors des ultimes négociations avant la paix, Rachid peut affirmer: «Nous avons combattu pour la révolution, non pour l'indépendance seule.» (p. 332-333)

Encore une fois la vie des femmes est mise en valeur, dans la tradition comme dans le «progrès». Ainsi la même Nfissa qui se voile pour observer le bal des colons dansant avec leurs épouses part au maquis et sera faite prisonnière par les Français; plus tard, lorsque la paix approche enfin, Nfissa définira avec Rachid l'avenir à construire après le bouleversement apporté à leur vie. Surtout, et c'est sans doute la première fois qu'une Algérienne musulmane ose ainsi se dire, de longs passages dans le roman sont consacrés à la vie amoureuse de Rachid et de Nfissa, à l'éveil sexuel et sensuel de celle-ci, à la découverte de son corps avec ses peines et ses plaisirs. Mais cette femme «émancipée» n'est pas pour autant coupée des autres femmes du pays. La jeune sœur devenue «terroriste» à son tour, le père constate avec amertume que: «Nadja et Nfissa qui en courant ainsi chacune aux quatre coins d'un horizon dévoilé semblaient pourtant continuer à sourire, complices émerveillées, à leur mère assise en tailleur sur le dallage nu, elle, la femme nourricière dans la lumière du passé.» (p. 408-409)

Cette complicité féminine n'aboutit cependant pas au féminisme. Les idées marxistes qui sous-tendent le roman comme elles sous-tendent la guerre elle-même – et il suffit, pour s'en convaincre, de noter la présence dans le roman d'une série de citations tirées des écrits d'Aragon – empêcheraient une telle conclusion. Cette revendication du dire et des droits de la femme, tout en étant sentie et sincère, est plutôt à concevoir dans le cadre d'une solidarité nationale, du besoin de regrouper, d'inclure, toute la population dans la lutte anticoloniale, de montrer que la véritable libération des femmes passe par l'identification avec les hommes du pays et non par l'adoption d'une quelconque culture étrangère.

Dans un des épisodes du livre, Rachid et Nfissa, temporairement exilés en Tunisie, entreprennent un reportage sur les Tunisiennes. Les femmes démunies sont présentées sous un jour très sympathique: «Et c'était vrai, la vie éclatait lorsque le soleil changeant d'automne dénonçait leurs hardes, ou la maigreur des enfants qui jouaient dans la boue autour des fontaines.» (p. 348); le mouvement féministe en revanche est présenté comme étant le fait de bourgeoises non seulement oisives – et oiseuses, mais également européanisées, éloignées donc du vécu de la majorité:

> L'organisation féministe réunit donc une dizaine de ces dames dans une maison d'architecture italienne. Certaines étaient jeunes, une ou deux d'une beauté réelle, quoique un peu grasses. Nfissa se prit au jeu de la réception; après quelques minutes, elle en sut assez sur le prix des bijoux, sur la diversité régionale des toilettes. La plus élégante affectait un air distant et ne parlait que de mode parisienne. (p. 349-350)

On reconnaît là une lecture marxiste traditionnelle du mouvement des femmes[15]; il est clair que Djebar, toute tournée vers la libération des siens, ne conçoit pas que les besoins des femmes puissent, pour l'instant tout au moins, être différents de ceux des hommes.

Dans ces quatre premiers livres donc, lecteurs et lectrices sont surtout confrontés au même désir chez l'auteure de dire le désarroi d'un peuple colonisé, de s'expliquer le monde en même temps qu'elle l'explique aux autres, de faire comprendre aux Français prêts à entendre comment la colonisation et la guerre se vivaient en Algérie, de maintenir vivant enfin pour les Algériens eux-mêmes leur passé, tant celui des femmes que celui des hommes. En ce sens, elle utilise la langue de l'oppression, le français, contre l'oppresseur lui-même. Dire l'Algérie, c'est d'abord dire son altérité; c'est refuser l'assimilation proposée par l'école française. Dire l'Algérie, c'est empêcher le colonisateur d'écrire seul l'Histoire. Dire l'Algérie, c'est participer à la résistance, contribuer à la révolution.

L'appartenance nationale prime sur son allégeance féminine. Djebar s'en explique elle-même dans une entrevue parue en 1968 dans la revue *Europe*: «Ce que je crois être ma vraie matière, en tout cas, ce que j'ai ressenti en cours d'élaboration de mon dernier roman, *Les Alouettes naïves*, c'est la *mémoire* de l'homme arabe, disons de n'importe quel Arabe[16].»

Avec ces quatre livres, Djebar semble avoir clos une étape dans sa vie. Les années qui suivent sont marquées par une longue réflexion et un certain retour à la langue arabe. Son itinéraire change. Non seulement donc travaille-t-elle (en français) à une pièce de théâtre qui sera traduite et présentée en arabe, mais elle s'intéresse également au cinéma, produisant en 1978 son premier film, *La Nouba des femmes du Mont Chenoua*, également en arabe. Seul l'audiovisuel peut permettre d'atteindre une majorité de la population, non lectrice, qui ne comprend que l'arabe parlé. Tout se passe cependant à la fin de ces essais comme si Assia y constatait sinon un certain échec au moins une insuffisance. «Autrefois, me semblait-il, passer de l'arabe populaire au français amenait une déperdition de tout le vivace, du jeu des couleurs. Aussi ne désirais-je me rappeler alors qu'une douceur, qu'une nostalgie des mots...», écrit-elle dans la préface du livre qui la fait sortir de son silence ou de sa retraite, *Femmes d'Alger dans leur appartement,* ce qui semble indiquer qu'elle assume dorénavant la nécessité pour elle à la fois d'écrire et d'écrire en langue française, même si en 1982 elle doit sortir un deuxième long métrage, *La Zerda et les Chants de l'oubli.*

Le retour à l'écrit et à l'écrit français s'accomplit donc avec *Femmes d'Alger*, quoique certains textes repris ici, et sans doute retravaillés, remontent à l'époque de la rédaction des *Alouettes naïves*. L'élément narratif, car le livre comprend également aussi bien une préface qu'une postface de l'auteure, se divise en deux parties: l'une, la deuxième, s'intitulant «Hier», composée de textes écrits à des périodes antérieures; l'autre, la première justement, intitulée «Aujourd'hui», proposant deux nouvelles dont la rédaction est à quelques mois près contemporaine de la date de publication, un renversement de l'ordre chronologique qui rend d'autant plus émouvantes les histoires de la seconde partie sur les luttes féminines que nous savons déjà ce qu'il en est près de vingt ans plus tard.

Effectivement, lecteurs et lectrices ne trouvent plus ici l'optimisme des *Alouettes naïves*. Si l'auteure cherche toujours à maintenir vivante la mémoire des femmes algériennes, la mémoire ici étalée est davantage celle de la souffrance que du bonheur, et le progrès au moins un demi-échec. Si la France a peut-être joué le rôle de miroir aux «alouettes» du titre précédent, l'Algérie semble ici l'avoir remplacée dans ce rôle. Après presque deux décennies d'indépendance pour le pays, peu de femmes, et cela malgré leur contribution à la Révolution algérienne, se déplacent à l'extérieur: certaines n'en ont pas le droit; d'autres ne le souhaitent pas ou regrettent (tout en s'amusant!) de devoir le faire:

> Les seules femmes libres de la ville sortent en files blanches, avant l'aube, pour les trois ou quatre heures de ménage à faire dans les bureaux vitrés des petits, des moyens, des hauts fonctionnaires qui arriveront plus tard. Elles pouffent de rire dans les escaliers [...] tout en échangeant des remarques ironiques sur les chefs respectifs des étages, ceux qui, protecteurs, les questionnent [...], ceux qui ne parlent pas parce qu'on ne parle pas aux femmes [...]. Les femmes libres de la ville repartent chez elles, rêvent dans un café sur la table basse, au fils aîné [...]: elles pourront enfin fermer leur porte et surveiller à leur tour les jeunes filles pour les maintenir à l'abri, entre des murs. (p. 34 -35)

On voit dans cette citation tout ce que la libre circulation des femmes a de problématique, non seulement parce que les hommes ne leur adressent pas la parole, mais parce qu'elle semble réservée aux veuves et encore aux veuves dont le fils aîné n'est pas encore, à cause de son jeune âge, en mesure de jouer le rôle de patriarche; le moment venu, ces femmes se retireront de la vie publique et veilleront à ce que leurs filles ne s'y lancent pas.

La dégradation est omniprésente. Si, pour nombre d'Algériennes traditionnelles, vivre «cloîtrées» pouvait avoir un sens, si l'on pouvait se supporter, dans une société algérienne également traditionnelle, où de nombreuses femmes, toutes générations confondues, pouvaient vivre ensemble autant en plein air qu'à l'intérieur, dans la nouvelle société urbanisée en revanche, il n'en est pas ainsi:

> Sarah songeait à l'entassement des enfants dans les chambres hautes, aux multiples balcons, persiennes fermées, qui ceinturent le front des rues. Elle songe aux femmes cloîtrées, même pas dans un patio, seulement dans une cuisine où elles s'asseyent par terre, écrasées de confinement... Coupures d'eau trop régulières, odeur des urines d'enfant, criailleries, soupirs... Plus de terrasses, plus de trouées du ciel au-dessus d'un maigre jet d'eau, pas même la fraîcheur consolatrice des mosaïques usées. (p. 34)

L'isolement est tel dans ce meilleur des mondes que:

> – Dans un village socialiste, intervient l'inconnue (et elle cite ses références: un quotidien en langue nationale que lui lit chaque jour son garçonnet de dix ans[17]), des femmes, des paysannes, ont cassé des robinets, pour pouvoir aller chaque jour à la fontaine!... L'ignorance!
>
> – La liberté! réplique Baya qui sort de la chambre chaude... Comment leur a-t-on construit les nouvelles maisons? Fermée, chacune, sur elle-même... Est-ce ainsi dans le douar? (p. 46)

Le passé des femmes disparaît dans ce nouveau monde masculinisé[18]. Ainsi, dans «Les morts parlent», nouvelle de la deuxième partie, un jeune homme, Hassan, orateur tout à fait apte à émouvoir les foules au sujet de la nouvelle société à bâtir, ignore tout de la vie et de l'endurance remarquables de l'aïeule dont l'enterrement vient d'avoir lieu et pour lequel il est venu en ville. Symbole du pays neuf, il est l'aridité même. Pire encore est le cas de Leila dans la nouvelle qui donne son titre au livre. Héroïne décorée de la guerre d'indépendance, victime des tortures françaises, rendue stérile, elle ne trouve aucune place dans la société qu'elle a aidé à construire. Oubliée des siens, devenue toxicomane, elle se trouve de nouveau enfermée dans un asile psychiatrique. D'une prison à l'autre. À elle seule, elle résume le sort fait aux femmes par la nouvelle Algérie.

Il est particulièrement important de souligner que la France ne figure que peu dans ce livre. Si elle est à l'origine des tortures subies dans le passé par certaines femmes, c'est une société algérienne patriarcale qui opprime les autres et cela depuis toujours. Force nous est de constater alors que c'est pour (ou contre!) l'Algérie elle-même qu'Assia Djebar rédige ce livre, que sa tâche première est d'empêcher que l'on occulte davantage l'expérience-femme, traditionnelle ou moderne, dans un pays qui veut continuer de réduire les femmes au silence.

Le livre qui suit, *L'Amour, la fantasia,* est plus ouvertement autobiographique, bien qu'il soit tentant de dire que c'est l'Algérie elle-même qui propose ici une «histoire de vie». L'on nous fait revivre cette histoire à partir de 1830 (l'année de rédaction d'*Indiana,* roman dans lequel George Sand dénonce la servitude des femmes françaises) quand la France entreprit et réussit sa conquête de la terre destinée à devenir l'Algérie et à exercer une fascination presque sans bornes sur l'esprit et le cœur de tant de Français pendant cent trente ans. Tels les Français qui ont encerclé, enfermé, «castré» l'Algérie – composée selon leurs propres dires, des seuls hommes – ces derniers, pour survivre devant l'ennemi, nous dit l'auteure, encerclèrent, enfermèrent, «infantilisèrent» leurs femmes, les réduisant à la servitude ou les y maintenant, prolongeant en Algérie, par la force des choses, une situation de soumission au moment même où un mouvement inverse s'opérait – péniblement – en France.

Que l'un des buts du livre soit de faire comprendre que l'invasion d'El Djezaïr a eu des racines tant sexuelles que militaires, qu'elle n'a été que le prolongement en quelque sorte de la domination traditionnellement exercée par les hommes sur les femmes, cela est l'évidence même; la couverture du livre est une reproduction de «L'enlèvement de Rebecca» de Delacroix; le titre lui-même, *L'Amour, la fantasia,* en plus de mélanger à l'image de l'amour celle de la guerre, évoque les célèbres tableaux de fantasia créés par Delacroix et Fromentin, nous rappelant ainsi l'obsession traduite dans d'autres tableaux de Delacroix (ex. «Femmes d'Alger») et dans «Une année dans le Sahel» de Fromentin.

En même temps que cette histoire donc, Djebar entreprend de nous raconter la sienne dans un volume dans lequel le privé et le politique, l'espace d'une vie et l'espace d'un pays, s'entremêlent et s'éclairent mutuellement. À des moments et selon des rythmes différents, ici la nation, là les individus, hommes ou femmes, se heurtent à la tâche difficile qui consiste à se libérer des contraintes imposées de l'extérieur.

Ainsi, avec, pour toile de fond, la grande fresque de la mémoire collective du peuple algérien, utilisant sa propre voix et d'autres tirées de sources documentaires ou imaginaires, Djebar retrace son propre trajet qui la mène de la réclusion vers l'indépendance. Comme l'Algérie, elle émerge de son silence, mais selon une trajectoire autre.

Le volume se clôt sur l'image de deux entités «indépendantes» et sur deux interrogations: d'une part, il y a l'Algérie elle-même où le sort des femmes reste en 1985 la servitude; de l'autre, il y a l'auteure, pour qui l'indépendance personnelle entraîne l'aliénation culturelle, le voile de la voix remplaçant celui du visage.

En un sens alors, ce roman extrêmement ambitieux – et tout à fait réussi – constitue un bilan. Se tisse ici un canevas composé de tous les fils qui se croisent dans les livres précédents: espoir et déception; libération et enfermement; identité et aliénation; religion et laïcité; promesses et réalité. Toujours l'histoire du pays pour ceux et celles qui oublient, de gré ou de force; toujours le souci de faire entendre des voix de femmes étouffées, des expériences de femmes occultées; mais tout cela cette fois exprimé avec un certain désespoir d'être exclue de son propre univers non seulement par la langue que l'on parle et que l'on écrit mais aussi par l'impossibilité où se trouve l'auteure de vivre libre chez elle. De plus en plus elle se montre animée du désir d'être l'historiographe de l'écart entre le monde des hommes et celui des femmes. De plus en plus elle se sert du français pour dénoncer autant son pays que celui du colonisateur. Comme le dit si bien Sarah dans *Femmes d'Alger*: «Mais [...] la guerre de libération chez nous en ce temps-là [...] nous nous sommes précipités sur la libération d'abord, nous n'avons eu que la guerre après ! » (p. 66) Et peut-être « que » la paix ensuite.

De l'optimisme à un certain pessimisme; de la solidarité nationale à une solidarité plus proprement féminine. La rupture amorcée par *Femmes d'Alger* se précise; elle se consomme, comme il a été dit plus haut, dans le roman qui suit, *Ombre sultane*, qui continue le quatuor commencé avec *L'Amour, la fantasia*... Au centre de ce livre, deux femmes: Isma, la narratrice, femme « émancipée » donc pas cloîtrée, solidaire par le regard et par la pensée de la deuxième épouse de son mari, Hadjila, femme traditionnelle, objet des brutalités du maître, enfermée dans un petit appartement au septième étage d'un immeuble moderne. Au fur et à mesure que le récit d'Isma avance, nous voyons Hadjila, de plus en plus insoumise, sortir quotidiennement de chez elle, marcher, d'abord voilée, ensuite « nue » ou dévoilée, dans les rues de sa ville, prendre possession de l'espace extérieur, pour finir par quitter son mari, les enfants de celui-ci, sa prison, et se précipiter toute seule dans la rue à la recherche de sa liberté.

Ce livre est écrit sous le signe de l'arabisation en quelque sorte. Non seulement le mari épouse-t-il Hadjila afin qu'elle enseigne l'arabe à ses deux enfants ramenés de France où ils sont nés, le père y ayant travaillé pendant plusieurs années, mais Hadjila elle-même n'a jamais fréquenté l'école française, ne comprend que quelques mots de cette langue, n'a donc pas été exposée à la culture étrangère. Ce livre est aussi écrit sous le signe de Schéhérazade[19]. Histoire d'une sœur qui met tout en œuvre pour sauver la vie de l'autre. Histoire de deux sœurs dont la vie dépend entièrement du bon vouloir de l'Homme mais qui ensemble déjouent son pouvoir.

Pour la première fois alors il est parfaitement clair que la menace qui pèse sur les femmes d'Algérie n'est plus le fait des Européen-ne-s mais celui de l'homme arabe, du Sultan, du mari. Pour la première fois aussi il est clair que la libération peut et doit venir des Algériennes elles-mêmes, que solidaires elles peuvent échapper aux contraintes. Ce n'est pas pour imiter une Européenne qu'Hadjila veut sortir ni pour imiter une Isma européanisée. Au contraire. C'est seule qu'elle prend la première fois la décision de quitter l'appartement. Mais le sens de cette échappée lui devient apparent quand elle revient un jour d'une visite à sa famille accomplie en la compagnie du mari :

> Tu rouvres les yeux [...]. Sur l'un des bancs une femme vient de s'asseoir, une poussette devant elle. Elle se penche, ses bras soulèvent un bébé : elle te fait face. Ses bras, entièrement nus et tendus, portent le fardeau, comme pour le lancer vers le ciel ; le visage de l'inconnue est barré d'un grand rire. Une joie élargit sa face auréolée de cheveux rouges. Le bébé gigote, la femme rit [...]. Tu te dis, une, deux fois :
> «Des cheveux rouges de henné... Ce n'était pas une Française !»
> Et tu rêves :
> «Sans voiles, dehors, en train d'aimer son enfant[20] !»

C'est une autre Algérienne qui lui montre le chemin, ce que la vie peut offrir à une femme. C'est par ailleurs Isma qui la regarde et nous la raconte. Aucun œil étranger ne la poursuit. L'univers de l'avenir est un univers de femmes, de femmes arabes.

La fuite d'Hadjila aura par ailleurs pour conséquence une fausse couche. Cette union avec un homme tout tourné vers le passé ne saurait être porteuse de fruit, semble nous dire l'auteure. Déjà, dans *Les Alouettes naïves*, la grossesse de Nfissa connaît la même fin, peut-être parce que Rachid l'abandonne, ne serait-ce que temporairement, en faveur du maquis. Les femmes au centre des livres de Djebar réussissent rarement à être mères, tout se passant comme s'il fallait attendre d'autres événements pour qu'un réel avenir se construise. Ce leitmotiv qui traverse en filigrane les œuvres d'avant 1967 semble au contraire dans ce qu'elle écrit depuis 1980 passer à l'avant-scène, revêtir un caractère plus insistant.

L'on peut donc constater à partir de ce livre que le pessimisme s'effrite pour laisser la place à un sentiment d'urgence pour les femmes. En offrant en exemple le difficile choix d'une jeune femme élevée par une mère traditionnelle, en soulignant l'importance de la solidarité féminine, en faisant appel à Schéhérazade,

Ombre sultane ouvre la porte de l'appartement à de nombreuses femmes voilées et cloîtrées à qui l'on a fait croire que choisir l'émancipation, c'est choisir l'aliénation, préférer l'Occident, les pays dits du centre, à ses propres traditions. Vingt ans après Évian, la révolution des Algériennes reste à faire. Djebar les y encourage, y participe, par son exemple, par son écriture.

Dans une entrevue accordée à Tahar Ben Jelloun, à l'occasion de la sortie du livre, et publiée dans *Le Monde* du vendredi 29 mai 1987 sous le titre: «Nos mères n'avaient pas conscience du dehors», Assia Djebar parle de la difficulté d'être écrivaine algérienne. Elle cite le cas de Fatma Aït Mansour Amrouche qui, à soixante-quatre ans, commence à rédiger son autobiographie, mais qui refuse qu'on publie le texte de son vivant, tellement ce geste serait inconvenant. Ce n'est qu'en 1962, après la mort et du mari et du fils qu'elle reprend le manuscrit, le termine et le publie, en le dédiant à sa fille Taos Amrouche, qui est manifestement plus ouverte d'esprit que les hommes de la famille.

Djebar continue en tenant les propos suivants:

> Une femme algérienne qui se met à écrire risque d'abord l'expulsion de sa société [...]. Aujourd'hui on peut dire qu'il y a une dizaine d'Algériennes qui écrivent. Par la langue française elles se libèrent [...], c'est comme si elles expérimentaient ce risque d'expulsion. En fait la société veut le silence. Tant qu'il y avait la guerre d'Algérie on pouvait écrire. Il y a eu des femmes qui ont écrit en prison, comme Zohra Drif, *La Mort de mes frères*. On était forcément frères et sœurs.

Point n'est besoin de souligner le non-dit dans ces phrases, ce qui est sous-entendu dans les mots: «Tant qu'il y avait la guerre.» Toute écriture de femme dans le contexte actuel est perçue comme une provocation; par le fait même, écrire c'est poser de nouveau un geste révolutionnaire.

Pendant les dix premières années de sa carrière d'écrivaine, de 1957 à 1967, Assia Djebar, empêtrée certes dans cette langue française qui est symbole de domination, s'en sert contre la France, la retourne contre l'oppresseur pour dire l'Algérie. La guerre finie, le temps de l'assimilation de la paix venue, c'est vers la langue orale, vers l'arabe parlé qu'elle se tourne quelque temps, subodorant peut-être ce que l'écriture aura de provocant pour ses compatriotes. À partir de 1980 cependant, de retour à l'écriture dans cette langue que, malgré le voile que celle-ci pose sur l'identité algérienne de l'auteure, elle fera enfin vraiment sienne, elle s'en servira de nouveau contre une autre forme de colonisation, la retournera contre un autre oppresseur, cette fois le patriarcat algérien, même si parcourt son œuvre d'un bout à l'autre le regret de ne pouvoir être femme et écrivaine dans ce qui est proprement sa langue maternelle. Cette révolution-là est aussi à accomplir pour les Algériennes[21]; Assia Djebar y aura contribué.

Notes

1 Sous le titre: «La langue française: de l'altérité à la subversion chez Assia Djebar», une version antérieure de cet article fut offerte comme communication lors du congrès annuel du Congrès international des études francophones à la Martinique en avril 1990.

2. Louis Aragon, *Le Fou d'Elsa*, cité par Djebar dans «Aujourd'hui», *Les Alouettes naïves,* Paris, Éd. Julliard, 1967.

3. Assia Djebar, *Ombre sultane*, Paris, Éd. Jean-Claude Lattès, 1987, p. 171-172.

4. Voir la bibliographie.

5. Date de la signature des accords d'Évian.

6. Elle fait sien ici le titre qu'avait donné Delacroix à son célèbre tableau et, ce faisant, oppose au regard du voyeur celui de l'intérieur.

7. Elle publie en 1969 un recueil de poèmes: *Poèmes pour l'Algérie heureuse*, ainsi qu'une pièce: *Rouge l'aube*, écrite en collaboration avec celui qui était encore son mari, Walid Garn.

8. Djebar a terminé récemment le troisième volet de cette série dont nous attendons avec impatience la sortie en librairie.

9. Voir entre autres, Mildred Mortimer, «The Evolution of Assia Djebar's Feminist Conscience» dans *Annual Selected papers of the A.L. A.*, Washington, Three Continents Press, 1983, p. 7-14.

10. Ce livre, sorti trois ans après *Bonjour tristesse* de Françoise Sagan, a souvent été comparé à ce dernier. Effectivement, les deux romans traduisent chacun à sa façon un certain désarroi de la jeunesse.

11. Il peut être intéressant néanmoins de rappeler que les deux premiers romans ont quand même été écrits durant cette guerre (et d'aucuns n'ont pas manqué de reprocher à Djebar de s'être intéressée à des questions d'ordre intime et à une situation «dépassée» à un moment si crucial dans l'histoire) alors que les deux suivants qui portent effectivement sur cette guerre ont été publiés bien plus tard. Il faut sans doute le recul.

12. Samuel Beckett, *En attendant Godot*, Éd. de Minuit, Paris, 1952.

13. Ce thème de la femme gardienne de la pureté de la race est évidemment très courant. L'on pense aux *Anciens Canadiens* de Philippe Aubert de Gaspé, à *Colette Baudoche* de Maurice Barrès, au *Silence de la mer* de Vercors. Le point de vue féminin est souvent très différent; voir *Hiroshima mon amour* de Marguerite Duras, *Les Prunes de Cythère* de Jeanne Hyvrard, ainsi que celui-ci.

14. Qui lui reprochent, il faut le souligner, non ses sorties mais ses fréquentations.

15. Voir Madeleine Vincent, *Femmes, quelle libération?*, Paris, Éd. Sociales, 1975.

16. Assia Djebar, «Le romancier dans la cité arabe», *Europe*, n° 474, octobre 1968, p. 114.

17. L'on notera ici l'analphabétisme continu de certaines femmes et leur infantilisation subséquente dans un monde où les aïeules ne sont plus les gardiennes du savoir.

18. Tout pays conquis étant féminisé, libre, l'Algérie retrouve sa «virilité».

19. Je remercie ici Jennifer Wælti-Walters de l'Université de Victoria en Colombie-Britannique de m'avoir fait remarquer que c'est par le biais de *Les Mille et Une Nuits* – dans sa traduction française – que la plupart des Français s'initient à la littérature arabe, ce qui mène alors ici à une espèce de croisement des cultures.

20. Assia Djebar, *Ombre sultane, op. cit.*, p. 36.

21. Il sera intéressant, dans ce contexte, de mesurer l'impact éventuel sur les femmes et leur droit de parole de la nouvelle loi faisant de l'arabe la seule langue officielle de l'Algérie.

Bibliographie

HOUDA-PÉPIN, Fatima (dir.). *Les Femmes musulmanes à l'ère des Islamismes,* Montréal, CMRI, 1987.

DJEBAR, Assia. *La Soif,* Paris, Éd. Julliard, 1957.

————. *Les Impatients,* Paris, Éd. Julliard, 1958.

————. *Les Enfants du nouveau monde,* Éd. Julliard, 1962.

————. *Les Alouettes naïves,* Paris, Éd. Julliard, 1967.

————. *La Nouba des femmes du Mont Chenoua* (film), 1978.

————. *Femmes d'Alger dans leurs appartements,* Paris, Éd. des femmes, 1980.

————. *La Zerda et les Chants de l'oubli* (film), 1982.

————. *L'Amour, la fantasia,* Paris, Éd. Jean-Claude Lattès, 1985.

————. *Ombre sultane,* Paris, Éd. Jean-Claude Lattès, 1987.

————. *Loin de Médine*, Paris, Éd. Albin-Michel, 1991 (ce roman a été publié après la rédaction de ce texte).

LAZREG, Maria. «Gender and Politics in Algeria: Unravelling the Religious Paradigm» dans *Signs*, vol. XV, nº 4, été 1990, p. 755-780.

MARTIN, Claude. *Histoire de l'Algérie française,* vol. I et II, Paris, Tchou, Centre français d'édition et de diffusion, Robert Laffont, 1979.

THIAM, Awe. *La Parole aux négresses,* Paris, Denoël/Gonthier, 1978.

Remarque

Pour de plus amples renseignements sur le statut légal des femmes algériennes, l'on peut s'adresser aux organismes suivants:

AFARD-AAWORD, Association des femmes africaines pour la recherche et le développement, a/s CODESRIA, Dakar, Sénégal;

Association pour l'Égalité devant la loi entre les hommes et les femmes, chez Madame la Présidente de l'Association Khaleda Messaoudi, Cité Baranès, app. 40, Alger, Algérie;

Femmes sous lois musulmanes, Réseau international de solidarité, boîte postale 23, 34790 Grabels, Montpellier, France;

Groupe Femmes algériennes, 8 rue Henri-Chevreau, 75020 Paris, France;

La Ligue algérienne des Droits de l'homme, att. Miloud Brahimi, 40-42, rue Ben M'hidi Larbi, Alger, Algérie.

Josette Déléas
Université Mount Saint Vincent

Le cinéma de Léa Pool ou le regard interpellé

> Il faut aimer pour détruire, et [celle] qui pourrait détruire par un pur mouvement d'aimer, ne blesserait pas, ne détruirait pas, donnerait, seulement, donnant l'immensité vide où détruire devient un mot non privatif, non positif, la parole neutre qui porte le désir neutre. Détruire.
>
> *Maurice Blanchot*

En étant, et ce depuis ses origines, l'art populaire par excellence, le cinéma s'est révélé d'emblée une arme puissante entre les mains des patriarches qui entendent soumettre celles qu'ils perçoivent comme une énigme redoutable. Pour y parvenir, les grands prêtres de l'industrie cinématographique créent ainsi depuis le début du siècle la femme-image en enfermant les femmes dans les catégories d'une typologie qui les sert dans leur démarche oppressive. Vamps, épouses, mères, saintes, poupées hantent les écrans en quête d'une féminitude que la société de spectacle leur refuse en articulant son idéologie répressive sur la dualité regardant / regardée, sur la confrontation sujet-mâle / objet-femelle. Les films se plaisent ainsi à raconter des histoires d'hommes et de leurs femmes dont l'existence se définit dès lors exclusivement comme une ontologie du regard. En étant réduite à l'état de celle qui est à jamais regardée, donc à jamais désirée, la femme omniprésente au cinéma en est, en fait, la grande absente. Icône vers lequel convergent tous les regards, la femme perd toute consistance d'être tandis que l'exploite une société sexiste entièrement soumise à la tyrannie du visuel. Or, quand on sait la toute-puissance du cinéma dans la formation de l'inconscient collectif, quand on comprend l'importance de l'identification avec l'image dans le processus par lequel la subjectivité se constitue, il n'est pas surprenant de découvrir que, depuis l'épanouissement du féminisme dans les années 70, les femmes cinéastes filment avec frénésie la prise du pouvoir par la femme-sujet. Et si leur souci est le même, leurs approches diffèrent grandement. Il y a celles qui, empruntant la voie ouverte par la théoricienne-cinéaste, Laura Mulvey, optent pour un cinéma d'art qui brise les mécanismes de la narration cinématographique du cinéma classique afin d'atteindre ce que Mulvey nomme «un détachement passionné». Mais, en condamnant les spectatrices à une ascèse difficile, puisqu'elles doivent renoncer au plaisir qu'entretient le cinéma spectacle pour apprendre à décoder un nouveau langage, au premier abord essentiellement hermétique, ce cinéma de l'exigence risque de décourager en confirmant dangereusement que le cinéma des femmes est, tout comme elles, marginal. Pour que la révolution du langage cinématographique aboutisse, il importe donc que, parallèlement au cinéma pur et dur d'une Marguerite Duras, d'une Chantal Ackermann, d'une Yvonne Rainer, grandisse un cinéma qui transgresse moins brutalement, plus insidieusement les règles de l'orthodoxie filmique comme celui de Marleen Gorris, de Margarethe von Trotta, d'Agnès Varda, de Léa Pool…

Si les films de Marleen Gorris et de Margarethe von Trotta s'imposent souvent comme des manifestes farouchement féministes, ceux d'Agnès Varda cherchent à analyser les mécanismes selon lesquels les images cinématographiques captivent les spectateurs. En cela son esthétique répond à l'attente de la critique féministe qui, depuis les travaux de Mulvey, apostrophe inlassablement le spectateur-voyeur, dont le plaisir est au cœur même de l'expérience cinématographique, comme l'avait clairement démontré Christian

Metz. Mais ce plaisir paraît désormais menacé. Comme le souligne Jean Collet:

> Aujourd'hui, le contenu des films – mais il faudrait écrire: le contenu du film, car il n'y a plus qu'un seul contenu – c'est précisément ce que «la civilisation de l'œil» tentait de refouler, c'est le sexe et la mort, le corps et ses limites, le corps et son travail. L'univers de plus en plus tactile qui s'offre [au] regard excédé [...] ne peut plus être l'objet d'une contemplation sereine, d'une catharsis efficace. [...] C'en est fini d'un monde bâti sur l'illusion de notre œil. Nous avons aussi des mains. La caméra appelle le passage à l'acte. [...] Le cinéma doit devenir ce qu'il n'a jamais été encore: moyen de communication. Ou disparaître[1].

Ce cri d'alarme, Léa Pool l'a entendu. Et il s'est accompagné pour elle d'un autre appel, celui de la femme qu'elle allait devoir apprendre à re / présenter non pas comme un objet à désirer mais comme un sujet désirant. En quatre films: *Strass Café*, *La Femme de l'hôtel*, *Anne Trister* et *À corps perdu,* elle a su y parvenir en imposant à une critique souvent récalcitrante, un cinéma introspectif qui ne se regarde que pour mieux établir des rapports privilégiés entre ceux et celles qu'il met en présence et les spectateurs / spectatrices qui les observent. Ces rapports s'inscrivent dans ce qui singularise l'œuvre de Léa Pool et lui donne sa remarquable unité: l'évocation intense de la passion qui, des incantations de *Strass Café* aux cris étouffés d'*À corps perdu,* est fatalement liée au désir, à la souffrance aussi.

Or, *La Femme de l'hôtel*, seconde étape dans ce cheminement douloureux mais non désespéré, marque un moment décisif et révélateur de la démarche créatrice de la cinéaste. En étant en prise directe sur l'art cinématographique, ce film amorce une réflexion qui se prolongera, éclairée d'embrasements nouveaux dans les deux films qui suivront. Elle rappelle la mise en abîme gidienne et finit par déboucher sur une mise en conscience en dévoilant la puissance aliénante du regard. Tous les personnages principaux de Léa Pool embrassent le monde du regard. Andréa, la narratrice de *La Femme de l'hôtel,* est cinéaste. Anne Trister peint. Pierre, l'antihéros d'*À corps perdu*, est photographe. Et tous, toutes découvrent qu'ils, qu'elles doivent cesser de regarder pour réapprendre à étreindre. Pierre, l'insatiable voyeur, qui savait si bien figer la douleur, parviendra au terme d'une dépression à poser sa caméra. Et la vie qu'il va désormais prendre à bras-le-corps se situe par-delà le film, tout comme celle qui attend Anne Trister dont l'œuvre picturale insensée, démesurée n'était qu'une prison qu'il lui a fallu quitter. Quant à Andréa, au moment où son personnage lui échappe, elle comprend que la vie ne peut et ne doit jamais se réduire à une chasse aux images. Mais ce que tous trois ont découvert pour l'offrir en partage au public, c'est le pouvoir d'une passion vitale. Lui résister, c'est se condamner à disparaître. S'abandonner à elle, c'est se laisser embraser.

> Attirée par la lumière, *La Femme de l'hôtel* voit son double poursuivi par les «follow spots» sur une scène: «I want you to touch me... », elle devient lumière. Anne Trister peint les murs de son hangar en trompe-l'œil: «Ici les choses ont depuis longtemps perdu leur ombre (leur substance).» (*De la Séduction,* Jean Beaudrillard). Pierre Kurvenal reporter-photographe, artisan de la chambre noire[2].

Dans *À corps perdu* et *Anne Trister*, l'évocation de cette passion est physique, immédiate, alors que dans *La Femme de l'hôtel,* elle se situe nettement en marge du donner à voir. Ce film est avant tout une quête, une invitation au voyage vers les espaces intérieurs, lieux invisibles du non-dit où seule peut s'accomplir la communication authentique. Il interroge, plus nettement et avec plus d'insistance que les films qui le suivront, les voyeurs passifs que nous sommes devenus, et pour cela il sera retenu.

Dans ce film qui refuse de donner en spectacle, il n'est question que de spectacle. Andréa, la narratrice, est occupée à tourner un film dans un Montréal glacial et nostalgique. Il entend évoquer l'épuisement mental d'une chanteuse populaire que son public a dévorée. Vie éparpillée, dispersée, errante, elle fera de fréquents séjours dans une maison de repos mais, vers la fin du film, elle paraîtra s'être reconstituée lorsqu'elle parvient à chanter avec force un désir violent que plus rien ne semble pouvoir endiguer. Alors qu'Andréa se mesure à la difficulté de créer son personnage auquel la comédienne qu'elle a choisie doit donner vie, elle rencontre Estelle, la femme de l'hôtel, passante et perdue comme son personnage fictif auquel elle va peu à peu léguer sa solitude, ses égarements, son mystère. Or, plus s'effectue l'osmose, plus Andréa s'obstine à définir vainement l'étrangère qui l'obsède, jusqu'au moment où celle-ci lui échappera.

Le film met ainsi en scène la mise en échec de la raison par les émotions, tout comme la remise en question du pouvoir aliénant du regard actif des spectateurs et des spectatrices qui voient le personnage féminin passif comme l'image à posséder. Ce faisant, il interpelle l'appareil cinématographique, autrement nommé «a technology of gender[3]» par la théoricienne américaine Teresa De Lauretis. Léa Pool apostrophe ainsi un art où, comme le précise De Lauretis, la femme est:

> représentation / image [...] à la fois le support du désir mâle et du code filmique, le regard qui définit le cinéma même (elle soutient le regard, flatte et signifie le désir de l'homme[4]).

Dans *La Femme de l'hôtel*, la femme n'est plus une image signifiant le désir mâle. Elle se démarque à jamais des héroïnes du cinéma traditionnel en n'étant plus un spectacle à contempler, un objet à désirer, à poursuivre. Elle n'est plus là pour être contrôlée et finalement possédée par un sujet masculin, c'est-à-dire symboliquement mâle, puisque, et la théorie psychanalytique l'a longuement démontré, le pouvoir du regard, système qui est la structure sémiotique fondamentale du récit filmique, est attribué à l'homme, qu'il s'agisse du personnage masculin, de la caméra – instance d'énonciation –, ou du spectateur. Pour soustraire la femme regardée à la force chosifiante du regard, Léa Pool a recours à diverses techniques et d'abord la plus redoutable, «l'interdit majeur[5]» du cinéma narratif: le regard à la caméra.

Tandis qu'Andréa explique que c'est la comédienne, non elle, qui va donner vie à son personnage, le visage de l'actrice apparaît sur un écran de télévision qui se confond avec celui que le public contemple. La distance entre le film d'Andréa et celui que nous regardons est abolie et, comme la comédienne nous fixe, il n'y a plus d'effet fiction puisque l'espace de production du film communique directement avec l'espace de réception, la salle de cinéma. Le spectateur, la spectatrice, regardants, sont à leur tour regardés par des yeux durs, reproche muet d'une femme iconique. Tandis qu'ils la voient, encadrée par l'objectif de la caméra, réduite à n'être plus qu'un objet du regard, un spectacle, ce dont ils prennent soudain conscience, c'est du rôle joué par les femmes dans le cinéma conventionnel, où elles ne sont qu'images vides dans l'attente d'une vie fictive qui s'efforcera vainement de leur donner consistance d'être. Quelques séquences plus tard, alors que la diégèse s'est encore laissé absorber par le discours filmique, c'est le visage d'Estelle qui est happé par la caméra vidéo dont le regard épouse le nôtre. Nos yeux décrivent ainsi un travelling latéral de la droite vers la gauche pour s'interrompre sur un gros plan du visage d'Estelle qui évoque celui de la comédienne. Le reproche directement adressé à l'objectif de notre regard devient alors dénonciation, tandis que les yeux de la femme de l'hôtel, «seuls encore capables de pousser un cri[6] », nous disent soudain toute l'indécence de filmer la douleur. Et ce n'est pas Andréa qui va répondre à notre place de l'accusation puisque c'est Simon, non elle, qui a filmé Estelle dont l'image, inattendue dans le champ de la caméra, la surprend. Le souvenir de cette scène viendra en hanter une autre, filmée cette fois en prise directe, où le regard de la caméra n'est plus interpellé. Estelle assiste au tournage d'une scène pénible au cours de laquelle la comédienne enfermée dans une maison de repos se jette contre la porte qui la retient prisonnière. Elle ne supporte pas le spectacle de la souffrance violente, désespérée, qui est aussi la sienne. Avant qu'elle ne se détourne, avant qu'elle ne fuie, ses traits torturés deviennent le miroir que Léa Pool tend à son public pour qu'il y découvre l'horreur du voyeurisme de la souffrance, voyeurisme que la comédienne interrompra en nous tournant brutalement le dos. Ce geste en rappelle un autre du film *Anne Trister* où Sarah, enfant perturbée, se révolte contre le regard de la caméra vidéo qui, dans l'établissement où elle est enfermée, nous la présente, la surveille. Lorsqu'elle éclabousse de peinture rouge la lentille de la caméra geôlière, c'est notre regard qui est aveuglé. Quant au film *À corps perdu,* il s'interrogera longuement, et d'une façon poignante, sur cette aliénation du regard par le regard.

La femme, lorsque Léa Pool la regarde, cesse donc d'être un objet de jouissance. Elle devient un être qui souffre parce qu'il aime. Et pour communiquer l'effroi de cette douleur, l'intensité de la passion qu'elle filme, la cinéaste privilégie les plans moyens et rapprochés de ses personnages. Ce faisant, elle semble inviter la spectatrice à une identification aliénante mais il n'en est rien. Elle enveloppe, en effet, ses antihéroïnes de la voix off d'Andréa dont le pouvoir est ...

> [...] celui de disposer de l'image et de ce qu'elle reflète, depuis un lieu absolument **autre** (de celui qu'inscrit la bande-image). Absolument autre et **absolument indéterminé**. Et en ce sens, transcendant: d'où cet incontestable, incontesté supposé-savoir[7].

Mais ici point de transcendance, Andréa n'est pas dotée d'un «supposé-savoir». Au contraire, elle cherche, s'interroge, s'épuise à créer un personnage dont le double l'égare tout en l'éclairant. Enfin, de la «voix sans corps», le film passe fréquemment aux «corps sans voix», car les séquences dialoguées sont rares. Et comme le note Michel Chion:

> [...] le personnage porteur du corps sans voix, ou de la voix sans corps, est supposé plus ou moins omnivoyant, omniscient, voire tout-puissant. Dans les deux cas, les limites de son être et de son corps ne sont pas définies, donc les limites de son rôle, de sa place, de son pouvoir[8].

La voix et son absence permettent donc à Léa Pool de faire obstacle au corps en le dépassant et par là même de soustraire ces personnages féminins au pouvoir du regard en l'entraînant vers l'infini du hors-champ, cet espace intérieur que nous découvrons grâce à la présence inaliénable de l'autre.

Cet espace occupe aussi les plans où ne se rencontre âme qui vive et qui ne sont pas sans rappeler ceux des films de Chantal Ackermann. Il arrive même alors que par-delà les prises de vues panoramiques de Montréal, ou les plans fixes de la ville, de l'hôtel, des couloirs déserts, le champ se vide complètement. Ainsi, lorsqu'Estelle se souvient pour la première fois des clameurs et sifflements de son public impatient, tandis qu'elle lève les yeux vers la droite de l'écran, la caméra abandonne son visage pour s'élever à son tour imperceptiblement et poursuivre sa trajectoire en balayant un écran qui n'est plus qu'un rectangle lumineux. Plus tard, alors qu'Estelle est sur la scène d'un théâtre, où elle est bien parce que le lieu de représentation est vide, au moment où elle dit que le souvenir du spectacle lui rappelle la lumière, elle pénètre dans ce qui devient un écran noir et ressurgit soudain auréolée de lumière tandis que s'élève le chant de la mer. Face à ces deux plans, couleur d'absolu, l'œil privé de sa fonction aliénante ne peut que redécouvrir cette «autre façon de regarder, plus proche de la contemplation extatique, de l'expérience mystique que de la possession, de l'érotisme[9] », que Marguerite Duras et Chantal Ackermann ont su révéler. Léa Pool finit ainsi par créer un effet boomerang: le regard du spectateur se heurte à la surface opaque d'un écran, aveuglant et aveugle, et, renvoyé à lui-même, il découvre ébloui des images intérieures que la musique déploie infiniment.

Dans le film, celle que Michel Chion définit comme «musique de fosse[10]», puisqu'elle rappelle la musique jouée à l'opéra ou au music-hall dans la fosse d'orchestre, est une musique empathique. Leitmotiv lancinant, elle nous associe au désarroi d'Estelle, d'Andréa, de son frère Simon, de la comédienne. Dans l'écran noir, où surgit le générique blanc, elle succède au chant de la mer et précède la première image, donnant ainsi le la à ce qui va devenir une symphonie visuelle dont elle est le douloureux prélude. Elle va dès cet instant premier, d'avant le verbe, vibrer en sympathie avec les émotions des personnages, les envelopper, les prolonger, les amplifier...

Quant à l'extrait classique «Sorgi, o padre », de l'opéra de Bellini, *Bianca et Fernando,* il a la fluidité de l'espace féminin qu'il entend déployer jusqu'à l'absolu. Ce duo de deux femmes, Bianca et Eloisa, est une cantilène bellinienne, élégiaque, typique d'un art musical dont la grande pureté s'inscrit dans la longueur de la ligne mélodique. C'est, plus précisément, un chant de complicité féminine où l'amitié veut chasser le désespoir: Bianca pleure son père mort tandis qu'Eloisa, compagne fidèle, la presse d'oublier son malheur pour retrouver la paix de l'âme. La première fois qu'il s'élève dans le film, c'est sous forme de quelques notes au moment où Simon, que son amant vient de rejeter, rentre chez lui et écoute les messages sur son répondeur automatique dans l'espoir d'une réconciliation qui s'anéantit lorsque l'appareil enregistreur confirme la trahison. Le thème musical de la souffrance prend alors le relais des quelques notes de Bellini soulignant ainsi clairement que la part qui souffre en Simon est l'«anima », dont parle Jung, cet inconscient féminin, lieu de toutes les douleurs. Dans la séquence suivante, Estelle, qui a tenté de se suicider, sort en titubant de l'hôtel avant de s'affaler sur un banc les bras en croix. Accueillie par l'élan lyrique des deux voix féminines qui la suggèrent, femme, écartelée entre espoir et désespoir, elle devient espace, quand, surgissant d'un fondu au noir, la caméra la délaisse pour parcourir dans un mouvement de va-et-vient les rues de Montréal et s'arrêter lorsque le ronflement d'un moteur de camion couvre le chant bellinien. Quand les voix sont dominées par le bruit de la machine, la femme en exil, rompue par l'univers violent des villes, devient soudain présente à nos mémoires. Rarement synergie émotionnelle fut mieux accomplie qu'en cet instant où la musique devient mouvement et le mouvement de caméra devient musique. Moment miroir de cet autre, la première scène du film, où la caméra introduite par le leitmotiv musical balaie l'espace de la ville, tandis que la rejoint la voix off de la narratrice, Andréa, parlant de son errance, de son film à naître. Et, à partir de cette exposition, le mouvement de flux et de reflux de la caméra va rythmer l'évocation, écho visuel du murmure marin qui s'élève, tandis qu'apparaissent dans le trou noir de l'écran les premières lettres du générique blanc, et qu'il se répète ici et là. Enfin, lorsqu'Andréa apprend le départ d'Estelle, le duo l'accompagne et, aux voix des cantatrices se mêle bientôt la voix off d'Estelle que la cinéaste entend alors qu'elle lit la lettre d'adieu dont les mots reprennent le texte bellinien. Dans *La Femme de l'hôtel,* la musique retrouve ainsi sa vocation originelle, celle qui, dès le cinéma muet, était de répondre «au besoin d'agrandir le cadre étroit du cinématographe et de restituer un espace subjectif plus vaste[11] ». Elle redevient, ce qu'elle ne devrait jamais cesser d'être, «ce lieu des lieux qui transcende toutes les barrières matérielles[12]» et répond par là même au vœu de la théoricienne féministe Laura Mulvey en libérant le regard de la caméra pour lui rendre sa matérialité temporelle et spatiale[13].

Enfin, elle a une troisième fonction dans le film: elle exprime le désir des femmes. La musique d'écran[14] dans le film, ou musique diégétique, est d'une part celle qui rappelle à Estelle les spectacles qui l'ont épuisée et, d'autre part, une chanson composée par Andréa: *Touch me.* Bien que son titre recèle la quête de l'émotion, ses paroles soulignent surtout, et avec force, la soif d'un contact physique: les impératifs «touch me, feel me» sont inlassablement repris. Et lorsque la cinéaste, soudain inspirée, en chante les premières paroles, elle est dans son bain, épaules nues, face à nous. En proie à un impérieux désir qu'elle vit plus encore qu'elle ne le chante, vibrante, elle répète: «Touch me»; et lorsqu'elle s'écrie: «Touche-moi! », le chant devient prière tandis que le regard du spectateur et de la spectatrice se voit, non plus fasciné par un objet qu'il désire, mais bien sollicité par un sujet qui le désire, qui «appelle le passage à l'acte ». Aussi, à la fin du film, quand débordant de la diégèse la chanson d'amour accompagne le postgénérique, quand musique d'écran et musique de fosse se confondent, le désir s'inscrit nettement dans le discours filmique et, surgissant de l'écran redevenu ce «continent noir» dont parlait Freud, il est pour toujours femme et à jamais inassouvi.

Ce désir, la cinéaste le provoque par l'usage de la surimpression, dont Marc Vernet précise qu'elle excite la force du désir en établissant…

> [...] de la continuité là où il y a de la différence, pour défaire les catégories et jouir des unions, dans le plaisir que procure l'imaginaire se nourrissant du symbolique, en bricolant, en passant

> par-dessus les distinctions convenues pour aménager d'insoupçonnés passages, d'invisibles concordances[15].

La première fois qu'elle y a recours se situe après la scène où Simon apprend qu'il a été délaissé. La comédienne et une compagne répètent une chanson qui exprime le besoin d'habiter l'autre, de ne pas être oublié. Or, lorsqu'elles chantent: «Loin de toi ma vie est triste», leurs visages, en se laissant absorber par le lieu où elles se trouvent, expriment leur refus de la séparation, refus qui se prolonge tandis que la caméra effectue un travelling latéral. La scène se complique, lorsqu'au terme d'un complexe déplacement de l'appareil de prise de vues, il s'avère que cette scène a été filmée par Andréa qui la regarde sur l'écran de télévision et la commente en compagnie de la chanteuse-comédienne. Grâce à cette habile symbiose entre la diégèse et le discours, le désir fortifié redevient spectacle et le spectateur se sent de nouveau disponible pour d'autres élans, au lieu de s'enliser dans une identification aliénante. Les autres surimpressions dans le film soulignent les liens étroits qui existent entre Andréa et le personnage enfanté par son imagination, entre la cinéaste et Estelle. La plus dramatique d'entre elles traduit le désir de mort d'Estelle qui parle de devenir mince jusqu'à disparaître tandis que son visage s'évanouit dans un paysage d'hiver, statique et glacé. Enfin, la dernière surimpression qui se déploie longuement est celle où la comédienne parvient enfin à chanter «Touch me», tandis que la caméra lui préfère un plan fantasmagorique de Montréal où les trois femmes se tenant par le bras échappent à notre regard. Cette expression ultime d'un désir féminin, enfin permis et montré, est l'un de ces instants subversifs auxquels le cinéma va devoir s'habituer. Elle répond, enfin, à l'attente d'Estelle. Dans la scène succédant à celle, déjà analysée, où elle avait été exhibée comme objet de désir sur l'écran de télévision, elle s'arrêtait devant une vitrine. Elle nous faisait face tandis que lui faisaient face des mannequins qui, inévitablement, nous tournaient le dos. Les mannequins représentaient les spectateurs, la vitrine, invisible dans sa transparence, l'écran où Estelle ne se voulait plus image, mais désir. Elle voulait nous atteindre, nous rejoindre, comme l'indiquait sa main caressant la vitre «imaginaire». Mais la vitre l'arrêtait. Elle ne jouait pas le rôle ambigu que lui confie souvent le cinéma où elle permet ...

> [...] la fusion visuelle et affective et la séparation nette et physique, reproduisant ainsi dans la diégèse le rôle de l'écran de cinéma (fenêtre et frontière) pour le spectateur avec le rôle que Christian Metz attribue à la surimpression [...] (liaison-démarcation)[16].

Pour Estelle la vitre alors n'était plus qu'un écran où elle était condamnée à se donner en spectacle. Elle était frontière, non fenêtre.

La Femme de l'hôtel est donc l'expression d'un désir, et ce désir est la structure même du film. Cet élan vers l'autre, cette passion qui unit et réunit les personnages, sont traduits par «la syntaxe musicale du film [qui est] une syntaxe d'équivalences[17]». Dans la mouvance poétique de ce film sans histoire, situé en marge des formes d'expression androcentriques, il ne faut pas rechercher les structures linéaires, les relations spatiotemporelles et celles de cause à effet auxquelles le cinéma conventionnel est trop souvent soumis. Le temps et l'espace sont atomisés dans le film. Mais ils se reconstituent dans les leitmotivs: moments revécus, gestes répétés, lieux revisités, objets reconnus, et surtout dans les multiples correspondances qui traduisent bien cette recherche de la continuité, là où il y a de la différence, cette quête de l'union, là où il y a séparation. Il suffit qu'un peignoir réapparaisse pour qu'on entende la chanson d'amour du film; un violoncelle planté au cœur du plan... et c'est la bande son du générique qui nous revient; l'affiche du film des frères Taviani, *Le Pré,* et voici annoncé l'extrait que regardera Simon... Bref, tout est écho, tout est miroir dans cette évocation fragmentée par les multiples fondus au noir, qui sont nettement les trous du discours filmique d'où les trois femmes, ni tout à fait les mêmes, ni tout à fait autres, ressurgissent inlassablement pour en composer peut-être une quatrième: La Femme. Le film glisse, ainsi, imperceptiblement, de l'une à l'autre insaisissable(s) comme ce désir qui les suggère.

Léa Pool est donc parvenue à déjouer les pièges de l'appareil de prise de vues en filmant un espace ouvert où le regard réapprend à éprouver. Cette rebelle parmi les rebelles, qui ne se veut pas féministe, qui «abhorre toute forme de discours[18] », a fini par rejoindre, sans le vouloir, le «cinéma de la déconstruction» qui, selon les théoriciennes féministes, peut seul rendre compte de la féminitude. Cette «jouissance du texte» chère à Roland Barthes, elle en fait le privilège de la spectatrice, condamnée d'ordinaire par Hollywood à vivre l'expérience cinématographique comme avilissante et fatale, puisqu'elle finit par jouir de son inexistence, alors qu'elle doit d'une part s'identifier à l'image, de par son état de femme, et d'autre part la posséder par son regard d'essence masculine. Sous le regard de Léa Pool, la femme regardée prend donc consistance d'être tandis que le regard de la spectatrice et du spectateur, pour toujours interpellé, ne peut que scruter le hors-champ, lieu du non-dit où la femme à jamais désire.

Notes

1. Jean Collet, *Lectures du film,* Paris, Éd. Albatros, coll. Ça / Cinéma, 1980, p. 44-45.

2. Marc Boudreau, «Léa Pool. Passion la passagère» dans *Lumière,* nº 15, octobre-novembre 1988, p. 22.

3. Teresa de Lauretis, *Technologies of Gender: Essays on Theory, Film and Fiction,* Bloomington, Indiana University Press, 1987, p. 13.

4. «[...] representation / image [...] at once the support of male desire and of the filmic code, the look that defines cinema itself (she holds the look, plays to and signifies male desire). » Teresa de Lauretis, *Alice doesn't: Feminism, Semiotics, Cinema,* Bloomington, Indiana University Press, 1984, p. 58, trad. Marguerite Andersen.

5. Cité par Marc Vernet, *De l'invisible au cinéma. Les figures de l'absence,* Paris, Éd. de l'Étoile, coll. Essais, Cahiers du Cinéma, p. 9.
6. René Char. Épigraphe du film.
7. Pascal Bonitzer, *Le Regard et la Voix,* Paris, coll. 10 / 18. Cité par Michel Chion dans *La Voix au cinéma,* Paris, Éd. de l'Étoile, coll. Essais, Cahiers du Cinéma, p. 133.
8. Michel Chion, *op. cit.,* p. 85.
9. Paola Melchiori, «Women's Cinema: A Look at Female Identity», trad. par Jane Dolman dans *Off Screen, Women and Film in Italy,* Giuliana Bruno et Maria Nadotti (dir.), New York, Routledge, 1988, p. 34.
10. Michel Chion, *Le Son au cinéma,* Paris, Éd. de l'Étoile, coll. Essais, Cahiers du Cinéma, p. 154.
11. *Ibid.,* p. 150.
12. *Ibid.,* p. 151.
13. Laura Mulvey, «Visual Pleasure and Narrative Cinema » dans *Feminism and Film Theory,* Constance Penley (dir.), New York, Routledge, 1988, p. 68.
14. Michel Chion, *Le Son au cinéma, op. cit.,* p. 153.
15. Marc Vernet, *op. cit.,* p. 86.
16. *Ibid.,* p. 82.
17. Nicolas Ruwet, cité par Roman Jakobson, *Essais de linguistique générale,* t. II, Paris, Éd. de Minuit, 1973, p. 99.
18. Déclaration de Léa Pool recueillie par Suzanne Gaulin, «La Femme de l'hôtel. Pool's splash», *Cinéma Canada,* n° 111, octobre 1984, p. 7.

Bibliographie

BONITZER, Pascal. *Le Regard et la Voix*, Paris, coll. 10/18.

BOUDREAU, Marc. «Léa Pool. Passion la passagère.» dans *Lumière*, n° 15, octobre-novembre 1988.

CHION, Michel. *Le Son au cinéma*, Paris, Éd. de l'Étoile, coll. Essais, Cahiers du Cinéma.

———. *La Voix au cinéma*, Paris, Éd. de l'Étoile, coll. Essais, Cahiers du Cinéma.

COLLET, Jean. *Lectures du film*, Paris, Éd. Albatros, coll. Ça/Cinéma, 1980.

LAURETIS, Teresa DE. *Alice doesn't: Feminism, Semiotics, Cinema*, Bloomington, Indiana University Press, 1984.

———. *Technologies of Gender: Essays on Theory, Film and Fiction*, Bloomington, Indiana University Press, 1987.

GAULIN, Suzanne. «La Femme de l'hôtel. Pool's Splash» dans *Cinéma Canada*, nº 111, octobre 1984.

MELCHIORE, Paola. «Women's Cinema: A Look at Female Identity», trad. de l'italien par Jane Dolman dans *Off Screen: Women and Film in Italy*, Giuliana Bruno et Maria Nadotti (dir.), New York, Routledge, 1988.

MULVEY, Laura. «Visual Pleasure and Narrative Cinema» dans *Feminism and Film Theory*, Constance Penley (dir.), New York, Routledge, 1988.

JAKOBSON, Roman. *Essais de linguistique générale*, t. II, Paris, Éd. de Minuit, 1973.

VERNET, Marc. *De l'invisible au cinéma. Les figures de l'absence*, Paris, Éd. de l'Étoile, coll. Essais, Cahiers du Cinéma.

LOUISE DUPRÉ
Université du Québec à Montréal

POÉSIE, RÉBELLION, SUBVERSION

> Mes fils sont juste rebelles, ce que je leur ai donné de plus beau[1].
>
> *Madeleine Gagnon*

Cette phrase de Madeleine Gagnon, tirée du recueil *Antre* (1978), rend bien compte du projet de l'écrivaine. Qui dit «rébellion» dit «révolte ouverte, armée». Se rebeller vient en effet du verbe latin *rebellare,* formé à partir de *bellum,* guerre, et signifie reprendre les armes, les hostilités, se soulever. Il s'agit d'une action révolutionnaire, qui tend à renverser par la force le pouvoir en place. De fait, le dictionnaire nous renvoie à insurrection, mutinerie, soulèvement. On est prêt à la violence, on ira jusqu'à donner sa vie pour défendre ses droits.

Il n'est pas étonnant que l'esprit de rébellion soit connoté de façon très positive chez Madeleine Gagnon, surtout quand on connaît son engagement féministe marxiste, évident dans ses premiers recueils *Pour les femmes et tous les autres* (1974) et *Poélitique* (1975), le titre de ce dernier texte montrant le désir d'établir rapport entre le champ du politique et celui du poétique. La question qui se pose serait cependant celle-ci: la position de Madeleine Gagnon reflète-t-elle celle des autres écrivaines de la modernité québécoise, en particulier celle de Nicole Brossard?

La fondation de *La Barre du jour* en 1965, on s'en souvient, avait commencé à opérer une rupture avec la génération de l'Hexagone. On sait que deux recueils de Nicole Brossard, *Suite logique* et *Le Centre blanc,* parus en 1970, ont rendu cette rupture irrémédiable en proposant une écriture formaliste qui occulte le *je* et réinvestit le référent dans une perspective autoréférentielle. Dans cette aventure où ce qui compte désormais, ce n'est pas de s'exprimer mais de dévoiler les mécanismes de l'écriture, il va sans dire que la question d'une rébellion liée à la condition de la femme ne se pose pas. Et pourtant. Même si on a qualifié ce travail d'hermétique, d'illisible ou d'élitiste, il a servi à mettre en lumière les composantes fondamentales de la langue ainsi que leurs mécanismes d'agencement. Et, de ce fait, il a opéré une brèche dans le langage où, très tôt, est réapparu le mot *femme*.

En 1972, Huguette Gaulin publie *Lecture en vélocipède,* recueil malheureusement peu connu dans lequel l'écriture elliptique, exigeante et déroutante met en œuvre une polysémie où perce une thématique féministe qu'on reconnaît clairement dans un poème comme celui-ci:

> à cette orchestration des fontes
> qu'entonnent
> entre portes laissent leur parfum promené
>
> femme violemment
> tend-elle la voix
> les fontaines brouillent les statues de bois
>
> elle rampe les toiles
> vérifie les pertes
> et s'articule aux reflets
>
> enfanter aussi autre chose que de la chair [2].

Ce type de parole, déjà engagée, est unique dans la poésie de l'époque. Le désir de passer de la reproduction à la production d'objets culturels sera repris d'ailleurs abondamment par les écrivaines des années 1970 qui verront dans l'acte d'écriture un accouchement à soi, un acte par lequel on peut accéder à sa propre voix.

Et cette voix ne peut que se donner violemment, dans le cri, dans le déchirement de la phrase qui devient métaphore d'un déchirement du silence. Dès lors, on peut mieux comprendre pourquoi cette poésie de la déconstruction, tout en niant le *je*, a paradoxalement favorisé l'insertion du sujet-femme dans la parole poétique.

On pourrait qualifier l'écriture formaliste de subversive plutôt que de rebelle, puisqu'elle envisage un véritable travail de sape du langage, aussi bien dans sa forme que dans le champ de la représentation, travail de bouleversement qui opère par en-dessous (notons le préfixe *sub*-). L'entreprise est moins fracassante que celle de la rébellion: elle opère dans la marge du discours dominant qu'elle essaie de gruger patiemment.

Subversion et rébellion donc: deux attitudes qui ont suscité des écritures différentes, mais aussi une profonde incompréhension. Madeleine Gagnon, par exemple, dans *Pour les femmes et tous les autres,* attaque de façon virulente les poètes formalistes:

> PARLEZ PLUS FORT JE NE VOUS ENTENDS PAS VOUS ÊTES ÉTOUFFÉS PAR L'OFFICIELLE PROPAGANDE DU CAPITAL PARLEZ PLUS FORT SOMMES-NOUS SOURDS OU ÊTES-VOUS MUETS MAIS LES POÈTES EUX-MÊMES VOUS ASSOMMENT ET LEURS VAINES RECHERCHES D'ÉCRITURES INSONORES SONT ÉCRANS ENTRE VOS PAROLES ET LA MIENNE PARLEZ PLUS FORT[3]

C'est dire qu'à côté d'une poésie qui troue le symbolique, elle entend défendre une poésie de la dénonciation donnant une place aux classes défavorisées, position qui n'est pas sans rapport avec celle de Parti pris.

Investir la représentation

Il n'en reste pas moins que ces positions fort radicales évolueront par la suite. Dans une entrevue, France Théoret explique qu'elle a quitté le comité de rédaction de *La Barre du jour* en 1969 parce que le projet formaliste ne permettait pas d'investir la représentation.

> Il ne fallait pas être une femme, dit-elle. Si on était une femme, on faisait entrer quelque chose de l'ordre de l'existence dans l'écriture et cela, c'était romantiser l'écriture, revenir à la représentation. Il fallait, justement, fuir la représentation [4].

Ce besoin d'investir la représentation n'est pas sans liens avec celui d'entrer dans une écriture où la rébellion serait plus évidente. Car ce que veut France Théoret, c'est pratiquer une écriture où elle pourrait peindre la réalité de la condition féminine: l'oppression au sein de la famille, la folie, la souffrance, la solitude. Rappelons *Bloody Mary* (1977):

> Dans la cervelle des cinq heures: jambes lourdes, pieds palmés, oh! hanches des fins d'heures d'avant la nuit, dans la cervelle pleure et toujours se retourne poignard revolver pieu contre qui je hante. Je ne suis pas le fils maudit, je suis fille maudite et je le vois ainsi depuis que je suis une fille [5].

Mais les écrivaines veulent aussi dévoiler des facettes d'expériences qui avaient été occultées jusqu'à maintenant: l'amitié et l'amour entre femmes, la relation entre mère et fille, le rapport au corps. Ainsi, Nicole Brossard dans *L'Amèr* (1977):

> Entre ma mère et ma fille. Texte lesbien plus qu'incestueux. L'inceste comme mode inconscient d'appropriation de la fille-femelle par le père-mâle: écran propre à justifier *de fait* le viol [...] De subir le père (de corps) ou de représentation (frère, amant, mari) ramène toute femme à son illégitimité[6].

Cette écriture, on en convient, prend un ton clairement manifestaire. Il s'agit à n'en pas douter d'une poésie qui appuie la cause des femmes. La génération de l'Hexagone nous avait habitué-e-s à une écriture engagée, mais alors que le nationalisme s'attaquait au champ politique, la textualité au féminin aborde le domaine de la vie privée en se basant sur le précepte féministe bien connu «le privé est politique».

Cette évolution apportée par la problématique-femme, Nicole Brossard l'a abordée au colloque organisé par *La Nouvelle Barre du jour* en 1980 où elle a constaté que «les écritures produites par les femmes [...] ont considérablement permis aux écrivains du texte de se relire à temps. Car elles ont déplacé le propos[7] ». En fait, il n'y a pas que le propos qui ait bougé: les thématiques au féminin auront eu des conséquences sur la forme même de l'écriture. C'est à ce moment qu'est apparu un genre hybride qu'on a nommé la fiction-théorie, parce qu'il travaillait dans le brouillage entre poésie, récit et essai. On a cité *L'Amèr* de Nicole Brossard: mentionnons-en la forme éclatée où des textes en prose mêlant la fiction autobiographique et la réflexion théorique sur la maternité côtoient des poèmes en prose investissant plus étroitement le pulsionnel. Rappelons *Bloody Mary* et *Une voix pour Odile* (1978) de France Théoret où, là encore, dans une prose vigoureuse, fiction et théorie s'entrechoquent constamment. Ou *Retailles* (1977), de Madeleine Gagnon et Denise Boucher, sous-titré «Complaintes politiques», livre dans lequel la poésie déborde constamment du côté de la réflexion.

Ce qui m'apparaît essentiel, c'est de faire remarquer que ces œuvres ont été reçues par l'institution littéraire comme de la poésie, une poésie impure qui force à faire bouger les limites d'un genre déjà remis en question par la modernité québécoise. En effet, la dimension théorique qu'a apportée la réflexion féministe aura eu des conséquences sur le sujet de l'énonciation. Si la dimension lyrique reparaît dans la poésie au féminin, le ***je*** mis en scène ne peut plus représenter seulement la personne linguistique de l'auteure, il se déplace vers l'autre femme. Devenant autre, il échappe aux limites de l'identitaire, il occupe d'autres postures de la subjectivité féminine. Chez France Théoret par exemple, le ***je*** devient la petite bonne des Simard dans *Bloody Mary,* la jeune servante endormie dans *Nécessairement putain* (1980). Dans *Maternative* (1980) de Louky Bersianik, le ***je*** devient Avertine, la folle alliée ou Ancyl qui, dans un long monologue, explore toutes les facettes de sa sexualité.

Pourtant, le ***je*** ne représente pas toutes les femmes. Là se trouve d'ailleurs la différence entre poésie et essai: ici le singulier n'est pas gommé par une figure qui travaille dans l'abstraction d'un modèle, celui de la Femme. Il reste actualisé par le discours, réactivant sans cesse ici et maintenant la diversité des expériences comme la palette des multiples émotions: la colère, la douleur, mais aussi l'affection, la tendresse. Bref, on pourrait affirmer que si l'essai a tendance à travailler du côté de l'identitaire, la fiction fait ressortir la différence entre les femmes, attirant l'attention sur la singularité de toute vie.

Le parcours de l'intime

Désir de donner un ancrage féministe à la fiction, mais en même temps de se réapproprier une théorisation vue comme coupée du corps, tel a été le projet des écrivaines durant les années 1970. On a beaucoup dit que la poésie des années 1980 avait apporté un changement. En 1985, la revue *Estuaire* a fait paraître un numéro intitulé «La séduction du romanesque», montrant comment la poésie était passée doucement du côté du récit. Dans la présentation du numéro, Gérald Gaudet affirme d'ailleurs qu'«au travers de la fragmentation toujours fragile des signes [...] ce qui insiste et s'insinue comme phantasme et comme obsession dans ce trajet de l'intime, c'est l'appel d'un récit[8]».

Cette nécessité de raconter, elle vient de la poésie des femmes: on la retrouvait déjà dans *Pour les femmes et tous les autres,* dans *L'Amèr* et dans *Une voix pour Odile.* Ce qui se modifie au début des années 1980, c'est ce parcours de l'intime, ce retour au lyrisme qu'on sent nettement chez des écrivaines comme Anne-Marie Alonzo, Louise Cotnoir et Denise Desautels. Comme si la poésie éprouvait le besoin de se distancier de l'aspect théorique pour s'approcher d'une trame narrative, d'un investissement passionné de l'autobiographique. C'est en faisant leur propre histoire que les femmes veulent retrouver le lien qui les unit aux autres femmes.

L'écriture serait-elle passée peu à peu du côté de ce qu'on a appelé le féminisme rose ? La séduction a-t-elle remplacé la colère ? Il me semble que ce changement, il ne faut pas le voir comme un désintérêt pour la cause des femmes. S'il est évident que le mouvement féministe s'est essoufflé au cours des années 1980, l'écriture au féminin a cependant pris une force qu'elle n'avait pas eue jusqu'à maintenant : le nombre de nouvelles écrivaines et la qualité des recueils publiés le prouvent. Chose certaine cependant, l'esprit de rébellion s'est atténué, non seulement chez les jeunes écrivaines mais aussi chez leurs aînées. Se tournant du côté de la psychanalyse, Madeleine Gagnon délaisse l'engagement au profit d'une écriture explorant les mécanismes de l'inconscient. France Théoret, dans *Intérieurs* (1984) et *Transit* (1984), pratique une poésie où le social vient moins moduler le rapport à l'intériorité. Et à partir d'*Amantes* (1980), Nicole Brossard laisse une place de plus en plus large à la parole amoureuse.

Effet d'époque ? La question n'est pas si simple. On avait atteint un certain paroxysme dans la vision collectiviste, il n'était pas possible d'aller plus loin, sauf à donner dans la répétition. De nouveaux territoires devaient être explorés et la prise de conscience d'une oppression a conduit au lien qu'on entretenait avec la réalité, une réalité vue cette fois à travers une conscience-femme. Car si la dimension politique n'est plus la thématique première dans la textualité, elle reste là, en toile de fond. Rappelons par exemple *Amantes,* dans lequel l'utopie amoureuse, évoquée par la relation lesbienne, trouve contrepoint dans quelques fragments présentant une vision nettement engagée de la condition féminine :

> torturer : la mémoire des femmes est torrentielle quand il s'agit de la torture le ravage est grand la torture est millénaire et la mémoire courte / tchoppée comme un fait divers / d'alerte d'alarme sonore sonde avant que de naître sondée[9].

Des passages comme celui-là donnent un contexte social à l'émotion amoureuse, permettent de ne pas oublier l'héritage patriarcal qui est le lot des femmes. Mais l'amour lesbien acquiert aussi une dimension politique. Vu comme recherche d'absolu, il «appelle l'inédit des mythes[10]» et ouvre un espace à l'imaginaire, favorisant ainsi l'émergence d'une culture au féminin. En ce sens, on pourrait affirmer que l'utopie a des liens directs avec la rébellion, puisqu'elle présente un nouveau projet de société.

On pourrait faire une constatation assez semblable chez Madeleine Gagnon. Dans «Amour parallèle», le rapport hétérosexuel est décrit lui aussi d'une façon idéalisée, qui montre des liens avec l'expérience mystique:

> Et puis encore, j'étais comme dix-huit femmes ensemble tellement tu me désirais. Trente-six seins. Dix-huit clitoris. Dix-huit vagins. Des milliers de fibres tendues autour de l'anus. À tous nos doigts et bouches, douze langues de feu, nous ne suffirons pas à épuiser la jouissance. Jusqu'à l'innombrable, infini, chiffre rond qui ne se chiffre plus, oméga. Rond parfait de l'orgasme. Pénis survolté dans la bouche du ventre. AIME[11].

La passion amoureuse

Cette recherche d'une union totale avec l'autre a ouvert la voie à la poésie amoureuse des années 1980: elle a permis de réhabiliter la parole désirante. Fait à signaler, on ne comptera plus les recueils qui s'attacheront au désir. Citons *Seul le désir* (1987) d'Anne-Marie Alonzo, *Les Rendez-vous par correspondance* (1984) de Louise Cotnoir, *Un livre de Kafka à la main* (1987) de Denise Desautels, *Les Verbes seuls* (1985) de Louise Desjardins, *Les Retouches de l'intime* (1987) d'Hélène Dorion, *L'Amant gris* (1984) de Louise Warren. Pourtant, si les auteures de cette deuxième génération du féminisme entrent dans un discours amoureux, elles resteront très loin d'une vision idéalisée. On peut dire qu'elles refusent l'utopie. Ce qui leur importe, c'est de décrire la relation à l'autre, le questionnement qui y est attaché, sans illusions.

Tout un courant de la poésie abordera le rapport homme-femme avec un regard fort critique. *Les Verbes seuls* de Louise Desjardins est à cet égard assez exemplaire. Une femme fait l'autopsie de liaisons amoureuses qui l'ont tenue éloignée d'elle-même, de ses propres besoins: «je regarde mon âme», dit-elle. «Quelqu'un l'a tuée hier. Je crie à perdre ma haine qui se répand station McGill, à couteau tirée. Je ne suis plus rien quand j'ai besoin de moi[12].» Par le biais de la relation amoureuse, nous sommes ici face à une quête de la subjectivité. En ce sens, le recueil poursuit l'entreprise des années 1970. Cependant, le rapport au politique ne sera pas explicitement théorisé: la poésie en prose se contente de raconter le trajet d'une femme qui va à la rencontre de la désillusion. La véritable relation homme-femme se fait absente et c'est la division entre sexualité et amour qui est questionnée chez les partenaires masculins. Ainsi, dans ce passage:

> Pour tromper l'ennui, j'écris des histoires. Je raconte qu'une femme rencontre des hommes libres sur le champ. Plus tard, désarmés par la naïveté de l'entreprise, ils avouent n'être libres que les mardis et les jeudis, sans exception, après les réunions de famille ou d'affaires. Mon journal prend alors des allures de photo-roman. Évidemment, il manque l'Italie, le noir et blanc et quelques oiseaux qui se cacheraient pour mourir[13].

On le voit: c'est par l'ironie, une ironie allant parfois jusqu'au cynisme, que Louise Desjardins aborde la question de l'hétérosexualité. L'intertextualité est particulièrement intéressante: la référence aux romans-photos et au roman *Les oiseaux se cachent pour mourir,* de Colleen McCullough, roman qui a eu au Québec, on s'en souviendra, un énorme succès, pose l'impossibilité de sortir du champ du conformisme, même dans les amours clandestines: entre les deux sexes, pas de véritable rencontre, pas de véritable échange. Pas de romantisme, puisque la femme voit clair, qu'elle sait. Il ne lui reste qu'à se rendre compte de l'impossibilité de la confiance à l'autre, en toute lucidité. On comprend dès lors que le texte «L'air de sortir d'un mauvais roman» se termine en posant la nécessité de la solitude, une solitude pourtant moins désirée que subie.

Ce sentiment de solitude inscrit dans l'énoncé sera comblé par une complicité active au niveau de l'énonciation. Alors que la théorie cherche à se coller à la fonction référentielle du langage, l'ironie ouvre dans le texte un espace pour l'interprétation, elle demande une participation plus grande de la part de la lectrice, un savoir préalable permettant de décoder l'aspect critique du texte. Ce procédé n'est pas nouveau : on l'avait rencontré chez Louky Bersianik dans *L'Euguélionne* (1976) comme dans *Le Pique-nique sur l'Acropole* (1979). Seulement, il avait été absent de la poésie au féminin des années 1970 et Louise Desjardins nous le rend par le biais d'une narration intime qui ne tente pas de théoriser l'universalité de la condition féminine, mais qui, paradoxalement, la rejoint en mettant en rapport la situation particulière vécue par la narratrice avec les stéréotypes véhiculés dans le roman d'amour.

Écriture rebelle, encore une fois, qui traverse le texte, mais en proposant une approche au deuxième degré, pourrait-on dire, qui remplace d'une certaine façon celle, plus directe, de la dénonciation. Louise Cotnoir en pose également la nécessité dans *Les Rendez-vous par correspondance :*

> L'amour en sa résonnance. Le mot garde la séduction. Faut-il, au nom de certaines alliances sinistres, renoncer au miracle et distendre la connivence ? L'envie de ne pas dire la déception. Et pourtant, de la marquer de quelque ironie. Je suis épuisée *littéralement* [14].

La posture devient évidente : immense fatigue des femmes qui ont continuellement à combattre l'ordre en place, épuisement d'avoir à adopter une attitude guerrière. Désir donc de ne plus parler de ce qui ne va pas, sauf de façon indirecte, par le biais de l'ironie, de croire en l'amour, au « miracle », mais avec un sentiment de vigilance.

Pourtant, en disant qu'elle ne dira pas la déception, Louise Cotnoir ici ne l'affirme que plus efficacement. On est en présence d'un jeu rhétorique efficace par lequel se crée dans le texte un écart entre le dire et le faire, et c'est encore une fois une façon de jeter un regard voilé, d'ouvrir dans le texte un espace pour contester le discours en place tout en ayant l'air de ne pas le contester. Mais dans ces trous du texte prend forme un imaginaire qui tente de donner lieu à un autre univers, un univers féminin qui n'est pas du côté de l'utopie cette fois, mais qui se construit dans un rapport dialectique entre rupture de l'ancien ordre et avènement d'un ordre nouveau. Il y a là quelque chose du passage constant entre ce qu'on refuse et ce qui se tisse dans la magie de la fiction. Ce qu'énonce très bien Louise Cotnoir:

> Et l'envie soudain de déverser sur peau de chagrin tous les mots qui pallient les chairs aimées absentes. Relire toutes les lettres d'AMOUR. Ne pas les ranger, plutôt les poser près du cœur comme au présent. Me comblent de plaisir cette pérennité, cette façon de conserver la fraîcheur même, l'immédiat imaginaire[15].

Cet autre passage des *Rendez-vous par correspondance* illustre bien, à mon avis, ce qu'offre la poésie des années 1980. L'univers mis en place n'est pas régression à une parole d'avant le mouvement des femmes ni dépassement du féminisme. Si la critique a parfois qualifié de postféministe la fiction qui a suivi la période de ce que j'appellerais la rébellion claire, c'est que quelque chose de la textualité a été interprété dans un rapport trop étroit à la littérature des années 1970.

Un travail au noir

Chez les écrivaines, la subversion vient non pas remplacer la rébellion, mais s'y superposer en installant dans la textualité une signification en mouvement qui bouscule en profondeur les idées reçues et pose les balises d'un nouvel imaginaire. Il y a là un travail au noir du texte qui peu à peu gruge les normes établies et propose une redéfinition du rapport à l'autre. On a cité Louise Cotnoir, on peut également parler de Denise Desautels qui nous donne à lire une écriture tissant dans les mots l'intimité d'une voix découpant le réel:

mes lèvres s'écartent
sur une voix de ville
l'abîme malgré mes réticences
la nuit le fil de nos histoires d'amour
tes doigts sur ma bouche
est-ce qu'on meurt différemment
quand on est une femme
la nuit l'attente de la fin
l'huître la nacre grise juste le mot nostalgie
longtemps j'ai censuré la mort en moi
parce qu'elle semblait masculine[16]

On est loin ici d'une écriture manifestaire. Et pourtant dans ce texte, la parole poétique se découpe sur fond de rébellion. C'est une voix qui prend ancrage dans la réflexion féministe des années 1970: elle montre une connaissance des discours articulés en ce qui concerne le lien des femmes à la vie, par le biais de l'enfantement entre autres, alors que les hommes seraient plus près de la mort. Et, dans un deuxième temps, le poème nuance cette affirmation. La relation amoureuse fait voir autrement le rapport à la vie: la présence de l'homme interroge chez elle son propre lien à la mort, tout en posant la question de la différence sexuelle: «est-ce qu'on meurt différemment/ quand on est une femme».

Là où la poésie des années 1970 aurait apporté une réponse, Denise Desautels se contente ici de poser une question qui lui permettra ensuite d'avouer avoir censuré la mort parce qu'elle était liée au masculin. En ce sens, ce recueil de Denise Desautels, comme plusieurs livres de femmes publiés durant les années 1980, a contribué à faire avancer la pensée féministe en la décentrant. Contrairement aux textes des années 1970, la théorie apparaît par petites touches: on a l'impression qu'elle est à peine effleurée. Et pourtant, elle est là, elle travaille, elle accomplit son travail de désarticulation et d'articulation des discours.

Cette attitude, on la retrouvera aussi chez Anne-Marie Alonzo. Dans *Le Livre des ruptures,* où la narratrice vit une passion dévorante sans que rien ne puisse la racheter, le rapport à l'autre femme n'est pas envisagé comme salvateur:

Je hais tout de moi hais tout de toi autour comme folle entreprise
je t'aime n'aime que toi te tuerais de fusil ou machette choisis !
tu as tiré vite comme éclair de lune vite comme vent de fuite et
fort si vite qu'œil se perd tu vises enclenches tires ne prends le
temps de voir tires et fuis [17]

Ce texte, on le voit, ne présente pas la rencontre lesbienne comme le faisait *Amantes* de Nicole Brossard: on s'écarte de l'utopie pour revenir à la réalité de l'amour déçu, à l'incapacité de transcender la douleur par le biais d'une vision féministe. On se retrouve en présence d'êtres de chair et de sang qui font face à l'humanité de la souffrance, à ce qu'il y a de commun aux hommes et aux femmes. Non pas cependant qu'il s'agit de contester la vision de Nicole Brossard, mais de poser, à côté, sa propre vision, sa propre différence.

L'atténuation de la théorie au profit de la narrativité, aussi bien dans la poésie en vers que dans la poésie en prose, aura fait ressortir la multiplicité des postures chez les femmes. C'est dire que le point de vue plus individualiste qu'on a parfois reproché aux années 1980 aura, paradoxalement, permis de renouveler certaines positions collectives apportées plus tôt. Que les Québécoises aient cherché à mettre la théorie un peu à l'écart pour raconter ne signifie pas pourtant que la théorie a été absente. On peut dire que la réflexion théorique s'est poursuivie dans la narration même, qu'il s'est agi d'une façon plus intime d'aborder le champ du féminin, de tenter de redéfinir, dans la subversion, les rapports au féminisme.

L'intime et le collectif

Mais, depuis l'aube des années 1990, on sent la rébellion resurgir dans la poésie, comme si l'intime avait de nouveau besoin de s'appuyer sur le collectif. Cette nouvelle tendance montrait des signes avant-coureurs, entre autres dans le livre *Comme une chienne à la mort* (1987) de Louise Cotnoir, qui pose les rapports délicats du féminin à tout le mortifère inscrit dans la société patriarcale. Mais deux événements marquants au Québec peuvent expliquer cet état de fait. D'une part, l'affaire Chantal Daigle, qui a montré aux femmes que leurs droits en matière d'avortement n'étaient pas acquis, et la tragédie de l'École polytechnique, le 6 décembre 1989. Depuis en effet, le ton de certains poèmes s'est modifié. Ainsi, chez Denise Desautels:

> Le 6 décembre 1989.
>
> Se border les unes les autres.
> Se border les unes les autres.
> Se border les unes les autres.
> Se border les unes les autres.
> Se border les unes les autres.
> Se border les unes les autres.
> Se border les unes les autres.
> Se border les unes les autres.
> Se border les unes les autres[18].

Ce poème, tiré de *Leçons de Venise* (1990), appartient à une suite faite à partir d'une œuvre de l'artiste Michel Goulet intitulée *Faction factice* et représentant des fusils qui supportent des livres. La narratrice cherche à réinscrire son propre regard par rapport à l'imaginaire masculin qui la tient à distance d'elle-même, se percevant hors de l'œuvre, «impuissante à la saisir au fil de [ses] pensées et de [ses] émotions[19]», refusant désormais d'oublier qu'elle est «une femme / sur la ligne de feu[20]».

Poésie plus violente aussi dans le recueil de Louise Warren, intitulé *Notes et Paysages* (1990), où la narratrice fait le procès d'une relation amoureuse:

> Ensuite, ce fut mon tour, la tête sur le billot.
> Tu me coupas les cheveux, me rasas le crâne et
> l'enduisis de boue comme pour un sacrifice.
> *Ce n'est pas une tragédie*
> répétais-tu presque heureux[21].

Dans cette partie du recueil, intitulée «Les souches», la dichotomie homme-femme réapparaît, entière. Il ne s'agit plus d'ironie ici, mais bien de révolte: le ton se fait incisif, on revient au désir de crier, de rendre présente sa voix, comme dans ce passage suivant: «voici ma voix, / voici mon chant, / jamais mon silence, tu m'entends[22].» La femme cherche à se réapproprier sa propre subjectivité, sa propre image et le recueil se ferme sur ces deux vers: «Tu commences / à te ressembler[23].»

Quête de la subjectivité féminine qui est assez proche de celle des années 1970. Phénomène étonnant, peut-être, motivé bien sûr par les récents événements sociaux, mais aussi sans doute par la lucidité de constater que la réalité n'a pas tellement changé, que la parole intime ne suffit pas à refaire à elle seule le champ du féminin, qu'elle doit s'appuyer sur une vision collective, arriver à dialectiser le privé et le politique. Que la subversion n'est efficace que scandée par la rébellion. Ces recueils laissent prévoir que, dans les années 1990, la poésie au féminin sera en continuité avec celle des décennies précédentes, tout en cherchant sa propre tonalité, sa façon d'investir à la fois le ***je*** et le ***nous***.

Notes

1. Madeleine Gagnon, *Antre* dans *Autographie 1, fictions,* Montréal, Éd. VLB, 1982, p. 219.
2. Huguette Gaulin, *Lecture en vélocipède,* Montréal, Éd. du Jour, 1972, p. 14.
3. Madeleine Gagnon, *Pour les femmes et tous les autres* dans *Autographie 1, fictions, op. cit.*, p. 79.
4. Joseph Bonenfant et André Gervais, «Le fantasme de la *BJ*, c'est la théorie, entrevue avec France Théoret», *Voix et Images,* vol. X, n° 2, hiver 1985, p. 89.

5. France Théoret, *Bloody Mary,* Éd. Les Herbes Rouges, n° 45, janvier 1977, p. 8.
6. Nicole Brossard, *L'Amèr ou le Chapitre effrité,* Montréal, Éd. Quinze, 1977, p. 15.
7. Nicole Brossard, *La Lettre aérienne*, Montréal, Éd. du Remue-ménage, 1985, p. 49.
8. Gérald Gaudet, «La séduction du romanesque» dans *Estuaire,* n° 37, automne 1985, p. 7.
9. Nicole Brossard, *Amantes,* Montréal, Éd. Quinze, coll. Réelles, 1980, p. 51.
10. *Ibid.,* p. 38.
11. Madeleine Gagnon, «Amour parallèle» dans *Autographie 1, fictions, op. cit.*, p. 129.
12. Louise Desjardins, *Les Verbes seuls,* Montréal, Éd. du Noroît, 1985, p. 49.
13. *Ibid.,* p. 64.
14. Louise Cotnoir, *Les Rendez-vous par correspondance* suivi de *Les Prénoms,* Montréal, Éd. du Remue-ménage, 1984, p. 15.
15. *Ibid.,* p. 20.
16. Denise Desautels, *Mais la menace est une belle extravagance,* Montréal, Éd. du Noroît, 1989, p. 42.
17. Anne-Marie Alonzo, *Le Livre des ruptures,* Montréal, Éd. de L'Hexagone, 1988, p. 14.
18. Denise Desautels, *Leçons de Venise,* Montréal, Éd. du Noroît, 1990, s. p. (deuxième partie, texte 14).
19. *Ibid.* (deuxième partie, texte 21).
20. *Ibid.* (deuxième partie, texte 18).
21. Louise Warren, *Notes et Paysages,* Montréal, Éd. du Remue-ménage, 1990, p. 51.
22. *Ibid.,* p. 52.
23. *Ibid.,* p. 95.

Bibliographie

ALONZO, Anne-Marie. *Le Livre des ruptures*, Montréal, Éd. de l'Hexagone, 1988.

BONENFANT, Joseph et André GERVAIS. «Le fantasme de la *BJ*, c'est la théorie, entrevue avec France Théoret», *Voix et Images*, vol. X, n° 2, hiver 1985.

BROSSARD, Nicole. *Amantes*, Montréal, Éd. Quinze, 1977.

————. *L'Amèr ou le Chapitre effrité*, Montréal, Éd. Quinze, 1977.

COTNOIR, Louise. *Les Rendez-vous par correspondance* suivi de *Les Prénoms*, Montréal, Éd. du Remue-ménage, 1984.

DESAUTELS, Denise. *Leçons de Venise*, Montréal, Éd. du Noroît, 1990.

————. *Mais la menace est une belle extravagance*, Montréal, Éd. du Noroît, 1989.

DESJARDINS, Louise. *Les Verbes seuls*, Montréal, Éd. du Noroît, 1985.

GAGNON, Madeleine. *Autographie I, fictions*, Montréal, Éd. VLB, 1982.

GAULIN, Huguette. *Lecture en vélocipède*, Montréal, Éd. du Jour, 1972 (Montréal, Éd. Les Herbes Rouges, 1983, rééd.).

GAUDET, Gérald. «La séduction du romanesque», *Estuaire*, n° 37, automne 1985.

THÉORET, France. *Bloody Mary*, Éd. Les Herbes Rouges, n° 45, 1977.

WARREN, Louise. *Notes et paysages*, Montréal, Éd. du Remue-ménage, 1990.

MARGUERITE ANDERSEN

LA DOUCEUR N'EST PAS ENCORE DE MISE

Les femmes parlent-elles encore révolution dans cette dernière décennie du XXe siècle ? Leur discours revendicateur se fait-il encore entendre ? Et, si oui, possède-t-il encore l'exaltation, la passion et l'indignation, la colère qui le caractérisaient il y a vingt-cinq ans ? Ou bien les femmes se sont-elles adoucies, calmées ? Sont-elles satisfaites des gains obtenus et par conséquent plus patientes ? Ou bien seraient-elles lasses de continuer à tenir un discours qui fait les mêmes demandes depuis tant de temps ? Je me suis posé ces questions au moment de préparer la première version du texte ci-dessous pour la présenter au congrès 1989 de l'APFUCC (Association des professeurs de français des universités et collèges canadiens). En mai 1989, je pouvais en toute quiétude me laisser aller à ce rêve d'un féminisme doux et réconciliant. Depuis, il y a eu le massacre de Montréal, le 6 décembre de la même année. La réponse à la série de mes questions ne peut plus être positive. La tuerie misogyne a forcé les Canadiennes à recommencer la lutte. Et c'est ça, au fond, l'histoire du féminisme : une lutte que l'on voudrait croire finie mais qui malheureusement est toujours à recommencer, au Canada comme ailleurs.

Christine de Pisan, nous le savons, prend déjà au Moyen Âge la défense des femmes contre le patriarcat et revendique pour elles le droit à l'éducation et au travail. Mais la lutte contre le droit à la propriété et contre les activités professionnelles féminines devait se poursuivre. Et vers le milieu du XVIIe siècle, les hommes pouvaient se dire que les femmes étaient définitivement rentrées au foyer, garées, enfermées et dépossédées pour de bon. Ayant acquis le monopole du pouvoir et aussi du savoir, ils allaient tout faire pour le garder.

Dans le domaine de l'éducation, cet outil de libération par excellence, la femme se trouve longtemps, à quelques exceptions près, exclue d'une formation sérieuse. Ce n'est qu'en 1937 que les programmes du secondaire deviennent, en France, les mêmes pour les filles et les garçons. En ce qui concerne le Canada, le *Rapport de la Commission royale d'enquête sur le statut de la femme* (1970) révèle clairement que les Canadiennes ont eu, elles aussi, du mal à se faire admettre aux études, surtout aux études supérieures.

Certes, les femmes ont pris la parole pour se défendre. Louise Labé (1555), Marguerite de Navarre (1559), Lucrezia Marinelli (1601), Marie de Gournay (1622) et Anne Marie von Schurman (1641) publient des traités, revendiquant l'égalité et l'accès aux études. Au Canada, nous pourrions nommer Henrietta Muir Edwards (1848-1933), Marie Gérin-Lajoie (1867-1945) et Thérèse Casgrain (1896-1981), Idola Saint-Jean (1880-1945). Mais avant le XXe siècle, les femmes, même si elles expriment les opinions de beaucoup de leurs sœurs, ne réussissent pas vraiment à se faire entendre et à changer les choses. Ce n'est que vers la fin de la seconde moitié du XXe siècle que des améliorations concrètes se font.

Et beaucoup reste à faire. La critique littéraire peut ici servir d'exemple. Une étude faite par la *Writers' Union of Canada* révèle en 1989 que les livres des écrivaines canadiennes sont bien moins souvent recensés dans les revues et journaux que ceux de leurs collègues masculins, ce qui veut dire aussi que les textes de femmes se vendent moins bien, sont moins souvent mis sur les rayons des bibliothèques publiques et universitaires, figurent rarement au programme des institutions scolaires, sont rarement inclus dans les anthologies. Margaret Atwood parle de cette discrimination dans «On Being a Woman Writer», article de 1976 inclus dans *Second*

Words, publié en 1982[1]. Louky Bersianik fait le procès de la critique et du critique dans «Ce bon vieux Pythagore», dernier chapitre de *La Main tranchante du symbole*[2]. Selon elle, le critique a tendance à laisser monter de son subconscient les images stéréotypées du féminin et du féminisme qui le poussent à vouloir river son clou à la femme qui ose écrire. Devant les statistiques de la *Writers' Union* et ces témoignages, je dirais que les hommes se sont créé une belle chasse gardée qui, malgré quelques brèches par-ci, par-là, continue de s'étendre sur un grand nombre de domaines.

Toujours de nouveau, les femmes se rebellent, réclament le droit à l'éducation, à la propriété, à la participation politique, au travail. Et à partir de 1848, elles ajoutent à leur liste le droit de vote. Il leur faudra un siècle pour l'obtenir.

Tout comme l'éducation, le travail constitue une porte sur la vie pour celles qui désirent s'émanciper ou tout simplement gagner leur pain. Or, les hommes le rationnent pour les femmes, le catégorisent selon leurs besoins. Au moment de l'invention de la machine à écrire, au XIXe siècle, on décrète que la femme serait incapable de s'en servir. Nous connaissons la suite. Mais d'après les hommes de l'époque, il fallait protéger les femmes de tout ce qui aurait pu les offusquer dans leur sensibilité et leur faiblesse, de tout ce qui aurait pu les fatiguer. Que dire alors de cette circulaire des Raffineries du Nord qui, en 1860, annonce que «ce sont les femmes qui seront employées à décharger les betteraves la nuit dans les raffineries parce qu'elles sont plus habiles et plus souples que les hommes et parce qu'elles résistent mieux à la boue et au froid[3]»?

Il a fallu des siècles de lutte et de discours rebelle avant que les petites filles ne commencent à recevoir la même instruction que les petits garçons et nous nous battons encore aujourd'hui pour des questions d'emploi et d'équité salariale. Quant aux autres droits, rappelons-nous que c'est en 1907 que les Françaises acquièrent celui de disposer de leur salaire. Jusqu'en 1920, il leur faut la permission du mari pour adhérer à un syndicat. À partir de 1938, les femmes mariées sont considérées comme majeures et, finalement, en 1944, quatre ans après les Québécoises, elles obtiennent le droit de vote. Mais c'est seulement en 1965 qu'on les dispense de l'autorisation maritale pour ouvrir un compte en banque et pour occuper un emploi. C'est seulement en 1971 que le droit paternel, à l'intérieur de la famille, devient un droit parental. Et rappelons-nous aussi que c'est à force de luttes que les femmes obtiennent ces droits, accordés au compte-gouttes et de mauvais gré.

Le discours féministe est répétitif. Et dangereux. On disait des idées d'Olympe de Gouges, audacieuse Girondine à qui on coupa la tête, qu'elles n'étaient qu'un bizarre mélange de folie et de raison. Ne nous en étonnons point ! Il y a en effet de quoi perdre la raison de désespoir et de rage devant la résistance des hommes à des demandes tout à fait légitimes. Devant ce genre d'injustices, Claire Démar se suicide en 1833 après avoir proclamé sa «Loi d'avenir» qui demandait l'abolition du mariage et la liberté sexuelle. À la même époque et avant Karl Marx, Flora Tristan analyse l'oppression de l'ouvrier et appelle la femme «la prolétaire du prolétaire». On la qualifie d'exaltée, de folle. Exténuée par son travail, elle meurt en 1848. Camille Claudel, femme de génie et rebelle, meurt en 1943, après avoir passé trente ans dans un asile d'aliénés mentaux. Madeleine Pelletier, féministe, pacifiste et socialiste, qui devient en 1903 la première femme psychiatre française, revendique l'avortement libre, sera accusée d'avoir pratiqué des interruptions de grossesse et déclarée folle. Elle meurt à l'asile, tout comme Camille Claudel.

Le discours rebelle s'avère difficile. Il est exaltant, oui, follement nécessaire, oui, mais fatigant aussi, ne serait-ce que par son caractère forcément répétitif et ses succès tellement lents à venir. Madeleine Gagnon précise cet état quand elle dit en 1979: «J'ai perdu la raison et je ne suis pas folle[4].» Sans aucun doute c'est pour cette raison que le féminisme connaît des vagues, des périodes creuses et des périodes de haute énergie. Personne ne peut lutter sans cesse, le repos de la guerrière est indispensable. Et soulignons que tout ce vocabulaire militaire ou pugilistique – lutte, guerre – s'applique mal aux féministes qui, pour la plupart du moins, appuient la cause pacifiste. Pour les femmes, il ne s'agit point d'une guerre entre les sexes, il s'agit d'injustices à réparer.

Ces injustices et les revendications qui s'ensuivent sont, nous l'avons vu, permanentes. Sans limites dans le temps, elles sont également sans limites dans l'espace. Qui sait ce qu'Ève a bien pu dire à Adam, au paradis ou bien après leur départ du jardin aux fleurs et aux fruits[5] ? L'étude de la littérature mondiale nous donne la preuve de l'immensité de l'injustice vis-à-vis des femmes et du féminisme qui n'en est que la conséquence logique. Éditée par Marian Arkin et Barbara Shollar, la *Longman Anthology of World Literature by Women (1875-1975)*[6] constitue un outil de base excellent pour ce genre d'études; elle nous fait connaître des œuvres de trois cents femmes de cinquante pays. Les textes de ces femmes sont tous imprégnés du désir d'un monde plus juste où les femmes, comme les hommes, auraient accès aux études et aux emplois, posséderaient leur autonomie, partageraient les responsabilités politiques, parentales et ménagères. Cette anthologie est un vrai monument à la gloire du génie créateur et en même temps rebelle de la femme, génie que la critique a longtemps préféré ignorer et qu'elle ignore encore autant que possible.

En feuilletant d'autres anthologies littéraires, on se rend compte que les éditeurs sont le plus souvent des hommes et que leurs choix tendent à laisser de côté ce que les femmes écrivent. Évidemment, il est difficile d'omettre Mme de Staël et George Sand, quand il s'agit du XIXe siècle, mais André Lagarde et Laurent Michard s'arrangent, en 1962, pour faire remarquer que la première «manque d'art» et que, «ce qui est plus grave, ses vues critiques ne résistent guère à un examen approfondi [7]». Quant à George Sand, disent-ils, elle n'évite pas toujours les platitudes et exprime certaines revendications féministes de façon «un peu déclamatoire[8]». Aurait-elle été trop exaltée? Folle, elle aussi? Le volume consacré au XXe siècle accorde un court paragraphe à la «poésie féminine» qui devra, d'après les auteurs, attendre l'influence valéryenne, pour retrouver, avec l'œuvre de Catherine Pozzi, quelque chose de plus viril que l'effusion directe et l'épanchement personnel. Le volume, qui date également de 1962, consacre huit pages à Colette sans dire du mal d'elle, deux pages et demie assez critiques à Simone de Beauvoir et quelques lignes à

Nathalie Sarraute. C'est tout, pour les femmes, de 1900 à 1960, dans cette anthologie. Sous la pression féministe, certaines anthologies plus récentes tiennent davantage compte du fait féminin. Ainsi, *La Littérature en France depuis 1945*[9] consacre quatre pages et demie à Simone de Beauvoir, quatre à Simone Weil, trois à Marguerite Duras, sept à Nathalie Sarraute, trois aux Québécoises Gabrielle Roy, Anne Hébert et Marie-Claire Blais, en tout 21 pages et demie sur 910 pages. Dans *La Littérature en France depuis 1968*[10], Bruno Vercier et Jacques Lecarme accordent neuf pages à Marguerite Yourcenar, deux à Nathalie Sarraute, une à Julia Kristeva et huit à Marguerite Duras, groupant Annie Leclerc, Annie Ernaux, Marie Cardinal, Chantal Chawaf, Monique Wittig et Sande Zeig, Jeanne Hyvrard et Hélène Cixous dans un chapitre intitulé «Écritures féminines», de quatorze pages, donc au total 34 pages d'un livre qui en a 314. *La Littérature et les Idées*, ouvrage publié chez Fernand Nathan, en 1976, dans la série Littérature et langage, accorde trois pages à Simone de Beauvoir, seule femme à figurer dans le livre[11].

Or, au début du siècle déjà, 1219 femmes sont membres de la Société des gens de lettres, 32 appartiennent à la Société des auteurs dramatiques[12]. Dans *Feminist Novelists of the Belle Époque*, Jennifer Waelti-Walters analyse les œuvres de vingt-cinq romancières qui contestent, selon elle, les idées que la France se fait, à cette époque, de l'amour et du mariage et présente des femmes qui s'acheminent vers une plus grande autonomie. Mais J. Waelti-Walters termine le premier chapitre de son ouvrage en disant qu'après 1918 «la lourde machine des critiques, des éditeurs et des histoires de la littérature fit taire, peu à peu, toutes les écrivaines intéressantes, à l'exception de Colette[13]». Selon l'auteure, Colette a pu survivre parce que, en créant toujours de nouveau des versions de la femme victime, elle satisfaisait les hommes. Ainsi elle laissait de côté les nouvelles femmes émancipées, sauf dans le cas de Renée Néré, de *La Vagabonde*.

En 1972, j'ai passé un congé sabbatique à lire, à la Bibliothèque nationale, à Paris, des écrivaines de la première moitié du siècle, à chercher chez les bouquinistes des livres de femmes. C'est avec plaisir que j'ai alors découvert des auteures aussi intéressantes que Thyde Monnier, son roman *La Rue courte* (1937) et son cycle romanesque *Les Desmichels* (1937-1947); Louise Weiss (1893-1983), pacifiste, suffragette, journaliste, cinéaste, fondatrice de la Femme nouvelle, association pour l'égalité des droits civiques entre Français et Françaises et ses *Mémoires d'une Européenne.* Louise Weiss termine sa carrière comme doyenne du Parlement européen, Thyde Monnier exalte la vie rurale en Provence. Les deux auteures se distinguent des auteures de la Belle Époque (1898-1918) par une tendance à accorder moins d'importance à l'émotion purement personnelle de la femme, déchirée entre son désir d'émancipation et la nécessité d'être une femme comme il faut – une question qui préoccupait Gyp, Gabrielle Reval, Marcelle Tinayre et tant d'autres. T. Monnier et L.Weiss, tout en valorisant l'émotion personnelle, aspirent à créer des œuvres bien plus universelles.

En 1933, *Claude*, roman de Geneviève Fauconnier, obtient le prix Femina, l'emportant sur *La Condition humaine* d'André Malraux. *Claude* est une œuvre significative. Le roman conte l'histoire d'une femme qui, obligée de renoncer à ses illusions au contact avec le réel, se marie. Après trois mois de mariage, c'est la guerre mondiale. Pendant quatre ans, Claude s'occupera seule d'une propriété agricole. Par la suite, elle aura plusieurs enfants. C'est une histoire qui pourrait paraître tout à fait ordinaire; mais ce qui distingue Claude, la narratrice, de toutes les autres femmes vivant de telles situations, c'est son irrépressible désir d'écrire. Et elle écrit. Dans un «Agenda», un «Cahier bleu», sur un «Bloc-Notes», dans l'«Autre Cahier bleu», ce qui donne une structure toute particulière au livre et fait penser au *Carnet d'or*, de Doris Lessing (1962). Dans *Claude*, des réflexions, des listes de ce qu'il y a à faire, des descriptions de paysages constituent la toile de fond contre laquelle G. Fauconnier développe le personnage de sa narratrice. Celle-ci tient-elle un discours rebelle? Voici ce qu'elle dit de sa vie de femme:

> Qu'ai-je fait? – qu'ai-je bien pu faire toutes ces années de ma vie? Toile d'araignée sans cesse tissée, détruite, retissée...
>
> J'ai perdu ma vie en route – comme on perd son mouchoir ou un porte-monnaie. Je ne sais plus ce qu'elle est devenue – ni ce que j'aurais désiré qu'elle fût. Je ne peux comparer ce qu'elle est à ce que je l'aurais voulue... J'ai perdu le souvenir – et ne possède pas le présent.
>
> À quel moment me suis-je endormie?... Mes premières années n'ont été que rêves éveillés – et les autres, sommeil sans rêve... Dans les contes, la belle s'éveille au baiser du prince[14].

C'est un discours mélancolique. Mais ce n'est pas une faible femme qui s'y laisse aller. Bien avant les leçons de Simone de Beauvoir, Claude accepte toute la responsabilité de ce qu'elle est devenue. Elle sait avant Jean-Paul Sartre que l'on se fait. À plusieurs reprises, elle parle de son rôle comme «volontairement choisi[15]». Aucune mise en accusation de l'homme, simplement la constatation que le Prince charmant des contes de fées n'est pas au rendez-vous.

Grâce à une grande intimité avec la nature – notons que Claude marche seule à travers la campagne, le jour comme la nuit –, elle connaît des moments plus sereins. Mais souvent la réalité anéantit de façon tranchante la possibilité d'un contentement plus permanent:

> Me suis arrêtée pour regarder nos toits au ras des pampres et des topinambours. Dernier coup d'archet des grillons. Tranquille, tranquille ce petit coin du monde sous les nuages tendus où monte la fumée droite.
>
> Sel. Commander 50 livres de sel[16].

Le passage est suivi de quelques lignes laissées vides qui disent combien il est difficile d'écrire quand il faut penser au sel pour les cornichons à faire mariner. Au travail de la cuisine s'ajoute celui de la poussière, fléau de toute ménagère consciencieuse. «Tous les jours cette poussière. – Et comment tant de poussière peut-elle tomber silencieusement chaque jour[17]...» Mais, malgré les cornichons, malgré la poussière et tout le reste, il faut «tâcher d'y voir clair[18]».

Lorsque Marc, «le grand homme de lettres[19]» «qui sera bientôt de l'Académie française[20]», arrive de Paris, Claude est en train de rincer les couches de son dernier-né. Voilà deux destinées bien définies et bien distinctes !

Claude aime-t-elle ses enfants ? Oui et non :

> J'ai cru remarquer que les enfants ont plutôt les tendances du père que de la mère. Serait-ce que la nature rétablit la balance en faveur de celui qui a le moins de part dans la première formation du rejeton ?... Ainsi se perpétuerait, avec le nom et malgré l'apport répété d'autres éléments, le caractère d'une famille ?...
>
> J'avais pensé revivre mon enfance par ces petits. C'est autre chose. Ils n'ont pas les mêmes goûts ni les mêmes répulsions que moi[21].

La distance est grande entre la mère et ses enfants. Remarquons aussi que «rejeter» veut dire laisser échapper de son corps, expulser, exclure, que «rejeton» existe seulement au masculin. Les fils de Claude seraient-ils pour elle des étrangers, comme cela a été dit d'Oreste et de sa mère ? Le fait qu'ils ressemblent davantage au père, qu'ils ont ses tendances, qui ne sont pas celles de Claude, en dit long sur les différences entre celle-ci et son mari. Nous sommes ici très loin de la glorification de la maternité.

Et le féminisme, dans tout cela ? La narratrice observe à un moment des femmes plus jeunes, puis remarque :

> [...] ces femmes, ces filles hardies, me semblaient la parodie impure du rêve de ma jeunesse. Elles ne se doutent pas que c'est notre génération effacée qui leur a conquis l'affranchissement. Nous avons été les vraies rebelles. Honnies parce que nous n'étions que quelques-unes pour lever toute la pâte. Celles-ci, avec leur hardiesse en série, tranquillement carrées dans l'impudence incontestée, ont un esprit de troupeau aussi moutonnier

> dans la présomption que nos devancières l'avaient dans la docilité[22].

Cette calme évaluation de trois générations de femmes, faite par une romancière ayant la quarantaine, est d'une perspicacité remarquable, comme le roman tout entier, totalement oublié, que le jury féminin du prix Femina avait préféré au roman tellement masculin d'André Malraux. C'est un roman que l'on qualifierait aujourd'hui, de par sa structure, de roman postmoderne et, de par ses thèmes, de roman féministe.

En quoi les contemporaines de Claude avaient-elles été «les vraies rebelles»? La narratrice reproche aux filles de la jeune génération leur manque de sérieux, leur impudence qui lui semble un gaspillage de temps et d'énergie. Qui étaient-elles, ces jeunes impudentes? Parmi elles, ne pouvons-nous pas imaginer la jeune Simone de Beauvoir qui avait vingt-cinq ans en 1933 et tâchait de s'affranchir de son passé de jeune fille rangée?

À vingt-cinq ans et malgré de brillantes études, la future auteure du *Deuxième Sexe* ne savait pas encore ce qu'elle voulait devenir. Elle songeait à écrire, mais ce n'est que dix ans plus tard qu'elle publie finalement son premier livre, *L'Invitée*, chez Gallimard.

C'est certainement Simone de Beauvoir qui a le plus contribué à la parole rebelle des femmes du XXe siècle. C'est elle qui, en 1949, dans *Le Deuxième Sexe*, nous dit qu'«on ne naît pas femme, on le devient», c'est elle qui explique dans le même essai notre arrivée tardive dans les arts et les lettres: «Pour faire de grandes choses, ce qui manque essentiellement à la femme d'aujourd'hui, c'est l'oubli de soi: mais pour s'oublier il faut d'abord solidement s'assurer qu'on s'est d'ores et déjà trouvé[23].» Certes, les féministes de la fin du XXe siècle montreront du doigt ce participe passé au masculin et sont en général assez sévères vis-à-vis de celle qui se laissa dominer par Jean-Paul Sartre, se moqua des lesbiennes et manqua jusqu'en 1970, comme tant d'autres d'ailleurs, de féminisme rigoureux. Elle reste, nous dit Deirdre Bair dans sa biographie de Simone de Beauvoir, malgré tout, *«the mother of us all*[24] ».

Dans «Éloge de la mémoire des femmes», France Théoret déclare:

> Je suis passionnée par la rationalité de Simone de Beauvoir. De toute évidence, sa rationalité aurait dû me contrarier plutôt que m'attirer, car cette rationalité m'éloigne d'elle. Elle écrit: «La contingence m'effraie; en peuplant l'avenir d'attentes, d'appels, d'exigences, je prête au présent une nécessité.» On le voit, ce qui structure une pensée, une existence n'est jamais une donnée définitive dans la somme des décisions quotidiennes. Par ailleurs, la réalité peut être considérée comme une somme de hasards si la raison n'intervient pas. La rationalité de Simone de Beauvoir est bouleversante[25].

C'est chez Simone de Beauvoir que Théoret découvre qu'«avoir une conscience féministe, c'est avoir conscience de la réalité», c'est inclure dans toute dynamique le rapport social[26].

Le discours féministe de la seconde moitié du siècle reprend les revendications de nos aïeules. Plus militant au début de cette période, il semble s'adoucir durant les années 80. Dans un article intitulé «Littérature québécoise: vers une esthétique de la non-violence», Pierre Nepveu retrace le chemin parcouru par la littérature québécoise depuis le début des années 60. Ce chemin ressemble à celui du féminisme de l'époque.

Rebelles contre les limitations que la société impose aux femmes, nos écrivaines sont, comme certains de leurs collègues masculins, sensibles également aux barrières que le goût et l'usage ont érigées dans le domaine de la littérature. Dans *Un Livre* (1970), Nicole Brossard s'interroge sur la nécessité de donner à un livre plus de 100 pages et de remplir chaque page d'un bout à l'autre. *Un Livre* a 98 pages parmi lesquelles il y en a qui sont plus ou moins blanches. Madeleine Gagnon, elle, écrit dans *Lueur*: «Poème, essai, roman? Elle [la scripteure] n'en avait cure[27]...» Selon P. Nepveu, le chemin de la littérature québécoise va de l'agression, de la transgression et de la subversion par la fragmentation vers «une esthétique douce[28]».

P. Nepveu rappelle d'abord les paroles de Hannah Arendt sur la violence politique:

> Tout un courant de la pensée moderne faisant l'apologie de la violence politique se fonde sur cette métaphore: quelque part, la violence est affirmation inconditionnelle de la vie, une victoire du mouvement sur le repos et l'inertie, de la nature impétueuse sur les artifices louches et les raisons pétrifiées. Contre l'hypocrisie des surfaces, la violence s'éprouve tout à coup comme une exubérance qui démasque, purifie, ranime[29].

Il constate qu au Québec, «vers 1975, il y a eu une violence de la nouvelle parole au féminin: violence militante, discours de dénonciation, réactivation symbolique de figures qui menacent et agressent[30]». Nous pensons à *L'Amèr* (1977) et à *Amantes* (1980) de Nicole Brossard, à *L'Euguélionne* (1976) et au *Pique-nique sur l'Acropole* (1979) de Louky Bersianik, au *Triptyque lesbien* (1980) de Jovette Marchessault et à Denise Boucher dont la pièce *Les fées ont soif* déclenche en 1978 un tollé général[31].

Il s'agit alors d'une écriture essentiellement subversive. Dans *Féminité, subversion, écriture*, Suzanne Lamy parle en 1983 de «subversion en rose» qui serait en même temps une subversion sourde[32]. Elle affirme que Yolande Villemaire fait dans *La Vie en prose* (1980) «un véritable travail de sape[33]». Forte de l'exemple des écrivaines québécoises, Lamy constate qu'il n'y a «rien qui soit plus sujet à l'épidémie que la subversion» et voit clairement que «l'idée de faire voler en éclats la froideur du discours critique [...] le goût d'ébranler ce qui semble figé» font dans les années 70 et au début des années 80 une brèche considérable dans les remparts de l'institution littéraire[34].

Dans le même livre, Louise Forsyth étudie sept numéros spéciaux de la revue québécoise *La Nouvelle Barre du jour* et voit les femmes qui ont collaboré à la préparation de ces numéros comme refusant «de se définir par rapport aux structures forgées par ceux qui monopolisent le pouvoir[35]». Elle conclut:

> Il y a dans tous les textes de ces numéros spéciaux au féminin un parallèle entre le travail de subversion sur les formes du langage, sur les conventions littéraires et la subversion qu'on pratique contre les codes de la société... L'efficacité du geste posé par toutes ces auteures est assurée par le fait que ce travail de subversion est collectif[36].

Qui dit subversion, dit transgression. Et d'après la formule de Louky Bersianik dans *L'Euguélionne*, «transgresser, c'est progresser[37]». Se servant du procédé de la parodie carnavalesque, L. Bersianik fait ici une relecture de la Bible pour analyser, comme le constate Evelyne Voldeng dans *Féminité, subversion, écriture*, «et dénoncer les discours dominants qui conditionnent les principaux réseaux symboliques de notre langue à savoir le christianisme et la psychanalyse[38]».

Avec une verve toute particulière, Louky Bersianik renverse, inverse, désacralise, dénude et commente avec humour ce qui se dit et se fait dans les saintes Écritures qui deviennent chez elle de Saintes Scribouillures, ainsi que dans les textes de saint Siegfried et saint Jacques Linquant. Elle ne se contente point de pratiquer des brèches dans l'idéologie patriarcale. Philosophe, elle propose une idéologie nouvelle. Sa protagoniste, porteuse de bonnes nouvelles, nous éclaire quand elle dit: «Il faut transgresser les maximes, les proverbes, les mots d'auteur, les évangiles, les mentalités, les souffles de salon, les modes, les conventions, les conformismes même révolutionnaires, les phrases lapidaires, qui sont des intimidations pures et simples[39].»

Dans *Le Pique-nique sur l'Acropole*, L. Bersianik convie les femmes de ce monde à un pique-nique modeste – sandwiches et jus de fruits – ,vu que les femmes sont dans l'impossibilité budgétaire de s'offrir un banquet[40]. C'est un pique-nique où elles discuteront des grandes injustices qu'on leur impose, des violences dont elles sont victimes et des forces qu'elles possèdent pour transformer la planète et de leur propre sexualité qui ne doit plus être soumise aux besoins des hommes.

Nicole Brossard, chef de file de la littérature québécoise au féminin, affirme que «toute écriture de fiction est une stratégie pour affronter le réel, pour transformer la réalité, pour en inventer une autre[41]». Transformer la réalité, c'est transformer le temps et l'espace, la réalité et son histoire. Les textes de Brossard ont en propre ce que Northrop Frye, dans *Anatomie de la critique*, disait de l'œuvre d'art: «L'œuvre d'imagination nous offre [...] la vision d'une nouvelle création de l'homme[42]». Pour inclure la femme en tant que créatrice, il faut seulement remplacer «homme» par «humanité», et le tour est joué. Chez Nicole Brossard, l'espace ainsi que le temps et son histoire, celle qui oubliait les femmes, est effectivement «éclaté[43]».

De fait, le féminisme affecte maintenant tous les domaines: beaux-arts, lettres, psychanalyse, linguistique, sociologie, sciences, médecine, politique, etc. Et à partir de 1968, on assiste à une prolifération de romans, d'essais, de films et de pièces de théâtre féministes.

En France, Françoise Parturier publie en 1968 une *Lettre ouverte aux hommes*, suivie de près par *Les Guérillères* (1969) de Monique Wittig. En 1974, *Parole de femme*, d'Annie Leclerc, devient un best-seller. La même année voit la publication d'un numéro spécial des *Temps modernes*, «Les femmes s'entêtent», avec une préface de Simone de Beauvoir devenue féministe, la fondation de la Ligue du droit des femmes par Annie de Pisan et Anne Tristan, sous la présidence de Simone de Beauvoir. Il y a également la publication du livre de Julia Kristeva, *Des Chinoises*, de celui de Luce Irigaray, *Spéculum de l'autre femme*. Une année plus tard, Benoîte Groult fait paraître *Ainsi soit-elle*, Pierre Samuel révèle l'histoire des *Amazones, guerrières et gaillardes*, Hélène Cixous entre en scène avec *Le Rire de la Méduse*. Par la suite, H. Cixous va avec *Portrait de Dora* (1976) discuter les théories et les pratiques de S. Freud, Irigaray parlera de *Ce Sexe qui n'en est pas un* (1977). Jacqueline Feldman s'attaquera au sexisme du *Petit Larousse* dans

La Sexualité du Petit Larousse ou le Jeu du dictionnaire (1980), Marina Yaguello publiera son étude sur *Les Mots et les Femmes* (1978), Michelle Coquillat analyse *La Poétique du mâle* (1982). Suzanne Horer et Jeanne Socquet révèlent que la misogynie a mené à *La Création étouffée* (1973). Marguerite Duras, Catherine Clément et Claudine Herrmann déconstruisent le discours patriarcal de Platon jusqu'à Sigmund Freud, en passant par Karl Marx et l'opéra. C'est la marée haute du discours rebelle des femmes de la deuxième moitié du XXe siècle qui est, en vérité, le siècle des femmes. Le très beau et très complet livre de Florence Montreynaud, *Le XXe Siècle des femmes*, publié en 1989 chez Nathan, en est un témoignage merveilleux et des plus informatifs.

Ce discours rebelle féminin de notre temps n'est pas resté sans résultats. Les femmes jouent un rôle de plus en plus important sur le marché du travail, elles sont politiciennes, ingénieures, médecins, etc. Ces changements se traduisent même sur le plan linguistique: l'Office de la langue française du Québec publie en 1986 une étude sur les *Titres et fonctions au féminin* et recommande l'usage de mots comme accordeuse, adjudante, agente, agricultrice, aiguilleuse, amatrice, amirale, annonceure, arpenteuse, assureuse, auteure, et ainsi de suite[44]. Lentement, les femmes se rendent plus visibles dans la langue.

D'autres redressements se font attendre. Nous n'avons pas encore l'équité salariale et la violence faite aux femmes, pour ne nommer que deux problèmes, continue et même s'intensifie.

Vers la fin des années 80, le féminisme semblait avoir atteint le creux de la vague. Les médias le renvoyaient à la dernière page, les critiques littéraires ignoraient l'écriture au féminin, en France comme au Québec. Le féminisme avait cessé de faire sensation. Certains de ses objectifs ayant été atteints, beaucoup de femmes, surtout parmi les jeunes, auraient voulu croire que tout allait pour le mieux dans le meilleur des mondes. Mais le féminisme ne se nie pas si facilement. Ève Lamont écrit dans «Jeunes femmes et contre-culture au Québec» que «les jeunes d'aujourd'hui ne brandissent plus de pancartes, mais sont toutes et tous imprégné-e-s de l'héritage féministe. Ainsi beaucoup de jeunes femmes se déclarent pas féministes... mais agissent dans cette optique. Parmi ces jeunes, une petite minorité conteste le système patriarco-capitaliste[45] ». En France, rapporte Joëlle Meerstx dans « Commande à distance », les jeunes lycéennes affirment « un désir d'autonomie », disent « refuser la division traditionnelle des tâches et reconnaissent la subsistance de certaines pratiques inégalitaires[46] ». Mais lors d'une discussion avec des groupes d'élèves, Meerstx se voit attribuer « l'image d'un être sénile, enfonçant des portes ouvertes, attachée à décrire une situation antédiluvienne, celle de l'inégalité des sexes, dépassée et par conséquent d'aucun intérêt[47] ».

Dans *Pour en finir avec le patriarcat*, Armande Saint-Jean voit comme les principales difficultés à affronter « les représailles violentes ; la menace d'épuisement ; les tentatives de récupération ; le dogmatisme ; la perte de mémoire, l'antiféminisme[48] ». En effet, l'antiféminisme se manifeste au Canada : batailles entre partisanes du Pro-choix et du Laissez-les vivre qui, après certaines victoires du côté féministe, comme les acquittements du Dr Henry Morgentaler et les victoires de Chantal Daigle, ont failli aboutir à une nouvelle législation sur les interruptions de grossesse. Le CCA (Comité canadien d'action sur le statut de la femme), fondé en 1975, se voit assez souvent accusé de dogmatisme par des féministes plus jeunes, comme cela arrive aussi à l'ICREF (Institut canadien de recherche sur les femmes), fondé en 1975 également. Le gouvernement coupe en 1989 ses subventions aux publications de recherche féministe *Healthsharing*, *Les Cahiers de la femme* et *Documentation pour la recherche féministe*, toutes trois établies depuis longtemps, vingt ans dans le cas de *RFR/DRF*, et de réputation internationale ; il coupe également les subventions des centres de femmes. Ce n'est qu'après des sit-in, des manifestations et de nombreuses pétitions que le gouvernement revient sur sa décision concernant les centres d'accueil pour femmes battues et leur financement.

Il ne fait pas de doute que la violence faite aux femmes connaît aujourd'hui une recrudescence sans pareille. En 1989, 119 femmes sont mortes de violence conjugale au Canada. À Montréal, le 6 décembre 1989, 14 femmes sont mortes, tuées par un misogyne. Au cours de sa vie, une Canadienne sur quatre fera l'expérience de la violence masculine.

Que veulent aujourd'hui les féministes canadiennes? Elles demandent le respect pour les œuvres de femmes et il arrive qu'on les écoute. En 1989, Patricia Smart obtient le prix du Gouverneur général pour son essai sur les écrivaines québécoises, *Écrire dans la maison du père*[49]. Du côté anglophone, Erin Mouré, poète lesbienne, obtient le même prix pour son œuvre poétique.

Mais généralement parlant, le féminisme est sans repos, la violence ne fait que le rappeler. En France, Annie de Pisan, de son vrai nom Annie Sugier, une ingénieure qui travaille pour le Commissariat à l'énergie atomique, édite en 1984 le livre *Les Mutilations du sexe des femmes aujourd'hui en France*[50], et publie en 1986, avec Anne Tristan alias Anne Zelensky, professeure d'espagnol dans un lycée parisien, *Violence, mon amour*[51]. La même année, A. Tristan publie une recherche sur *Le Harcèlement sexuel sur le lieu du travail*[52]. Ce sont deux féministes de ce qu'on appelle la vieille garde: elles publièrent en 1977 les *Histoires du MLF*[53]. Si certains veulent aujourd'hui laisser entendre que le féminisme est dans le creux de la vague, nous pouvons affirmer que nous ne nous y abandonnons pas inertes, sans énergie. Si nos voix, par moments, s'adoucissent, nous ne perdons pas la mémoire des injustices. Le titre en oxymoron, *Violence, mon amour*, est significatif. Il fait d'ailleurs écho au titre d'un roman de Madeleine Monette, *Les Petites Violences*[54]. Les études féministes, dans les universités, gardent vivante ce que les anglophones appellent «herstory». Si le discours rebelle se fait durant quelques années en sourdine, il n'a rien perdu de son efficacité.

La littérature québécoise, nous dit P. Nepveu, ne s'est pas seulement adoucie, «elle s'est personnalisée, intériorisée» et «se déroule désormais sur une scène beaucoup plus réaliste et quotidienne[55]». Nicole Brossard accepte en 1983 de lire des extraits d'un journal intime à Radio-Canada et publie ces extraits sous le titre *Journal intime* en 1984[56]. Dans l'exemplaire qu'elle m'en envoie en avril 1984, je trouve cette dédicace qui souligne l'importance du réel: «Pour Marguerite, ce *Journal intime* autour de la voix qui nous anime dans le quotidien.» Dans *La Lettre aérienne*, un livre qui rassemble douze de ses textes écrits depuis 1975, l'écrivaine, qui avait tendance à vouloir taire la réalité, analyse dans «Intercepter le réel» l'interception de l'évident par l'écriture. Elle voit l'écriture comme «un délai de la réalité en ce qu'elle réfléchit celle-ci», comme «une manifestation de la pensée dans ses manœuvres pour réussir à s'approcher de l'évidence[57]». Elle souligne avec fermeté que «la réalité des femmes n'est pas la réalité des hommes[58]», mais semble s'inscrire dans un courant de la littérature québécoise d'aujourd'hui qui veut rendre le réel tolérable. Le problème, dit-elle, «n'est plus de résister au réel, le problème c'est que le réel, lui ne résiste plus, qu'il se donne et se dérobe d'un même mouvement, et il faut le regagner coup par coup, à petits pas, dans un jeu de chasse et d'esquive[59]».

En 1988, un collectif constitué par Louky Bersianik, Nicole Brossard, Louise Cotnoir, Louise Dupré, Gail Scott et France Théoret publie aux éditions du Remue-ménage *La Théorie, un dimanche*. Nicole Brossard présente les participantes, en liminaire, comme «des écrivaines soucieuses des questions que pose le féminisme». À vrai dire, nous entendons dans ce recueil de nouveau des paroles rebelles, énoncées en sourdine, raisonnables et raisonnées. Le livre est une expression de la révolution par la non-violence, en douceur. Médecine douce, thérapies douces, pourquoi pas révolution douce aussi? Faudrait-il s'inquiéter de ce ton, y discerner un épuisement? Jacqueline Déry-Mochon termine sa critique de l'ouvrage en formulant un souhait: «À toutes ces femmes de cœur, auxquelles le féminisme a ouvert la voie, appelées à devenir femmes de raison, souhaitons qu'à travers leur raisonnement [...] elles continuent aussi de déraisonner. Encore un peu [...] du moins[60].»

Sous le discours en sourdine, la colère n'a jamais cessé de gronder, dans le quotidien et le politique, comme dans le domaine de la littérature. Dans un autre texte du même collectif, texte sur la postmodernité, Louise Cotnoir accuse la postmodernité d'être un détournement de fonds des innovations des femmes en écriture (mélange des genres, les néologismes, l'écriture fragmentaire, etc.[61]). Franchement rebelle, elle poursuit: «Comment les auteures féministes peuvent-elles encore se laisser avoir par un tel leurre?! Je garde la posture de la **modernité** parce qu'elle m'offre la possibilité de transformer l'écriture et la société, de les **féminiser**[62].» Et d'après Louky Bersianik, dans *La Main tranchante du symbole,* modernité et postmodernité «sont des catégories définies par des intellectuels mâles, que se sont appropriées les écrivaines et les intellectuelles», sans toujours se rendre compte que le masculin est «toujours omnipotent dans le cours de la langue et des idées[63]». Louky Bersianik nous met carrément en garde:

> Gageons qu'elle retrouvera l'organigramme du patriarcat et n'aura plus qu'à reconstituer le temple de celui-ci que l'écriture au féminin avait ébranlé.
> C'est d'ailleurs ce que l'actualité, secondée par la fiction et l'art, nous donne à lire, à voir et à entendre dans notre réalité quotidienne, par les temps qui courent.
> Car peut-on penser que les hommes accepteront leur crépuscule, sans tenir la terre entière en otage sous la menace de quelque hiver nucléaire?
> Le patriarcat ne peut voir s'affaisser les Caryatides qui soutiennent son temple, sans vouloir que, littéralement, le ciel nous tombe sur la tête à tous et surtout à toutes[64].

Ce sont des mots amers, certes, mais Louky Bersianik, cette merveilleuse rebelle québécoise, poursuit avec énergie son discours féministe. S'adressant à Olympe de Gouges et à toutes les femmes, L. Bersianik affirme dans «Notre mémoire du futur» que «notre révolution est loin d'être révolue... [que] nous sommes la révolution à l'intérieur des révolutions comme OLYMPE DE GOUGES ÉTAIT LA RÉVOLUTION FÉMINISTE À L'INTÉRIEUR DE LA RÉVOLUTION FRANÇAISE[65]». Elle définit sa démarche d'écriture au féminin comme se situant «entre la dictée de l'inconscient et le tremblement de la conscience[66]». Il me semble que notre parole rebelle s'y situe également. Inconsciemment, nous savons qu'il faut faire du monde un monde plus juste, pour nous, pour nos filles, pour les hommes; et notre conscience tremble de rage devant les injustices qu'on nous impose.

La parole rebelle doit continuer à se faire entendre. Le massacre de Montréal nous a fait comprendre que la lutte n'est pas terminée. Et nous savons que les statistiques sur les femmes victimes de violence conjugale n'incluent point toutes celles qui sont battues, torturées physiquement ou psychologiquement et qui n'osent pas porter plainte. Les femmes victimes de la violence masculine sont innombrables, c'est un fait. La lecture de la biographie de Simone de Beauvoir, par Deirdre Bair, révèle que même les plus fortes, les mieux armées sur le plan intellectuel, peuvent en être.

D'une certaine façon, l'antiféminisme nous tient en éveil. Malgré l'épuisement certain et le désir de voir le côté positif des choses, le discours rebelle ne tarit point. Les femmes créent un Front commun contre la violence, elles exigent une législation au sujet du harcèlement sexuel, une commission royale d'enquête sur la violence faite aux femmes. *Polytechnique, 6 décembre* est un recueil dans lequel les éditions du Remue-ménage ont rassemblé les textes de toutes sortes de femmes disant leur tristesse, leur rage et leur volonté de continuer le travail féministe. Publié en 1990, le livre est vite traduit en anglais et publié par Gynergy Press, à l'Île-du-Prince-Édouard, en 1991. La solidarité des femmes ignore les barrières culturelles et linguistiques; il faut pouvoir croire qu'elle viendra à bout de la misogynie. Albert Camus disait qu'il fallait imaginer Sisyphe heureux. Dans le cas des femmes et du travail féministe qui ressemble dans un sens à celui de Sisyphe, il faut imaginer les femmes heureuses, il faut croire en l'utopie de la justice et du bonheur au féminin.

Notes

1. Margaret Atwood, «On Being a Woman Writer», *Second Words*, Toronto, Éd. Anansi, 1982, p. 190-209.
2. Louky Bersianik, *La Main tranchante du symbole,* Montréal, Éd. du Remue-ménage, 1990, p. 209-216.
3. Cité par Benoîte Groult, *Ainsi soit-elle,* Paris, Grasset, 1975, p. 68.
4. Madeleine Gagnon, *Lueur,* Montréal, VLB, 1979, p. 14.
5. J'aimerais signaler un livre allemand: Christine Brückner, *Wenn du geredet hättest, Desdemona,* Hamburg, Hoffman und Campe, 1983. Dans ce volume plein de verve, l'auteure imagine les discours qu'auraient pu tenir des femmes comme Desdémone, Katharina Luther, Donna Laura et Clytemnestre aux compagnons de leur vie et aux hommes en général.
6. Marian Arkin et Barbara Shollar (dir.), *Longman Anthology of World Literature by Women (1875-1975),* New York, Longman, 1989.
7. André Lagarde et Laurent Michard, *Le XIXe Siècle,* Paris, Bordas, 1962, p. 14.
8. *Ibid.,* p. 195.
9. Jacques Bersani, Michel Autrand, Jacques Lecarme et Bruno Vercier (dir.), *La Littérature en France depuis 1945*, Paris, Bordas, 1990.
10. Jacques Lecarme et Bruno Vercier, *La Littérature en France depuis 1968*, Paris, Bordas, 1982.
11. Danielle Bos, Robert Horville et Bernard Lecherbonnier, *La Littérature et les Idées*, Paris, Fernand Nathan, coll. Littérature et langage, 1974.
12. Béatrice Slama, «Femmes écrivains» dans *Misérables et glorieuses: les femmes du XIXe siècle,* J. P. Aron (dir.), Paris, Fayard, 1978, p. 214.
13. «The male-dominated machine of critics, publishers and literary histories gradually silenced all the interesting women writers except Colette», Jennifer Waelti-Walters, *Feminist Novelists of the Belle Époque*, Bloomington, Indiana University Press, 1990, p. 19 (trad. M. Andersen).
14. Geneviève Fauconnier, *Claude*, Paris, Stock, 1933, p. 163-164.
15. *Ibid.,* p. 174.
16. *Ibid.,* p. 153.
17. *Ibid.,* p. 184.
18. *Ibid.,* p. 160.

19. *Ibid.*
20. *Ibid.*, p. 182.
21. *Ibid.*, p. 108.
22. *Ibid.*, p. 214.
23. Simone de Beauvoir, *Le Deuxième Sexe,* Paris, Gallimard, 1945, vol. II, p. 545.
24. Deirdre Bair, *Simone de Beauvoir,* New York, Summit, 1990, p. 618.
25. France Théoret, «Éloge de la mémoire des femmes» dans *La Théorie, un dimanche,* Montréal, Éd. du Remue-ménage, 1988, p. 181-182.
26. *Ibid.*, p. 190.
27. Madeleine Gagnon, *Lueur, op. cit.*, p. 33.
28. Pierre Nepveu, «Littérature québécoise: vers une esthétique de la non-violence», *Trois,* n° 41, automne 1988, p. 32.
29. *Ibid.*, p. 28.
30. *Ibid.*, p. 31.
31. On trouvera la documentation sur ce scandale dans Denise Boucher, *Les fées ont soif,* Montréal, Éd. Intermède, 1978.
32. Suzanne Lamy, «Subversion en rose» dans *Féminité, subversion, écriture,* Suzanne Lamy et Irène Pagès (dir.), Montréal, Éd. du Remue-ménage, 1983, p. 107.
33. *Ibid.*
34. *Ibid.*
35. Louise Forsyth, «Les numéros spéciaux de *La (Nouvelle) Barre du jour.* Lieux communs, lieux en recherche, lieux de rencontre» dans Suzanne Lamy et Irène Pagès (dir.), *op. cit.*, p. 176.
36. *Ibid.*, p. 181.
37. Louky Bersianik, *L'Euguélionne*, Montréal, Éd. La Presse, 1976, p. 314.
38. Evelyne Voldeng, «La parodie carnavalesque dans *L'Euguélionne*» dans Suzanne Lamy et Irène Pagès (dir.), *op. cit.*, p. 120.
39. Louky Bersianik, *L'Euguélionne*, *op. cit.*, p. 314.
40. Louky Bersianik, *Le Pique-nique sur l'Acropole*, Montréal, Éd. VLB, 1979.

41. Nicole Brossard, «Mouvements et stratégies de l'écriture de fiction» dans *Gynocritique,* Barbara Godard (dir.), Toronto, Éd. ECW, 1987, p. 228.

42. Northrop Frye, *Anatomie de la critique,* trad. de l'anglais par Guy Durand, Paris, Gallimard, 1969, p. 118.

43. Nicole Brossard, *Picture Theory,* Montréal, Éd. Nouvelle Optique, 1985, p. 199.

44. Voici un exemple du contrôle qu'exercent les hommes sur la langue : je viens de vérifier les coquilles de mon texte à l'aide du dictionnaire WordPerfect... il ne veut accepter aucun de ces titres féminisés.

45. Ève Lamont, «Jeunes femmes et contre-culture au Québec», *Les Cahiers du GRIF,* nº 34, hiver 1986, p. 25.

46. Joëlle Meerstx, «Commande à distance», *Les Cahiers du GRIF,* nº 34, hiver 1986, p. 71.

47. *Ibid.,* p. 73. Et à ma grande consternation, une de mes six petites-filles, âgée de douze ans, m'a dit, en 1990, qu'elle devait choisir sa carrière en fonction de son futur mariage et de ses enfants à venir !

48. Armande Saint-Jean, *Pour en finir avec le patriarcat,* Montréal, Éd. Primeur, 1983, p. 316.

49. Patricia Smart, *Écrire dans la maison du père,* Montréal, Éd. Québec / Amérique, 1988.

50. Annie de Pisan (pseud. d'Annie Sugier), *Les Mutilations du sexe des femmes aujourd'hui en France,* Paris, Éd. Tierce, 1984.

51. Annie de Pisan et Anne Tristan, *Violence, mon amour,* Paris, Éd. Tierce, 1986.

52. Anne Tristan, *Le Harcèlement sexuel sur le lieu du travail*, Paris, Éd. Roche, 1986.

53. Annie de Pisan et Anne Tristan, *Histoires du MLF,* avec une préf. de Simone de Beauvoir, Paris, Calmann-Lévy, 1977.

54. Madeleine Monette, *Les Petites Violences,* Montréal, Éd. Quinze, 1982.

55. Pierre Nepveu, *op. cit.,* p. 30-31.

56. Nicole Brossard, *Journal intime,* Montréal, Éd. Les Herbes Rouges, 1984.

57. Nicole Brossard, *La Lettre aérienne,* Montréal, Éd. du Remue-ménage, 1985, p. 146.

58. *Ibid.,* p. 143.

59. *Ibid.*, p. 31.

60. Jacqueline Déry-Mochon, «Théoriciennes du dimanche», *Trois*, vol. IV, n° 2, hiver 1989, p. 93-96.

61. Louise Cotnoir, «Parler sans suffoquer», *Tessera*, n° 5, septembre 1988, p. 27-38.

62. *Ibid.*, p. 31.

63. Louky Bersianik, *La Main tranchante du symbole, op. cit.*, p. 33.

64. *Ibid.*, p. 34.

65. *Ibid.*, p. 276-277.

66. *Ibid.*, p. 277.

Bibliographie

ARKIN, Marian et Barbara SHOLLAR (dir.). *Longman Anthology of World Literature by Women*, New York, Longman, 1989.

ATWOOD, Margaret. «On being a Woman Writer», *Second Words*, Toronto, Éd. Anansi, 1982.

BAIR, Deirdre. *Simone de Beauvoir*, New York, Summit, 1990.

BEAUVOIR, Simone DE. *Le Deuxième Sexe*, Paris, Gallimard, 1945.

BERSANI, Jacques, Michel AUTRAND, Jacques LECARME et Bruno VERCIER (dir.). *La Littérature en France depuis 1945*, Paris, Bordas, 1990.

BERSIANIK, Louky. *L'Euguélionne*, Montréal, Éd. La Presse, 1976.

————. *Le Pique-nique sur l'Acropole*, Montréal, Éd. VLB, 1979.

————. *La Main tranchante du symbole*, Montréal, Éd. du Remue-ménage, 1990.

BOS, Danielle, Robert HORVILLE et Bernard LECHERBONNIER. *La Littérature et les Idées*, Paris, Fernand Nathan, coll. Littérature et langage, 1974.

BROSSARD, Nicole. *Journal intime*, Montréal, Éd. Les Herbes Rouges, 1984.

————. *La Lettre aérienne*, Montréal, Éd. du Remue-ménage, 1985.

————. *Picture Theory*, Montréal, Éd. Nouvelle Optique, 1985.

————. «Mouvements et stratégies de l'écriture de fiction» dans *Gynocritique*, Barbara Godard (dir.), Toronto, Éd. ECW, 1987.

BOUCHER, Denise. *Les fées ont soif*, Montréal, Éd. Intermède, 1978.

COTNOIR, Louise. «Parler sans suffoquer» dans *Tessera*, n° 5, septembre 1988.

DÉRY-MOCHON, Jacqueline. «Théoriciennes du dimanche» dans *Trois*, vol. IV, n° 2, hiver 1989.

FAUCONNIER, Geneviève. *Claude*, Paris, Stock, 1933.

FORSYTH, Louise. «Les numéros spéciaux de *La (Nouvelle) Barre du jour*. Lieux communs, lieux de recherche, lieux de rencontre» dans Suzanne Lamy et Irène Pagès (dir.), *Féminité, subversion, écriture*, Montréal, Éd. du Remue-ménage, 1983.

FRYE, Northrop. *Anatomie de la critique*, trad. de l'anglais par Guy Durand, Paris, Gallimard, 1969.

GAGNON, Madeleine. *Lueur*, Montréal, Éd. VLB, 1979.

GROULT, Benoîte. *Ainsi soit-elle*, Paris, Grasset, 1975.

LAGARDE, André et Laurent MICHARD. *Le XIXe Siècle*, Paris, Bordas, 1962.

LAMONT, Ève. «Jeunes femmes et contre-culture au Québec», *Les Cahiers du GRIF*, n° 34, hiver 1986.

LAMY, Suzanne. «Subversion en rose» dans *Féminité, subversion, écriture*, Suzanne Lamy et Irène Pagès (dir.), Montréal, Éd. du Remue-ménage, 1983.

LECARME, Jacques et Bruno VERCIER. *La Littérature en France depuis 1968*, Paris, Bordas, 1982.

MEERSTX, Joëlle. «Commande à distance», *Les Cahiers du GRIF*, n° 34, hiver 1986.

MONETTE, Madeleine. *Les Petites Violences*, Montréal, Éd. Quinze, 1982.

NEPVEU, Pierre. «Littérature québécoise: vers une esthétique de la non-violence», *Trois*, n° 41, automne 1988.

PISAN, Annie DE (pseud. d'Annie Sugier). *Les Mutilations du sexe des femmes aujourd'hui en France*, Paris, Éd. Tierce, 1984.

PISAN, Annie DE et Anne TRISTAN (pseud. d'Anne Zelensky). *Histoires du MLF*, avec une préf. de Simone de Beauvoir, Paris, Calmann-Lévy, 1977.

————. *Violence, mon amour*, Paris, Éd. Tierce, 1986.

SAINT-JEAN, Armande. *Pour en finir avec le patriarcat*, Montréal, Éd. Primeur, 1983.

SLAMA, Béatrice. «Femmes écrivains» dans *Misérables et glorieuses: les femmes du XIXe siècle*, J. P. Aron (dir.), Paris, Fayard, 1978.

SMART, Patricia. *Écrire dans la maison du père*, Montréal, Éd. Québec/Amérique, 1988.

THÉORET, France. «Éloge de la mémoire des femmes» dans *La Théorie, un dimanche*, Montréal, Éd. du Remue-ménage, 1988.

TRISTAN, Anne. *Le Harcèlement sexuel sur le lieu de travail,* Paris, Éd. Roche, 1986.

VOLDENG, Évelyne. «La parodie carnavalesque dans *L'Euguélionne*» dans Suzanne Lamy et Irène Pagès (dir.), *Féminité, subversion, écriture*, Montréal, Éd. du Remue-ménage, 1983.

WAELTI-WALTERS, Jennifer. *Feminist Novelists of the Belle Époque*, Bloomington, Indiana University Press, 1990.

ÉPILOGUE

Nous voilà arrivées à la fin de cet ouvrage de «dames rebelles», comme il convient d'appeler nos collaboratrices, puisqu'elles se distinguent par leur volonté de prendre au sérieux l'esprit contestataire et le féminisme. Les auteures de *Paroles rebelles* ont voulu se pencher sur des textes féministes d'ici et d'ailleurs, d'antan et d'aujourd'hui, dans les domaines de l'histoire, de la littérature et du cinéma. Christine Klein-Lataud et moi-même leur en sommes reconnaissantes. Ensemble, nous avons réussi à mieux connaître la parole rebelle des femmes francophones; nous espérons avoir contribué à la préserver.

La recherche est toujours une activité stimulante. Les recherches entreprises pour ce livre ont été particulièrement précieuses pour nous toutes parce qu'elles nous ont stimulées autant sur le plan professionnel que sur le plan personnel. Une femme ne peut faire de la recherche féministe sans finir par s'y impliquer de toute sa personne. Le privé est politique et vice versa, nous en sommes conscientes, nous en sommes heureuses.

Pourquoi avons-nous fait ce travail? Pourquoi lui avoir consacré notre énergie? Nicole Brossard propose cette réponse:

IMPÉRATIF

désirons l'avenir, désirons l'invention de l'harmonie
nous le disons en série le désir simultané
et un goût, un doute sur la civilisation
désirons chasser une fois pour toutes la mort
quelques auteurs et l'universel
désirons un peu de la réalité le bel éclat
pour vieillir au féminin

En exergue au livre dans lequel figure ce texte, *Installations*, Brossard a mis une phrase de l'écrivaine brésilienne Clarice Lispector. Elle dit: «Je suis douce mais ma fonction de vivre est féroce.» À mon avis, cette phrase résume ce que nous, les femmes, ressentons. Nous désirons la douceur et en même temps nous savons que la férocité est encore de mise. Peut-on être femme sans être féministe? Je me rappelle toujours cette passante new-yorkaise interviewée par Luce Guilbeault et Nicole Brossard pour leur film *Some American Feminists* (1972). Cette femme d'un certain âge avait répondu par un oui à la question «**Are you a feminist?**» et, pressée de dire pourquoi, ajouté avec une simplicité extraordinaire: «**Because I am a woman!**» Puisse notre livre contribuer à encourager plus de femmes à penser ainsi au lieu de continuer à prétendre que le féminisme ne les regarde pas. Autrement pareilles, nous avons voulu, de mémoire de femmes, faire connaître, faire circuler sous forme de livre, les résultats de notre étude de la pensée au féminin. Le livre analyse les revendications féministes, leur histoire et leur bien-fondé; son but est de contribuer tant soit peu au mieux-être de nous toutes. Car, comme le dit encore Nicole Brossard:

CERTITUDE

quoique la vie multiplie les lieux
le vrai qui est vrai est circulaire
chaque femme à qui je peux ressembler
au contact de l'air a des lèvres formelles
et notre visage s'intéresse au bonheur

Marguerite Andersen

INDEX DES NOMS CITÉS

M

N

O

P-Q

Z

Achevé d'imprimer au Canada
Imprimerie Gagné Ltée Louiseville